U0523658

董晓萍 李国英 主编
"教育援青"人文学科基础建设系列

跨文化社会研究
十讲

董晓萍 著

商务印书馆
创于1897　The Commercial Press

图书在版编目(CIP)数据

跨文化社会研究十讲/董晓萍著.—北京：商务印书馆，2022
ISBN 978-7-100-20916-8

Ⅰ.①跨… Ⅱ.①董… Ⅲ.①社会学—研究方法 Ⅳ.① C91-03

中国版本图书馆 CIP 数据核字（2022）第 044025 号

权利保留，侵权必究。

跨文化社会研究十讲
董晓萍　著

商 务 印 书 馆 出 版
（北京王府井大街36号　邮政编码100710）
商 务 印 书 馆 发 行
北京新华印刷有限公司印刷
ISBN 978-7-100-20916-8

2022年5月第1版　　开本 880×1230　1/32
2022年5月北京第1次印刷　印张 9¼
定价：48.00元

教育部人文社会科学重点研究基地重大项目
"跨文化视野下的民俗文化研究"

青海省人民政府－北京师范大学高原科学与可持续发展研究院与
北京师范大学跨文化研究院"丝路跨文化研究"重大项目
（项目批准号：19JJD750003）
综合性研究成果

教育部人文社会科学重点研究基地
北京师范大学民俗典籍文字研究中心
青海省人民政府－北京师范大学高原科学与可持续发展研究院与
北京师范大学跨文化研究院"丝路跨文化研究"重大项目组
资 助 出 版

"教育援青"人文学科基础建设系列

编辑委员会

乐黛云　〔法〕汪德迈（Léon Vandermeersch）　王　宁　程正民
〔法〕金丝燕　陈越光　董晓萍　王邦维　王一川　王　宾
李　强　周　宪　宋永伦　李国英　李正荣　汪　明

总序 "教育援青"国家战略与人文学科基础建设

近年国家推进"教育援青"战略，加强中国特色社会主义高等教育体系建设，高度重视多民族共同发展的高等教育事业，这项举措意义重大。西部高等教育与国家发展战略的关系，从来没有像今天这样关系密切。跨文化学对外研究世界各国多元文化，对内研究本国多民族优秀文化，可以在"教育援青"中发挥特殊作用。北京师范大学是我国高等师范教育的最高学府，在这次"教育援青"中与青海师范大学携手，责无旁贷，编写人文学科基础建设用书是实际行动之一。近期建立的青海省人民政府-北京师范大学高原科学与可持续发展研究院与北京师范大学跨文化研究院合作从事"丝路跨文化研究"的重大项目，正是诸项落实措施中的一种。这项工作的目标，是要着眼高端、立足长远、繁荣西部文化生态，认真总结西部多民族跨文化协同发展的历史经验，重视从西部高校培养具备跨文化对话能力的新型人才，促进西部高校教育的内生型发展，具体有三：一是服务于党和国家的"十四五"规划大局，辅助青海高原可持续社会建设；二是开拓内地重点高校与西部高校对口支援学科建设的新基地，实现优势教育资源共享；三是纳入双赢机制，建设青海多民族凝聚力教育事业，满足西部高校师资队伍建设与人才培养的需求。

一、建立落实国家战略的"长效机制"

我国多民族千百年来和睦相处，建设中华文明，共同创造了极为宝贵的国家文化财富，这是我国的独特历史。在中国共产党的百年党史中，始终以人民利益为最高利益，促进各民族互相尊重与平等发展，这是中国共产党创造的先进经验。在高等教育方面，20世纪以来，自五四运动、战争年代，至和平建设时期，北京多所高校专家学者投入民族社会调查和全国各民族民间文学搜集运动中，与西部高校师生携手，为今天国家大力开展的非物质文化遗产保护工作打下了基础。新中国成立七十余年来，特别是改革开放后的四十余年中，我国经济社会迅速发展，多民族高等教育蒸蒸日上，取得了众所瞩目的成就。这引来西方霸权国家的恐慌，他们挑衅我国的主权，侵犯中华民族共同体的文化权利，引起我国和世界一切爱好和平的国家与人民的强烈不满。面对世界格局的变动，我们要头脑清醒，坚持中国的道路自信、理论自信、制度自信和文化自信，同时也要认识到"教育援青"国家战略不是短期行动，而是长期任务。

北京师范大学党委书记程建平教授在2021年3月发表《构建中西部教育"结伴成长"机制》一文，明确提出了"长效机制"

的理念。他总结高校党建工作的历史经验,从正在启动的高校"十四五"规划现实任务着手,指出"长效机制"应包括:第一,把西部高校建设当作国家重点高校自身建设的一部分,共建双赢;第二,选拔"学术水平要高、办学能力要强,而且还要肯干、投入"的优秀校长,派驻西部高校,带领当地领导班子携手创建共赢局面;第三,勤奋深耕,促进内外双循环发展,"深层次的帮扶,是要帮助西部高校实现由'外部输血'到'自我造血'的转变"。总体说,这项重要的国家任务要重视吸引社会公益力量,加强内地重点高校与西部高校联手建设的对内影响力和对外辐射力,"青海师范大学高原科学与可持续发展研究院与北京师范大学跨文化研究院正式签署战略协议,标志着双方的对口支援工作再结硕果"[①]。

"长效机制"理念的另一层深意,是建设中国特色社会主义高等教育体系中多民族凝聚力教育的长期稳定模式,高校学者对此也有长期的认同和社会实践的传承。20世纪一批留学归国的学术大师,包括清华大学的费孝通先生、北京大学的季羡林先生、北京师范大学的周廷儒先生和钟敬文先生等,都曾为西部留下宝贵的精神遗产。费孝通先生留英归来,是西部社会人类学调研和高校民族教育的早期开拓者。季羡林先生留德归来,曾发表专题文章《少数民族文学应纳入比较文学研究的轨道》,指出:"我们对国内

[①] 程建平:《构建中西部教育"结伴成长"机制》,《中国教育报》2021年3月15日第5版。另见毛学荣、史培军《西部高校如何走好高质量跨越发展路》,《中国教育报》2021年3月15日第5版。

少数民族文学,包括民间文学在内,虽然进行了一些研究,但是总起来看是非常不够的,而且也非常不平衡。"①周廷儒先生留美归来,是青海高原地理科学考察与研究的先驱,并培养了门下第一位博士,即现由北京师范大学派往青海师范大学的史培军校长。钟敬文先生留日归来,是我国民俗学高等教育的奠基人。他与费孝通、季羡林和周廷儒的看法相同,多年支持西部民间文学事业的发展,还曾亲自致力于西部高校民族民俗学人才的培养工作②。这些学术大师都是钟情于祖国西部的"海归",是广大后学景仰的名师楷模。现在他们的大学问需要转型,这就要求今人能够继承和发展。我国比较文学学科的创建人乐黛云先生、法国汉学家汪德迈先生、法国跨文化学领军人物金丝燕教授、我国传统语言文字学家王宁先生和李国英教授、现代公益文化学开拓者陈越光先生、印度学和东方学学者王邦维教授、俄罗斯文艺学学者程正民先生和李正荣教授、文艺学和艺术学学者王一川教授、跨文化民俗学学者董晓萍教授等,都为此做出了贡献。他们也都高度重视西部高等教育③。

---

① 季羡林:《比较文学与民间文学》,北京大学出版社1991年版,第333页。
② 参见董晓萍《钟敬文先生对新时期民俗学科的重大建树——兼谈〈北京师范大学学报〉与民俗学科的发展》,《北京师范大学学报》2012年第5期,第30—39页。
③ 参见曹昱源《青海师范大学与北京师范大学合作启动"青海高原丝路跨文化研究"重大项目》,乐黛云、〔法〕李比雄主编《跨文化对话》第44辑,商务印书馆2021年版,第260—261页。

二、跨文化学在文化内部多民族相处与对外文化交流两端发挥作用

在我国，跨文化学不可替代的功能是，对外研究人类命运共同体文化，对内研究中华民族凝聚力文化，在高校培养具备跨文化能力的新型人才，这对于在世界百年未有之大变局中，在"教育援青"国家战略的背景下，加强西部高等教育，是一种必要的助力。

此时特别要提到语言学、民俗学、民族学、历史学、东方学和社会学的贡献。五四以后，在我国传统国学中，从文史哲三门，发展出上述现代人文社会科学。在新中国时期，在社会主义新文化建设中，建成了相应的高等教育人才培养机制。自20世纪60年代人文思潮革命后，国际上出现跨文化历史学的研究倾向。我国在扩大改革开放和深化对外交流后，转向文明互鉴视野下的人文社会科学研究，再转向跨文化中国学教育①，这是一个逐步发展的过程。

在这次实施"教育援青"的国家战略中，跨文化学的介入，可以对西部高等教育带来以下促进发展的新视点：

一是纳入多元文化交流机制，提升健康文化生态的建设水平，补充多民族凝聚力教育事业的新个案。在中华文明长期发展的过程中，中央与地方、上层与民间、汉族与兄弟民族、中国与外部世

---

① 参见董晓萍《文化主体性与跨文化》，《西北民族研究》2019年第2期，第66—69页。

界,彼此互动,形成了和而不同、和平共处的中国模式。这是一种中国模式,它在世界四大古老文明中独立呈现,并友好共享。今后还要在新的层面上建设,并将之综合运用到跨文化对话之中,以便更加有利于向世界提供中国经验。

二是纳入文化生态平衡机制,筑牢内地高校与西部高校对口支援的基础。文化生态资源的差异化,与国家教育事业多元统一的格局,在某种程度上说,这是一个矛盾统一体。但当今世界变局又说明,在捍卫国家文化主权的前提下,重新认识这个矛盾统一体,建立平等、尊重和优势共享的教育机制,是十分必要的。它有利于搞好世界治理、国家治理和社会治理。中国历经数千年而稳定发展的奥秘,就在于用心构筑和创新维护这个矛盾统一体。当然,世界发展到今天,我们还要补充建设跨文化知识体系,耐心观察和认真建设单一文化与多边文化的接触点与交流点,精准发力,营造新时代的优秀人文文化,用现代汉语说叫"对口"。具体到北京师范大学与青海师范大学的合力共建、扎实落地的一步,就要进行学科"对口"建设支援,这样才能掌握差异中的平衡点,打造共赢空间。

三是纳入未来价值机制,辅助青海可持续发展,提升服务于"十四五"规划的大局意识。内地高校与西部高校虽不乏差异,但双方也长期拥有共享价值,即中华民族共同体价值观。中国儒家文化最早揭示了人际关系中的价值文化,而这种古老的关系价值还要依靠充分吸收我国多民族跨文化相处的历史智慧和现代经验，并提炼新思想，才能构建未来价值观。

在高等教育方面，跨文化学教育的特点，就是强调跨文化中国学教育，高度重视我国多民族文化资源、教育经验及其社会功能。当代内地高校与西部高校的共建活动，已不再是少数精英的单边意愿和单向的教学输出活动，而是多边行动。跨文化中国学教育要通人脉、爱和平，教育各民族新一代大学生和研究生，在现代社会中掌握跨文化学的理论与方法，做到文化间的互相欣赏、忍耐差异、宽容彼此和尊重他者，成为新型国际化人才。今日求学，明天放飞。

三、西部高校"人文学科基础建设系列"著作的特征

自2018年起，随着"教育援青"工作的推进，在青海师范大学方面，已将青海地区的社会发展、多民族高等师范教育与"两弹一星"精神教育三位一体进行建设。2021年以来，青海师范大学高原科学与可持续发展研究院与北京师范大学跨文化研究院携手合作，共同从事"丝路跨文化研究"重大项目。在该项目的教学科研成果中，专门设立"人文学科基础建设系列"，拟于2021年年内完成，交由商务印书馆出版，于2022年春季和秋季学期投入使用。

"人文学科基础建设系列"的定位是，促进建设中华民族共同体格局下的跨文化中国学教育事业。

这套"人文学科基础建设系列"的理念是，服务于"长效机制"

的基础学科建设，而不是编制短期支教的培训班方案。作者都是人文科学领域有代表性的学者、教授和博士生导师，具有几十年指导本科生和研究生的经验。他们以无私奉献的情怀投入这项工作，针对西部高校学科建设的实际需求，提供跨文化中国学的教育成果，同时输入国际前沿学术信息，做到高端教育与对口帮扶相结合，专业需求与交叉研究相结合，以及内地高校优势教育资源与青海多民族特色资源保护吸收相结合，人人争取在"教育援青"中多出一份力。

"人文学科基础建设系列"的适用学科，包括汉语言文字学、民俗学、民间文学、民族学、文艺理论、古代文学、现代文学、中印比较佛学、东方学、比较文学与世界文学，以及其他相邻学科和注意吸收人文学科研究成果的自然科学学科。

"人文学科基础建设系列"的使用范围，适合高校的基础课、专业课和选修课使用，也为西部高校利用这套教学用书再去培养下一代人才做好准备。

"人文学科基础建设系列"的撰写和出版，得到北京师范大学和青海师范大学领导的大力支持，商务印书馆学术编辑中心做了大量实际工作，北京师范大学-青海师范大学高原科学与可持续发展研究院、北京师范大学跨文化研究院给予充分重视，在此一并郑重致谢！

董晓萍　李国英

2021年6月25日

目　录

绪　论 …………………………………………… 1

第一讲　《仪礼》民俗与传统国学 …………………… 8
第二讲　中国文学与海外汉学 ………………………… 46
第三讲　历史经典与民俗母题 ………………………… 77
第四讲　佛典文献与宗教研究 ………………………… 95
第五讲　河北故事里的神崇拜 ………………………… 126
第六讲　清代朝鲜使者的日记 ………………………… 152
第七讲　社会模式与水利社会 ………………………… 189
第八讲　农民农业与农场农业 ………………………… 214
第九讲　中小商户经济与文化 ………………………… 239
第十讲　主体节日与共同节日 ………………………… 269

后　记 …………………………………………… 280

绪　论

跨文化社会研究是跨文化学的重要研究对象。本书侧重于研究社会背后的文化、文学、思想、制度、经济、民俗、技术和艺术，同时与海外汉学在相关问题上进行对话。在这中间，有相亲相爱的人类主题，也有复杂的种种不完美，然而它们都是生生不息的人类活动的产物，都在整体人类文明系统中属于过程的部分。只有那些优秀的文化成分及其研究成果，才能保持各自的特质而超越差异，在广泛的意义上传播开来，随着人类接受跨文化思维，进入共同体文化的建设范畴。这一天应该不会太遥远，因为这个世界已经不可能谁也不理谁。

研究跨文化社会的时机与条件都离不开"史"。这里所说的"史"，既不是历史学的"史"，也不是海外汉学史的"史"，而是"学科史"和"个案史"。关于时机与条件，有三个考察的角度：一是对以往分门别类在语言学、文学、民俗学、人类学、社会学、经济学和科技史等学科中保存、描述和评价的中国社会研究文献，以及海外汉学文献，进行综合利用；二是从跨文化认知方面，清理这批资料，既包括外国人向他们自己的国家介绍中国社会的资料，也包括中国人看到这些外国著作形成反应的资料，从不同认知角度观察差异文化和共享文化的叙事策略，对其中的对话资料也一并讨论；三是从跨文化性的角度，研究多元文化之间的互识、互见、互动和互生问题,探索各文化之间的联系、对抗、相关和交流的可能性。

本书有两个目标:一是向内跨。跨到我国人文社科研究的系统中去,在肯定以往经典民俗学研究成就的基础上,跨出经典民俗学,从单一学科研究转向多学科交叉研究。再做反馈,加以抽象,予以拓展。这种"内跨",不是把民俗学专业变成"万金油",而是欢迎他者的演出,也把本专业的音声调整得更有特色,让大家各美其美,相互欣赏。二是向外跨。跨到中国研究以外的人文社会科学学术史中去,在几百年来或全球化以来的一个中时段和长时段内,了解外部世界研究中国的著作。我们大家一起来看一看,远远近近的其他国家,在讨论中国古老文明时的兴趣点、问题与方法,反观自我知识系统,加以综合思考,提升文化自信,也冷静地分析差异,再发现彼此的交集点,开发新课题。

根据以上目标,本书利用作者近年来在北京师范大学教学的讲稿,设立以下十讲。

第一讲《〈仪礼〉民俗与传统国学》。从跨文化学的角度,以民俗学为基础,研究传统国学中的民俗,重点研究《仪礼》与民俗的关系。传统国学还有其他内容,现代人文社会科学中已开展广泛的研究,可与《仪礼》民俗研究形成互补。海外汉学也关注传统国学,如传统国学的礼俗思想、内部传承方式及其在西方人眼中的价值等,这些研究成果也都涉及民俗。本讲从中国实际出发,从近观和远望两方面,由此题切入,开展跨文化社会研究。

第二讲《中国文学与海外汉学》。从中国文学切入跨文化社会研究,这是以往的社会研究很少使用的视角,但中国文学历来就有观风载道的使命,书写社会是中国文学的一个特点,所以通过中国文学研究中国社会并不为过。海外汉学研究中国社会也利用中国文学,有时还将历代作家及其代表作捆绑在一起研究,分析中国"江山代有才人出"的社会成就。在一般的古老文明中,传统越久,断层越多,中国文学史正好相反,始终伴随中国社会长期发展。中国文学还绵藏于历代经史子集文献中,"五四"以后,它们又都成为考古学、艺术学、语言学、历史学、民俗学、哲学等多种人文社会科学的资料,而海外汉学通过中国文学研究中国社会,也走多学科综合研究的路子。中国文学与海外汉学,在跨文化社会研究上,殊途同归。

第三讲《历史经典与民俗母题》。从历史文献与口头关系的普遍问题出发,研究跨文化民俗叙事文本,指出中国社会研究中的某个民俗叙事学要点,是目前中外学术界热议的问题。它不是重点讨论文献与口头的媒介之争,也不会具体到书斋与田野的方法较量,而是从这一角度,指向对多元格局与统一模式的聚焦思考。从民俗叙事文本本身说,它所讨论的问题,是国家特质文化的主体性的构成之学,也是带有现实意义的话语构成之学。

第四讲《佛典文献与宗教研究》。中国是否有宗教?如何理解中国佛教等宗教信仰?如何看待中国人的精神信仰?这是中西学术交流中争议较大的问题,也是跨文化社会研究不能回避的问题。中国是非宗教国家,以往用西方概念和西方宗教学的方法讨论这个问题,不符合中国实际。本讲尝试从民俗学的角度开展讨论。从民俗学角度看宗教涉及一个基本问题,即人与自然究竟是怎样联系在一起的?两者是二元关系,还是一元关系?这实际上是一个本体论的问题。西方学说有宗教背景,把两者看成是二元关系,在中国和印度主张一元关系,即人与自然关系的一体性。

第五讲《河北故事里的神崇拜》。中国是与西方完全不同的非宗教国家。中国在儒学支配下，在儒释道综合构建的道德观系统中，创造了与西方宗教世界完全不同的灿烂历史文明。中国人也有次宗教的神崇拜，但这种次宗教低于道德观体系，不能对道德观体系提出任何问题。中西方是两种十分不同的思想文化体系，中国社会文化的研究不能套用西方框架。从前在这方面的有限研究，只关注中国上层经典，这也远远不够，还是要注意使用中下层思想资料，如来自民众、藏量丰富的中国故事，这是西方人接近中国人的神崇拜和道德观的直接思想资源，也可能是最重要的思想资源。本讲讨论这方面研究的一些基本问题，包括神人合作思想、妖怪学、神人关系与社会分层、神人互动与阶级关系、社区宗教仪式与集体文化遗产等。

第六讲《清代朝鲜使者的日记》。跨文化外交史料是本书要涉及的内容，在这方面，清代朝鲜使者日记是值得讨论的个案。它从一个微观的角度，让我们思考跨文化外交史料的内容与研究方法。清代朝鲜来华使团的学者留下了连续的日记，同时期供职官府的中国文人学者也撰写了一批著作，双方在北京的府衙内外交往，对北京的朝野风俗都发表了看法。外国人写北京，描述了一番中国人想不到的印象，有很多中国人自己不会写的东西，也有朝鲜、俄罗斯与欧美国家来华人员在外交场合交往的细节。中国官员记载了多国使节在北京官场出入的帝京盛世场景，也写了对相同事物的不同看法。将这些同时期发生的多国往来记录结合起来观察，会成为摆在今人面前的跨文化史料，要比只从中国史书一个视角进行观察，能获得更多不同的认识。

第七讲《社会模式与水利社会》。跨文化社会研究必然会涉及的一个基本问题，是中国社会模式研究方法与中国社会的性质，目前热议的人类文化多样性就与此有关。近年研究发现，人类文化多样性在史前社会就有，不过后来大都断层，没有形成文化连续性。中国社会不同，中国拥有文化连续性，中国社会内部还有多民族和多地区文化构成的文化多样性，但中国历史文明没有断层而延续至今，这种社会模式应该如何研究？1950年代国际学界提出过一个观点，认为中国属于"水利社会"，即由国家管理大型水资源所确立的中央集权社会，但提出者对中国社会文化传统缺乏认识，也不了解中国多元一体社会形态，所以这种说法并不符合中国实际。但不管怎样，"水利社会"已成为一个跨文化的问题，本讲主要谈这个问题，具体切入点是华北水利社会。

第八讲《农民农业与农场农业》。本讲讨论跨文化社会研究中的农业文化。在任何社会，农业都提供了精神观念、物质产品和社会关系互相渗透的丰富知识。中国传统农业文明的主体是农耕知识。它是服务于政府管理的国家知识，也是适合于群体与个体操作的经验性知识。中国的农耕知识有自己的"书库"，农耕知识是中国历代重视的国家知识。农耕灌溉是中国农业生产文化的主体内容。我国自古以农立国，很早就认识到水利是农业的命脉，在发展农业经济上，一向将农耕与水利并重。在长期的农业社会中，我国发展起来的一套农耕灌溉思想体系，大农业文化，包括栽培农作物和驯化动物的一系列生产活动，对古代的政治、经济、文化的繁荣起到重大的促进作用。

第九讲《中小商户经济与文化》。研究中小商户的经济与文化，不是使用经济史的方法，而是使用跨文化社会史的方法，以城市中小商号为主，在20世纪以来的国家政治变迁中，考察商人活动和相关商人文化。这也是中国历史上的一个大问题，即在国家建立的过程中，国家与商人之间的关系具有某种重要性。在某些关键时期，商人的商业活动对国家及其价值观的形成产生了不可忽视的影响。商人和政府官员的目标不同，但他们也有共同利益，这使他们在某些条件下具有结盟的可能性。现在也有这种情况，21世纪仍在讨论政界与商界的微妙关系。民国时期的中小商户是值得关注的对象，他们的经商活动，除了依靠商业知识和经营能力，还要依靠中国传统文化，有时也依靠外来文化。

第十讲《主体节日与共同节日》。无论怎样跨文化，没有传统节日就没有主体文化，没有主体文化就失去了跨文化的原动力。而无论怎样重视传统节日，没有跨文化，就不能激活节日的对外交流，没有交流的传统节日，也很难保持旺盛的活力。本讲从跨文化社会研究的角度，对传统节日做学术上的重新分类，划分为主体节日与共同节日两类。主体节日，指国别化的传统节日；共同节日，指超越国界的共享节日，以往不大讨论这个话题，但它的趋势在全球化背景下显示出来，可以尝试探索。

马歇尔·伯曼（Marshall Berman）认为，所谓现代正在世界范围内经历着一种悖论，"现代的环境和经验直接跨越了一切地理的和民族的、阶级的和国籍的、宗教的和意识形态的界限：在这个意义上，可以说现代性把全人类都统一到了一起。但这是一个含有悖论的统一，一个不统一的统一：它将我们所有的人都倒进了一个不断崩溃与更新、斗争与冲突、模棱两可与痛苦的大漩涡。……用马克思的话来说，'一切坚固的东西都烟消云散了'"。可是另一种景象也发生了，全球化下的对话与交流得到了前所未有的加强，人类逐步意识到，文化会通是绝对的，因为我们属于同一个，而且是唯一的"人类共同体"。①虽然主权国家仍然会长期存在，各国人民还会生活在各种文化主体性中，但这并不能改变所有人都是"地球村"成员的事实，差异不是敌视的理由。当今在法国，理性、交流和超越的跨文化研究已进入高校教育。在中国，跨文化学的先行者们积极挖掘中外遗产，建设可以在普遍意义上生根的跨文化学理论与方法。本书的作者顺时而动，加盟这支中外学者团队，同时也希望有更多的青年同道陆续加入，做观天下、懂中国、会创新、能跨文化的新型人才。

---

① 〔美〕马歇尔·伯曼：《一切坚固的东西都烟消云散了——现代性体验》，徐大建、张辑译，商务印书馆2003年版，第15页。

第一讲 《仪礼》民俗与传统国学

在跨文化社会研究中,传统国学是民俗学和海外汉学关注的焦点。传统国学与民俗学的研究对象多有交叉,也颇有共享点,两者都为我国历史经典所长期记载,并形成特色,《仪礼》是其中之一。《仪礼》是传统国学中的精致民俗,也是可供全民操作的仪式教本,书中涉及的社会层面、文化角色和对话场合众多,还能在社会变迁中转化和适应,所以古往今来一直沿用。海外汉学研究中国社会也往往从《仪礼》切入。放到今天的条件下看,《仪礼》就是一个跨文化的接触点。本讲作为"跨文化社会研究"的第一讲,首选《仪礼》。

导　语

儒学是礼治思想、礼仪制度和仪礼实践的系统学问。儒学的思想核心是伦理道德观。儒学通过等级化、礼仪化和封建化的步骤,成为国家机器的文化内核,形成社会意识形态的支配部分。儒学借助神话和仪式保持权威性,通过血缘关系延展社会网络,传承礼制文化。

中国儒学典籍数量浩繁,《四库全书总目》将之划分为易、书、诗、礼、春秋、孝经、五经总义、四书、乐和小学十类,其中的"礼",就包括《仪礼》。

《仪礼》,从内容到实践,它的上层礼仪规制与民俗叙事活动的结合最为紧密,又长期在中国传统文化的各层面贯穿,已成为中国社会内部的一个共享文本。《仪礼》和相关儒学经典也是海外汉学研究中国社会的切入口。它们在海外的译本很多,还催生了很有影响力的汉学家和著作。我们今天在全球化的背景下开展跨文化社会研究,不能不关注这两者。

但要将中外研究成果纳入跨文化社会研究,还需要三个条件:一是再次分类,二是需要借助现代科学方法开展研究,三是中外对话。本讲就是朝这个方向所做的努力。

一、《仪礼》的成书年代与作者

在儒学系统中,阐释礼制思想、礼仪制度和仪礼实践的经典是《周礼》《仪礼》和《礼记》,三者都是记载儒家礼治文化的最早文献。《仪礼》是其中之一,原称《礼》,汉代称《士礼》,晋代前后称《仪礼》。这是最早记录我国礼制仪式规范的专书,面向上层社会,吸收下层民俗,现在书中的很多内容也在我国的现实社会生活中流传。

(一)《仪礼》的成书年代

《仪礼》的成书年代,颇有争论。一般认为,它成书于东周末期。可以肯定，它提到的很多现象，在东周之前已经出现，保留了祖先的精神习俗和社会生活的部分内容。但我们现在看到的《仪礼》，已经做了精细加工。当然，在上层《仪礼》与下层民俗仪式之间，肯定有精粗繁简的区别，而上层《仪礼》也对日常民俗产生了长期的思想渗透和社会影响，但两者的本质是一致的。

（二）《仪礼》的作者

《仪礼》的作者，一说是周公，但不大可靠。另一说是孔子，采信面大。孔子熟谙三代至春秋礼制，《仪礼》记载的是春秋战国以前的礼制；孔子的言论集《论语》，也多有与《仪礼》重合的内容，所以《仪礼》不像出自他人的手笔，而是孔子将其改造成符合统治者思想和行为标准的仪规。持此看法的，古有司马迁和班固，现代有朱自清等。[①]也有人提出，《仪礼》的作者因为证据不足，难成定论。

二、《仪礼》的结构与内容

《仪礼》，凡十七篇，五万六千余字，各篇目所记，涉及上层社会、家族家庭、人生仪礼、基层组织、官员交往、外交活动的分类礼仪与仪式过程。其中的很多仪式今天还能看到，所以读起来并不

---

① 参见朱自清：《经典常谈》，生活·读书·新知三联书店1980年版，第40页。

陌生,还有熟悉的感觉。

《士冠礼第一》

本篇记载男性青年成年礼仪式的全过程。专记古代上层家庭的冠礼,指男子在达到规定年龄后,由父兄主持,举行加冠礼。在仪式中,男子在父兄的指挥下,依次戴上布冠、皮冠和爵冠三种帽子,直到仪式结束。接受冠礼后的男子被视为已经成年,可以进入成人社会,独立承担社会职能。从当时和后世的其他文献看,《士冠礼》所指的男子,主要是家庭中的长子。长子是家长地位的继任者、祭祖仪式主持人身份的接续者和家庭财产的继承者。长子由家长后代的出生顺序所决定,拥有礼治社会系统中这些权利。今存。

《士昏礼第二》

本篇记载家庭人生仪礼中的婚礼,专记古代上层社会的婚姻仪式。描述在男女青年和双方的家庭之间,从议婚到完婚的全部程序。该程序又称"六礼",包括纳采、问名、纳吉、纳征、请期和亲迎。今存。

《士相见礼第三》

本篇记载血缘系统与姻缘系统两个家庭初次见面的仪式,专记古代上层家庭结亲时,双方家长第一次见面,确定男女双方的订婚允诺,进行礼物馈赠。描述男方家长携带见面礼应遵守的礼节,女方家长回拜时应遵守的礼节。描述双方根据地位和身份的不同,在仪式中应注意的说话分寸、施礼方式、身体姿态和表情控制等。今存。

《乡饮酒礼第四》

本篇记载乡村里社的集体性礼节活动,专记古代乡社饮酒仪式,描述乡绅先达聚会饮酒的时间、地点与场所规定。描述乡社群体敬老尊贤、祭神问吉、联络同好,以及唱酒礼歌的习俗。今存。

《乡射礼第五》

本篇记载乡村里社的集体性礼仪活动,专记古代乡社执行儒家六艺中的"射礼"的经过,描述射礼仪式进行的全过程。今天在多民族赛会上仍有射箭比赛的仪式。

《燕礼第六》

本篇记载乡村里社的集体性礼仪活动,专记古代诸侯和群臣宴饮乡社歆享聚餐的礼节和地方习俗。

《大射礼第七》

本篇记载乡村里社的集体性礼仪活动,专记由古代君主主持"射礼"的仪式活动,包括仪式的过程与细节。

《聘礼第八》

本篇记载国家外交礼仪活动,专记古代国君遣使外访其他国家的仪式,以及对外开展外交活动的礼节要求。

《公食大夫礼第九》

本篇记载外国使节来访的礼仪活动,专记古代国君接待外国使者的礼节和仪式。

《觐礼第十》

本篇记载国家礼仪活动,专记古代诸侯朝见国君的礼仪规制。

《丧服第十一》

本篇记载古代葬礼中的章服制度,专记古代上层家族葬礼的服饰规制,要求按照血缘关系秩序安排丧服,使用不同的质料与缝纫方法表示丧服的等级区别。今存。

《士丧礼第十二》《既夕礼第十三》《士虞礼第十四》

此三篇记载古代葬礼中的祭祀仪式,专记古代上层社会葬礼仪式的出席人员级别与范围，主持人、仪式程序、祭奠亡灵和安葬仪式的全过程，彰显隆葬厚仪的氛围，巩固血缘家庭和社会制度。今存。

《特牲馈食礼第十五》《少牢馈食礼第十六》《有司彻第十七》

此三篇记载古代葬礼中的祭祖仪式，专记古代上层官员在寺院、宗祠和家庙中举行祭祖仪式的礼仪规制。

三、《仪礼》的分类与传承

《仪礼》的仪式分类，在宋代以前按十七篇的结构划分。宋代新儒学兴起之后发生变化，将国家上层礼仪与一般家庭仪式统一分类。宋代学者王应麟将原来的各篇打通，重新分为四类，即吉、凶、宾、嘉，也称"四礼"，具体如下：

1. 吉 礼

此指所有祭祖的仪式，由《仪礼》原篇中的《特牲馈食礼》《少牢馈食礼》和《有司彻》合并而成。新的分类明确地突出了祭祖，以祭祖为"吉"为上。宋代司马光的《司马氏居家杂仪》已开始把《仪礼》的祭祖地位抬升，但此书流传不广。后来朱熹撰《家礼》，对司马光的观点大加发挥，提出开放祭祖的特权，这就比司马光更激进。[①]

[①] 参见［宋］朱熹：《家礼》第7册，上海古籍出版社、安徽教育出版社2002年版，第880页。

《仪礼》是讲家长和长子专司祭祖仪式的,朱熹改为父系所有血缘成员都有权祭祖。凡是共同祖先的后代,无论高下穷富,都可以通过祭祖,互致忠诚,同舟共济,这就增加了祖先文化的包容性。朱子的《家礼》也是为地方官员编写的指导手册,让他们崇化导民、有章可循,修身齐家,皈依儒礼。朱子的《家礼》要比司马光那本印行更广,传播面更大,乃至影响至今。

2. 凶 礼

此指葬礼仪式和服饰制度,由《仪礼》原篇中的《丧服》《士丧礼》《既夕礼》和《士虞礼》合并而成。新的分类以葬礼为"凶",实际上是服务于祭祖仪式的。"凶"的分类将原来分散的记录丧葬制度、丧礼章服和丧礼仪式的内容整合在一起,要比原《仪礼》的记载更有系统。

3. 宾 礼

此指外交和社交礼节,是将《仪礼》原篇中的《士相见礼》《聘礼》和《觐礼》合在一起,成为新的分类。新分类将社交和外交都视为"宾"。"宾"即外人。按照这种观念,家庭以外的人们,就与外国人一样,都是外人。家庭中的血亲人员才是内部成员,是主人。内部成员或主人是一个固定的群体,共享家庭权利。这种划分,把社交划到外交中去,是不是将内部成员或主人的圈子缩小了,将外人的圈子扩大了呢? 其实并非如此。看看朱熹的著作就能明白真正的变化在哪里。在宋代之前,家中说了算的是家长和长子,他们才是"内阁"成员。到了宋代,按朱熹的说法,凡家庭成员就属于"内阁"成员,也就是说,把长子以外的家庭成员也都纳入进来,这个内部圈子是不是就扩大了呢？被划到社交圈里的成员，虽不在五服之内，但他们仍在当地世居，仍与五服之内的内部家庭成员存在着六服或以上的血亲关系，或者具有姻亲结盟等千丝万缕的可能性。他们又被当作"宾"，以礼相待，那么，与外国人相比，他们这些外人，就还是与主人共享礼制的内在"宾"客，是地方社会管理中的稳定群体，这种外交圈的划定，是不是也比宋代之前增加了价值呢？

4. 嘉　礼

此指人生仪礼和社会组织仪礼，是将《仪礼》原篇中的《士冠礼》《士昏礼》《乡饮酒礼》《乡射礼》《燕礼》《大射礼》《公食大夫礼》重新组合形成的新分类。①新分类将个体成员从家庭、乡社和上层官员的一步步进阶，统称为"嘉"。

王应麟的分类，将宋代新儒学提倡的仪礼的家国功能凸显出来，给新分类以新赋能。从此《仪礼》不再高高在上，而是精英民间拥有共享文化传统，让礼治思想大为普及，并在以下三方面加强传承。

第一，《仪礼》中的国家制度与民俗互动，体现中国社会中血缘家庭、基层社会和国家政府互相联系的基本特点。

在宋代，这套祭祖仪式最初由精英阶层提倡，尚未进入国家体制，因而在这一阶段只能是宋代新儒家的习俗。这时它的新赋能，是让父系血缘系统张开了更大的关系网，使所有渴望变成社会精

---

① 参见王宁主编：《评析本白话三礼》，北京广播学院出版社1992年版，第167—348页。何耿镛：《经学概说》，湖北人民出版社1984年版，第17—19、154—165页。

英的人都有机会实现梦想。家族中所有成员可以依靠父系血缘系统，合情合理地向上爬。以往的穷亲戚，由此也被纳入"族"的体制中，可以正式举办仪式。

从地方社会来说，因为地方官员都要学习和推行《朱子家礼》，这样就加强了对地方社会的控制力。祭祖就变成历史传统与社会现实沟通的全社会的文化演习。

从宋代开始，儒学与民俗互补发展，《仪礼》逐步形成前后连贯的说法，各种仪礼都可以在家庭、乡社、君臣、外交的不同环境中展开，都能在岁时节律、乡绅聚会和朝廷活动中进行。家长，乡社、村社、里社中的乡绅，朝廷中的国君和官员都成为深入中国社会结构里的制度代表，全社会都以《仪礼》作为指导社会行为和家庭安全的手册，按《仪礼》敬天祭祖、婚丧嫁娶、年节庆典和酬答外宾，并世世代代沿袭下去。

到了元代，《朱子家礼》规定的祭祖制度正式进入国家制度。

第二，《仪礼》强调尊长尊上、等差有序、积高为高的伦理道德，并转化为建筑、饮食、服饰和人生仪礼符号，有利于执行和推广。

（1）尊长尊上

《仪礼·士丧礼》说，家族办丧事时，如有国君来参加，要尊敬国君，上下有序。

> 主人出迎于外门外，见马首不哭，还入门右，北面，及众主人袒。巫止于庙门外，祝代之。小臣二人执戈先，二人后。君释采，入门。主人辟。君升自阼阶，西乡。祝负墉，南面。主人中庭。君哭。主人哭拜稽颡，成踊，出。……卒，公卿大

夫逆降，复位。①

《仪礼》告诉我们，遇到国君到家里致祭时，主人要到大门外迎接国君。看见国君车的马头，就停止哭泣。从门的右侧进入庙中，面向北，和众主人一样袒露左臂。巫停在门外，由祝代巫为君做前导。两个小臣执戈，走在前边，二人执戈在君后。祝在门前设祭。祭过门神后，国君入门，主人回避。国君从东阶登堂，站在堂上，面向西。祝背靠墙，站在国君的北边，面向南。主人面向北，站在中庭。国君面对尸体哭。主人行哭拜礼，叩首，成三踊之礼。然后出来等在门外。……殓毕，公卿大夫沿着与登堂时相反的秩序下堂，回到原位。

仪式的一个关键部分是台阶，即东阶和西阶。举行祭祖仪式时，东阶为上，家庭成员遵循血缘世系、出生顺序、性别区分，有序递升。男性在东，女性在西。这在本质上与人口繁衍有关。②

（2）等差有序

《仪礼·士冠礼》开篇就规定，家长主持加冠礼，要严格按照台阶的方向秩序进行。

> 主人玄冠、朝服、缁带、素韠，即位于门东，西面。有司如主人服，即位于西方，东面，北上。筮与席、所卦者，具馔于

---

① 杨天宇：《仪礼译注》，上海古籍出版社2016年版，第410页。
② 参见 Patricia B. Ebrey, *Chu Hsi's Family Rituals: A Twelfth-Century Chinese Manual for the Performance of Cappings, Weddings, Funerals, and Ancestral Rites*, Princeton: Princeton University Press, 1991, p. 8. 另参见［宋］朱熹：《家礼》第7册，第923—924页。

西塾。①

这段文字描述说，主持冠礼的父亲或兄长，在准备阶段，要头戴玄冠，身穿朝服，系黑色腰带，白色蔽膝，站在庙门外的东边，面朝西。主人的随从们，穿戴和主人相同，站在庙门外的西边，面朝东，以北为上位。占卜用的蓍草和席子，摆放在庙门外的西堂里。这时的占卜与方向代表着仪式的神秘性和神圣性，决不能有半点马虎。

（3）积高为高

《仪礼》中的各种仪式都要通过馈赠达到目的，这是世界各地都有的习俗。马林诺夫斯基（Bronislaw Malinowski）叫"库拉"，法国社会学家莫斯（Marcel Mauss）叫"礼物"。但中西不同的是，在对待物与人的态度上，双方差距很大。中国古代强调等差顺序，重视伦理道德管理。《仪礼·士相见礼》：

> 士相见之礼。挚，冬用雉，夏用脡，左头奉之。曰："某也愿见，无由达，某子以命命某见。"主人对曰："某子命某见。吾子有辱。请吾子之就家也，某将走见。"②

这段话先讲订婚的礼品，冬天用死的野鸡，夏天用晒干的野鸟，要把野物的头摆向左边。士拜见时，捧着它说："我愿意拜见您，但一直没有机会，现在某君根据您的吩咐，派我前来拜见。"主人回答："某君吩咐我去拜见您，现在您又屈尊来到，请您返回家

---

① 杨天宇：《仪礼译注》，第1页。
② 同上书，第67页。

里,我将去拜见您。"现代人对此叫"礼尚往来",但《仪礼》的馈赠不是一般意义上的社交往来,其礼品馈赠都有社会含义,这个故事就是讲礼品的象征意义,表达"你敬我一尺,我敬我一丈"的积高为高的伦理道德。如果某礼品只有商品意义,互相馈赠,那是日常社交,而不是传统仪礼文化。日常社交维护个人关系,仪礼文化是构建社会现实的驱动力。

第三,《仪礼》中的思想和仪式建构了古老的中式社会学。

在《仪礼》中,天、地、人互为一体。日月的运行、方向的顺逆、光线的明暗、时间的先后和人类的盛衰,都遵守着一个统一的秩序进行,这就发展了中国人独特的宇宙观。这个秩序是自然、人类与个体不断商量的秩序,因此人类要不断地祭神,不断地检讨自己的行为,人类中的个体还要勤劳刻苦地奋斗,始终遵守约定,保证天道与人事的和谐运行。这就发展了中国人独特的世界观。

什么是古老的中式社会学?后面还会继续说,这里先讲它的本质,有三点:一是平衡。四季交替,阴阳相济,五行生克,天、地、人平衡。二是守弱,古人通过仪式解决社会问题,认为柔性的力量是不可战胜的。三是内省。此指通过提升自我、攻坚克难,获得对外影响力。这就是我们所说的遵守宇宙秩序和内在理性的中式社会学。

传统国学是中国历史文明积蓄的精神财富,《仪礼》是其中的一种。传统国学的魅力不仅在于它的历史价值,还在于它的现实作用,《仪礼》也如此。《仪礼》中的"士冠礼"延续至今,今天的中国人仍称之为"冠礼"。古人用它标志成年,现代人也通过它获取成人资格。《仪礼》中的"士昏礼"和"士丧礼",里面的仪式环节、程序与命名,至今也很少动摇。中国人对《仪礼》的规矩稔熟于心,对《仪礼》的使用妙手天成。尽管现代中国去古已远,礼俗的信息也已花样翻新,包括婚礼请柬不必遣使轻敲月下门,上网发布就好,但要想知道新人新风是怎么来的,还是要去了解《仪礼》经典。

四、用现代人文社会科学的观点与方法研究传统国学

传统国学凝聚了中国社会的浓厚人情和勤劳奋斗传统,又岂止《仪礼》?但是,现代人还要了解现代人文社会科学如何对《仪礼》和相关文化进行解释和研究,才能真正懂得传统国学。

(一)站在现代社会文化建设的立场解释传统国学的意义

张岱年曾针对晚清变革讨论中国传统国学。他为中华书局编"国学入门丛书"写过《序》,他在文中明确地说,传统国学指"中国本有的学术"。

> 国学的名称起于近代,近代以来,西学东渐,为了区别于西学,于是称中国本有的学术为国学。清代学者论学术,将学分为三类:一为义理之学,二为考据之学,三为词章之学。义理之学即哲学,考据之学即史学,词章之学即文学。这是举其大略,详言之,词章之学包括文艺学、文字学、修辞学等。义理、考据、词章之外,尚有经世之学,即政治经济学说,以及军事

学、农学、治水之学等。①

张岱年先生这段话的背景是晚清中西思潮碰撞之后,中国学者重视中国社会的文脉。曹聚仁曾为章太炎整理《国学概论》的讲稿,事后又将个人观点写成《小识》,放在《国学概论》的正文之前,《小识》就是导读,他要告诉读者为什么现代人还要研究传统国学。

  我们急要明白:国学的精华何在?他以后还有存在的价值没有?如果国学是腐败的骸骨,不该容他存留着,我们可赶快荡除净尽;如其中尚包藏着精金,也应从速发掘;决不可彷徨歧路,靡所适从。在取舍问题亟待解决当中,非研究国学,别无解决的途径。这是第一层原因。
  在我们以前,既没人曾把国学整理一下,到现在还仿佛一大堆乱书:政治、哲学、伦理、宗教,以及其他各种科学都包含着。我们既要明白其中究竟是怎样的,非坐待可以得到;及今用精力把他系统的整理起来,或者能够观察明白,使后人也得着好处。所以谋学术界的共同便利,也非将国学研究一下不可。这是第二层原因。
  大部分青年感受着无限的苦痛:因为心里极明白适合人生真义的"新",要想接受他;但社会上"旧"的势力膨胀到极点,稍一反动,灵肉两方面都得着痛苦。那旧的也不过借国学做护符——军阀和老顽固都把孔老夫子来撑门面——国学经

---

① 张岱年:"序",章太炎:《国学概论》,曹聚仁整理,中华书局2003年版,第1页。

过他们手里,已变成"糟粕形式呆板教条"了。我们如不把国学的真面目抬出,他们决不敛形息声的;要找出国学的真面目,自然须下一番研究工夫。这是第三层原因。

　　我们对于西方文化故当合理地迎纳,但自己背后还有国学站着,这两种文化究竟如何使他沟通,也是目前要解决的问题。我们对于国学所含的原子不明白分析出来,如何能叫彼和别种化合?所以要先研究国学,才找得出沟通方法。这是第四层原因。①

曹聚仁感到,现代人不必崇拜古人,也不要附和洋人,但现代人需要钻研传统国学,因为身处西方文化来袭的时代,"自己背后还有国学站着,这两种文化究竟如何使他沟通,也是目前要解决的问题"。中西文化的差距很大,但古人看不到,复古者也看不到,而现代人应该看到。现代人也要学会自己创新利用传统国学。

　　章太炎说,他在东京和北京已讲过两次国学,在上海讲国学是第三次,讲稿就是曹聚仁整理的这本《国学概论》。按照他的划分,《仪礼》属于国学的最高层次。在国学的体系中,还有记事的史,如《尚书》和《春秋》;有歌咏地方各国王室和风俗的史,如《诗经》。

　　章太炎讲了好几本要紧的古书,又谈了读古书的方法论。在方法论方面,他谈到,当读古书的方法与整体社会结构已经不匹配

---

① 曹聚仁:"小识",章太炎:《国学概论》,曹聚仁整理,第2—3页。

的时候，就要"知古今人情的变迁"，针对中国古书中的载道伦理，做变通的解释。可掌握两种具体方法：一是在新的社会结构中实行伦理道德观的新转型，一是把中国古代伦理载道观分成人格化和社会性的两类。人格化的伦理道德，他称为"普通伦理"，要恪守；社会性的伦理道德，他称为"社会道德"，要随社会环境的变化而变化。他举了一个例子，儒家讲修身、齐家、治国、平天下。随着社会的变迁，如何解释和处理家国的关系呢？他说：

《大学》有"欲治其国者，先齐其家"一语，《传》第九章里有"其家不可教而能教人者，无之"一语，这明是封建时代的道德。我们且看唐太宗的历史，他的治国，成绩却不坏——世称贞观之治，但他的家庭，却糟极了，杀兄，纳弟媳。这岂不是把《大学》的话根本打破吗？要知古代的家和后世的家大不相同，古代的家，并不只包含父子夫妻兄弟……这等人，差不多和小国一样，……《大学》里的话自然不错，那不能治理一县的人，自然不能治理一省了。①

从他的观点看，先秦时期是看重家国一体的，由家及国，由国及家，互动互逆，两不违拗。但到了唐代，家与国的矛盾就来了，唐代皇帝一家上千口人，这个家很难治，但皇帝却把国家治理得很好，还出现了贞观盛世。这时家与国的关系失衡。到了宋代，建立了中央与地方二级管理体制，这样社会治理各层面可以互补，家国

---

① 章太炎：《国学概论》，曹聚仁整理，第19页。

关系也可以协调。他讲得很深入,其中最精彩的话是"道德本无所谓是非,在那种环境里产生适应的道德,在那时如此便够了。我们既不可以古论今,也不可以今论古"。①

(二)国学与民俗学的交叉

《仪礼》的重点是仪式,仪式所背靠的是中国传统礼俗文化,包括为仪式提供依据的民俗叙事、宗教信仰和社会历史。章太炎是学问大家,他最精彩的地方,是阐述《仪礼》背后的这些学问。他谈了三点:一是正统经典不是神话,二是正统诸子不是宗教,三是正统历史不是野史。他不谈民俗,但他的阐释中有民俗问题。他主要不是谈西方文化,但他的阐释中也有西方的学术问题,不过中西各说各话。他的学问又是给现代人讲的,所以现代人还是要多少了解民俗学和西学,才能深入理解他的讲学。

1. 从正统经典中去除神话

章太炎摘引正统典籍的神话情节,用儒家思想训释,维护正统。下面举他讲的一个例子。

> 在古代书籍中,原有些纪载是神话,若《山海经》《淮南子》所载,我们看了,觉得怪诞极了。但此类神话,在王充《论衡》里已有不少被他看破,没有存在的余地了。而且正经正史

---

① 章太炎:《国学概论》,曹聚仁整理,第21页。

中本没有那些话，如盘古开天辟地、天皇、地皇、人皇等，正史都不载。又如"女娲炼石补天""后羿射日"那种神话，正史里也都没有。经史所载，虽在极小部分中还含神秘的意味，大体并没神奇怪离的论调。并且，这极小部分的神秘记载，也许使我们得有理的解释。

《诗经》记后稷的诞生，颇似可怪。因据《尔雅》所释"履帝武敏"，说是他的母亲，足蹈了上帝的拇指得孕的。但经毛公注释，训帝为皇帝，就等于平常的事实了。……《禹贡》记大禹治水，八年告成。日本有一博士，他说："后世凿小小的运河，尚须数十年或数百年才告成功，他治这么大的水，哪得如此快？"因此，也疑禹贡只是一种奇迹。我却以为大禹治水，他不过督其成，自有各部分工去做；如果要亲身去，就游历一周，也不能，何况凿成！在那时人民同受水患，都有切身的苦痛，免不得合力去做，所以"经之营之，不日成之"了。《禹贡》记各地土地腴瘠情形，也不过依报告录出，并不必由大禹亲自调查的。①

他使用了"神话"的概念，但对神话学的方法并不接受，他直接把神话送到正统的对立面，成为差异物。

2. 从先秦诸子中去除宗教

章太炎把先秦诸子正统化，视为"正统诸子"，然后说诸子无宗教，这里的无宗教，是指中国没有印度和西方的那些宗教，但他

---

① 章太炎：《国学概论》，曹聚仁整理，第6—7页。

没说中国人自己信什么。

　　经典诸子中有说及道德的，有说及哲学的，却没曾说及宗教。近代人因为佛经及耶教的圣经都是宗教，就把国学里的"经"，也混为一解，实是大误。"佛经""圣经"的那个"经"字，是后人翻译时随意引用，并不和"经"字原意相符。经字原意只是一经一纬的经，即是一根线，所谓经书只是一种线装书罢了……非但没含宗教的意味，就是汉时训"经"为"常道"，也非本意……

　　中国自古即薄于宗教思想，此因中国人都重视政治。周时诸学者已好谈政治，差不多在任何书上都见他们政治的主张。这也是环境的关系：中国土地辽广，统治的方法，急待研究，比不得欧西地小国多，没感着困难。印度土地也大，但内部实分着许多小邦，所以他们的宗教易于发达。中国人多以全力着眼政治，所以对宗教很冷淡。

　　老子很反对宗教，他说："以道莅天下，其鬼不神。"孔子对于宗教，也反对。他虽于祭祀等事很注意，但我们味"祭神如神在"的"如"字的意思，他已明白告诉我们是没有神的。《礼记》一书很考究祭祀，这书却又出自汉代，未必是可靠的。

　　祀天地社稷，古代人君确是遵行，然自天子以下，就没有与祭的身份。须知宗教是须普及于一般人的，耶稣教的上帝，是给一般人膜拜的；中国古时所谓天，所谓上帝，非人君不能拜，根本上已非宗教了。

　　九流十家中，墨家讲天、鬼，阴阳家说阴阳生克，确含宗教的臭味,但墨子所谓天,阴阳家所谓"龙""虎",却也和宗教相去很远。①

章太炎似乎要与新说对着干,但将中国与印度和西方国家相比较,中国的确不是宗教国家。今天看,连西方学者都说中西文化的差异是有无宗教的差异,这么一比,他又是比某些新说还新了。看他的解释还可以明白,他反对拿中国的"祭祀""阴阳""鬼神""天地"等词语去对比西方的基督教,他是对的。他也没说中国的"祭祀""阴阳""鬼神""天地"是什么概念,可是他也并未放弃解释,不过他只解释到书经这一步,考量是否可以为帝王所用。他不说书经以外的事。我们知道,书经以外的事,要用民俗学解释。

朱自清旅欧,接受西方现代的人文社会科学,他对先秦诸子就不这么看。他认为,先秦有"宗教",当时"言论思想极端自由的空气便消灭了。这时候政治上既开了从来未有的大局面,社会和经济各方面的变动也渐渐凝成了新秩序,思想渐归于统一,也是自然的趋势。在这新秩序里,农民还占着大多数,宗法社会还保留着,旧时的礼教与制度一部分还可适用,不过民众化了罢了"。②

3. 将正史与野史相区别

章太炎的一个例子就是《史记》中的《列传》。从他的角度看,

---

① 章太炎:《国学概论》,曹聚仁整理,第8—9页。
② 朱自清:《经典常谈》,第89页。

正史的叙事策略不应该是写小说,这里的小说指神话、传说、故事。有小说的历史就是野史,野史低于正史。

> 后世的历史,因为辞采不丰美,描述不入神,大家以为是记实的。对于古史,若《史记》《汉书》,以其叙述和描写的关系,引起许多人的怀疑:
>
> 《刺客列传》记荆轲刺秦王事,《项羽本纪》记项羽垓下之败,真是活龙活现。大家看了,以为事实上未必如此。太史公并未眼见,也不过如《水浒传》里说武松宋江,信手写去罢了。实则太史公作史择雅去疑,慎之又慎。像伯夷叔齐的事,曾经孔子讲及,所以他替二人作传。那许由、务光之流,就缺而不录了。项羽、荆轲的事迹,昭昭在人耳目,太史公虽没亲见,但传说很多,他就可凭着那传说写出了。……《刺客列传》只五个人,难道太史公不能逐人描写么?这都因荆轲行刺的情形有传说可凭,别人没有,所以如此的。……所以正史中虽有些叙事很生动的地方,但决与小说传奇不同。①

现在我们知道,历史就是叙事,被他叫作"传说"或"小说传奇"的叙事也是一种历史。有学问又谨慎的司马迁,将很多传说采写下来,认为它们就是历史。朱自清称赞司马迁的做法,他说,司马迁"看到了好些古代的遗迹,听到了好些古代的轶闻;这些都是活史料"。②

再看章太炎的国学方法论,首先是辨伪。他说"研究国学第一

---

① 章太炎:《国学概论》,曹聚仁整理,第9—11页。
② 朱自清:《经典常谈》,第62页。

步要辨书籍的真伪",这是他凭学问、凭经验的地方。他看古书既有学问,又有经验。

四部的中间,除了集部很少假的,其余经、史、子三部都包含着很多的伪书,而以子部为尤多。清代姚际恒《古今伪书考》,很指示我们一些途径。①

他说清代姚际恒的这本书,大家有空要找来读,既长学问,也长经验。他认为宋人没有清人有学问。

先就经部讲。《尚书》现代通行本共有五十八篇,其中只有三十三篇是汉代时的"今文"所有,另二十五篇都是晋代梅颐所假造。这假造的《尚书》,宋代朱熹已经怀疑他,但没曾寻出确证,直到清代,才明白地考出,却已雾迷了一千多年。
……
《列子》信《列子》的人很多,这也因这本书做得不坏,很可动人的原故。须知列子这个人虽见于《史记·老庄列传》中,但书中所讲,多取材于佛经,"佛教"在东汉时始入中国,哪能在前说到?我们用时代证他,已可水落石出。并且《列子》这书,汉人从未有引用一句,这也是一个明证。造《列子》的也是晋人。
……
总之,以假为真,我们就要陷入迷途,所以不可不辨别清

---

① 章太炎:《国学概论》,曹聚仁整理,第11页。

楚。但反过来看，因为极少部分的假，就怀疑全部分，也是要使我们彷徨无所归宿的。①

他讲《列子》不是先秦而是魏晋作品，"多取材于佛经"，季羡林先生也说过这样的话。其次是小学三法：音韵、训诂、形体。他举述唐宋明至现代哲学和文学的例子真精彩。

> 宋朱熹一生研究《五经》《四子》诸书，连寝食都不离，可是纠缠一世，仍弄不明白。实在，他在小学没有工夫，所以如此。清代毛西河（按名奇龄）事事和朱子反对，但他也不从小学下手，所以反对的论调，也都错了。可见通小学对于研究国学是极重要的一件事了。清代小学一门，大放异彩，他们所发见的新境域，着实不少！
>
> 三国以下的文章，十之八九我们能明了，其不能明了的部分，就须借助于小学。唐代文家如韩昌黎、柳子厚的文章，虽是明白晓畅，却也有不能了解的地方。所以我们说，看唐以前的文章，都要先研究一些小学。
>
> 桐城派也懂得小学，但比较的少用工夫，所以他们对于古书中不能明白的字，便不引用，这是消极的免除笑柄的办法，事实上总行不去的。
>
> 哲学一科，似乎可以不通小学，但必专凭自我的观察，由观察而发表自我的意思，和古人完全绝缘，那才可以不必研究小学。倘仍要凭借古人，或引用古书，那么，不明白小学就要

---

① 章太炎：《国学概论》，曹聚仁整理，第12—13页。

闹笑话了。比如朱文公研究理学(宋之理学即哲学),释"格物"为"穷至事物之理",便招非议。在朱文公原以"格"可训为"来","来"可训为"至","至"可训为"极","极"可训为"穷",就把"格物"训为"穷物"。可是训"格"为"来"是有理,辗转训"格"为"穷"就是笑话了。……

所以研究国学,无论读古书或治文学哲学,通小学都是一件紧要的事。①

再次是地理三法:地质、地文、地志。

我们研究国学,所以要研究地理者,原是因为对于地理没有明白的观念,看古书就有许多不能懂。譬如看到春秋战国的战争,和楚汉战争,史书上已载明谁胜谁败,但所以胜所以败的原因,关于形势的很多,就和地理有关了。②

最后,章太炎划分经书、哲学和文学三范畴,在各范畴之下划学派。所谓学派,他的定义是:"古今学者呶呶争辩不已的"思想流派。他认为,讲国学而不讲学派,便不成体系,除了这三个范畴之外,有没有别的范畴呢?比如我们今天说文史哲,"史"在哪里呢?他称"'六经皆史也',这句话详细考察起来,实在很不错"。他的六经包括:《尚书》《春秋》《诗经》《礼经》《乐经》和《易经》,这在汉代以后就称"五经",即《易》《书》《诗》《礼》《春秋》。现

---

① 章太炎:《国学概论》,曹聚仁整理,第15—16页。
② 同上书,第17页。

代历史学呢？在他的眼里，可以纳入国学，但还没有达到经学的水平，"无须讲派别"。其他学科呢？他认为是"零碎的学问"，"不够讲派别"。①

（三）宋学的问题

章太炎对宋代新儒学批评较多，认为"宋儒治经以意推测的很多"，朱熹就是其中之一。朱熹治经"有功于经"，有的地方"过不能掩功"。他举了好几个例子说这件事，其中一个例子是讲《诗经》和《楚辞》的爱情诗与民间歌谣的关系的，顾颉刚和钟敬文也都谈过这个问题。我先把章太炎的观点抄在下面：

> 古人作诗托男女以寓君臣，《离骚》以美人香草比拟，也同此意。朱文公对于《诗序》（唐时《本事诗》相类）解诗指为国事而作，很不满意，他迳以为是男女酬答之诗，这是不可掩盖的过。②

为了方便观察，我也把钟敬文的观点抄在下面：

> 宋代的朱熹是位道学家，但是他对民间诗歌却发表了一些相当优越的见解。他在《诗集传》的序言上说："凡诗之所谓风者，多出于里巷歌谣之作。所谓男女相与咏歌，各言其情

---

① 章太炎：《国学概论》，曹聚仁整理，第24页。
② 同上书，第34页。

者也。"并在具体的注文中抛弃了汉代经学家那些把许多诗附会到史实上去的旧说，对赋、比、兴也有了较为简明确当的解释。这些都为后代所沿用。由于他明确指出历来奉为经典的《诗经》中的《国风》是里巷歌谣，于是后代学者在谈到民间诗歌时，常常要以"国风"为典范予以评价。①

宋代的朱熹对上述关于神话、传说的传统看法虽无根本性改变，但他在《楚辞辩证》里谈到上帝对鲧禹动用息壤前后态度不同时，却采用了取今证古的方法予以分析。他说："此问（按指《天问》）之言，特战国时俚俗相传之语，如今世僧伽降无之祈、许逊斩蛟蜃精之类，本无稽根，而好事者遂假托撰造以实之。明理之士皆可以一笑而释之，政（正）不必深与辩也。"尽管这里他仍然仅限于指出神话、传说为无根之谈，但他把古代治水神话和当世流行的有关治水的神异传说联系起来，这在解说古代神话、传说方面多少有些推进。②

钟敬文关于《诗经》和《楚辞》中民歌的观点受到顾颉刚的启发。③但钟敬文对宋代新儒学的民歌观评价更高，因为钟敬文比顾颉刚更善于运用民俗学的分析方法。今人大都知道顾颉刚和钟敬文的观点，却未必知道章太炎的观点。章太炎批评朱熹将《诗经》的《国风》释读为"男女酬答之诗，这是不可掩盖的过"，这是他自

---

① 钟敬文："中国民间文艺学的形成与发展"，《新的驿程》，中国民间文艺出版社1987年版，第6页。
② 同上书，第9—10页。
③ 参见顾颉刚："论《诗经》所录全为乐歌"、"《诗经》的厄运与幸运"，《顾颉刚民俗学论集》，上海文艺出版社1998年版，第275—277、190—251页。

己摆架子。猜想一下,他当时即便知道民俗学,也可能不会往这方面去讲。可是我们也要想一想,他这种观点跟他的时代距离有多远呢?我再抄钟敬文的一段话,供大家对照。

> 对于神话、传说看法有较大突破的是晚清。这时文化界人士具有明确的爱国主义、改造社会的思想,很多人接受西方先进的资产阶级文化,有了文学进化的观念,文学的民主性和社会功用也为大家所承认。因此这时对于通俗文艺、民歌、神话、传说等都有了新的评价,有的还利用民间形式进行政治的或教育的宣传。在神话、传说方面,有人阐述神话对国民教养的作用(如蒋观云),有人探讨神话和历史的关系(如夏曾佑等)。鲁迅在这个时期特别强调神话所反映的社会冲突和反抗思想。他还指出不能把神话和迷信混同,分析神话与科学研究、发明各具特点,阐述神话为远古人民想象之产物,后人不应轻率地嘲笑它。他说:"夫神话之作,本于古民、睹天物之奇觚,则逞神思(指想象)而施以人化,想出古异,诚诡可观,虽信之失当,而嘲之则大惑也。"这个时期先进学人的探索,开辟了现代科学的神话学的先声。①

章太炎对佛学的表扬值得一提。他认为:"佛法入中国,所以为一般人所信仰,是有极大原因:学者对于儒家觉得太浅薄,因此弃儒习老、庄,而老、庄之学,又太无礼法规则,彼此都感受不安。佛

---

① 钟敬文:"中国民间文艺学的形成与发展",第10页。

法合乎老、庄,又不猖狂,适合脾胃,大家认为非此无可求了。"①章太炎还指出"佛法所有奥妙之处,在九流却都有说及,……'九流'实远出宋、明诸儒之上,和佛法不相出入的"。②我们在这里还要注意,章太炎分析佛教思想在儒、道和九流之说中能找到元素之后,对宋代哲学转变了态度,不过又说宋学需要依傍儒学才行。

  我们研究哲学,从宋人入手,却也很好,因为晋人空谈之病,宋人所无,不过不要拘守宋学,才有高深的希望。至于直接研究佛法,容易流入猖狂。古来专讲佛而不讲儒学的,多不足取,如王维降安禄山,张商英和蔡京辈往来,都是可耻的。因为研究佛法的居士,只有五戒,在印度社会情形简单,或可维持。③

  按照他的划分,文学的派别,在国学的集传之中。他以文学观和文学风格划分文学的派别,表示支持桐城派,认为桐城派的观点和风格都很明显,包括"他们的气度格律","他们的公式禁忌",他们免除了明初"台阁派和七子派的习气"。④由于其文学概念中的传、状、行述和事略类涉及帝王行迹,他又谈到了碑刻。后面要谈到的施蛰存对碑刻做了很仔细的研究。章太炎通俗地说:"碑这个东西,本来只是一块大石板,中间上端穿一个圆洞。古人办葬事,把石板直立在墓穴四角上,利用它来扣牢粗大的绳索,慢慢地把棺材放下去。此外,公卿大夫的家门口,也有直立的石头,用来系马,

---

① 章太炎:《国学概论》,曹聚仁整理,第46页。
② 同上书,第59页。
③ 同上书,第59—60页。
④ 同上书,第70页。

这就是后世的系马桩。宗庙祠堂门前也有石头，用来拴住祭祀用的牺牲。这些石头，总名曰碑。所以《说文》给'碑'字的注解是'竖石也'。汉以前的古书中所有的'碑'字，大多数指的是这种直立的石板。"①他讲得很有意思，把上下层、儒释道文化都讲进去了，比章太炎更有现代意识。

以上我对章太炎的体例和看法讲了这么多，是因为他对后面的学者影响很大。如朱自清的《经典常谈》，我在本书中多次谈到。大家之间各有各的妙处，章太炎之妙，在于古书难懂，而被他讲得通俗易懂。章太炎把它们分成现在的体例，也是创造。他站在中国古书的立场上讲他的东西，这就为后人的比较树立了一个标杆。如果他也转角转到西边去，后人就不知道古书的立场到底是什么了，那么古书的意思也就失传了。

朱自清对中西思想在哪里对话和融合的看法，要比章太炎更敏锐。他回国后也讲了他的"十三经"，但他讲的是他的分类、范畴和方法。他增加了《说文解字》《国语》《战国策》和《史记》。他的方法是讲故事的方法，而且讲得很好听。下面是他讲《战国策》中苏秦身挂六国相印的故事。

> 苏秦使锥子扎腿的时候，自己发狠道："哪有游说人主不能得金玉锦绣，不能取卿相之尊的道理！"这正是战国策士的心思。他们凭他们的智谋和辩才，给人家画策，办外交；谁用他们就帮谁。他们是职业的，所图的是自己的功名富贵；帮你的时候帮你，不帮的时候也许害你。翻覆，在他们看来是没有

---

① 施蛰存：《金石丛话》，中华书局2003年版，第4页。

什么的。本来呢,当时七雄分立,没有共主,没有盟主,各干各的,谁胜谁得势。国际间没有是非,爱帮谁就帮谁,反正都一样。苏秦说连横不成,就改说合纵,在策士看来,这正是当然。张仪说舌头在就行,说是说非,只要会说,这也正是职业的态度。①

朱自清的这番话出自1922年②,与曹聚仁整理出章太炎的《国学概论》是同一年,但朱自清没有刻意地去维护古书的原意,他用现代人能懂的社会意识和思维方式解读古书,表达出与章太炎不同的认识。他明确地说,他的书"不是'国学概论'一类"③。但这样做要有两个条件:一是国学功底要好,二是文学功力要深。他两者都有。他讲国学没有构建章太炎那种严密的体系,因为他的学问不是来自文字学而是文学。他是学者兼文学家。

张岱年为包括章太炎《国学概论》在内的"国学入门丛书"写"序"的时间,是在曹聚仁六十年后,他把同样的意思说得更有后来的时代特点:"现代已到21世纪,我们的主要任务是发展学术研究,参加世界学术论坛;但是对于本国的学术传统亦应具备明确的认识,要正确全面地了解本国的学术传统,对于本国的学术成就有一定的理解。要想在参加世界学术竞争的同时对于本国的学术亦有明确的理解,研究本国的学术史,还是必要的。"④曹聚仁和张岱年都称赞章太炎的书,是因为章太炎在明确理解本国的学术传统,总结"本国的学术成就"方面有独特成就,令人信服。

---

① 朱自清:《经典常谈》,第59页。
② 参见叶圣陶:"重印《经典常谈》序",朱自清:《经典常谈》,第1页。
③ 朱自清:"序",《经典常谈》,第7页。
④ 张岱年:"序",章太炎:《国学概论》,曹聚仁整理,第1页。

五、海外汉学研究传统国学的角度与观点

法国、俄罗斯和德国的汉学都很有名,他们认为,传统国学是整体学科的组合,研究所要做的是从多学科进入。他们的著作给人的印象就是丰富多彩。

(一)对传统国学的综合研究

在法国汉学界,有一个顶峰级的人物叫沙畹(Edouard Chavannes)。前面说的研究正统书经、先秦诸子和《史记》等,他都有著作。俄罗斯汉学家阿里克谢耶夫(Василий Михайлович Алексеев)是沙畹的弟子,后来成为俄罗斯汉学的开创者之一。

俄罗斯汉学重视中国传统国学的知识系统。俄罗斯汉学将儒家经典、汉字汉语研究、理论著作、戏曲小说和民间文学作为一个整体进行建设。他们对中国传统国学知识系统的研究,包括俄罗斯汉学家的资料学和多学科综合研究两项。[①] 阿里克谢耶夫认为,俄罗斯汉学与中国传统国学属于对等的范畴,但研究的视角不一样。对俄罗斯学者而言,"有关汉学的定义包含两层最为重要的意思:第一,汉学是关于中国、中国文化和汉语的综合性学问;第二,各种研究中国的科学只有在以汉语为依托的情况下才能成为汉学的组成

---

① 参见阎国栋:《俄罗斯汉学三百年》,学苑出版社2007年版,第111、115页。

部分"。① 他认为，研究中国的传统国学，使用单一视角没有任何研究的空间，务必开展多学科的综合研究。他有效地借鉴了老师沙畹等法国汉学家开创的微观研究方法，强调汉语修养，重视文本翻译和研究，资料丰富、考据精细、注释详尽。② 后来的圣彼得堡大学汉学家李福清等依然保持这种传统。阿里克谢耶夫还认为，中国的传统国学研究与欧洲汉学研究之间有脱节现象，双方都需要克服。

阿里克谢耶夫的弟子费德林是钟敬文先生的老朋友，曾任俄罗斯驻华大使馆文化参赞，1943年获得博士学位，博士论文题目是《屈原的历史真实性及其创作》。他具有从宏观上认识中国国学的能力，做学问材料丰富，观点出新，继承了老师的特点。

（二）研究传统国学的结构

美国汉学家史华兹（Benjamin I. Schwartz）认为，《仪礼》和其他四书五经，就单本看，都没有形成整体，可以分别研究。它们在后世的流传中产生了一种总体精神，叫作"道"，他在自己的代表作《古代中国的思想世界》中说：

> 宋代以来的中国思想家以及许多现代学者，都倾向于在《论语》和《孟子》中寻找早期儒家的源头活水。

---

① 阎国栋：《俄罗斯汉学三百年》，第135—136页。
② 参见同上书，第139页。

……

经典似乎是公共的和"客观的",这样说的依据有两个方面,一是它们的权威基础,二是它们的内容。从总体上讲,它们倾向于将注意力集中于"外在"的实在结构之上——人类就在这种结构中运行。

……

人类被刻画成为这样的道德中介:他们面临着困难的伦理抉择,被卷入到困难的客观情境之中而无法自拔;但人们仿佛是藉助于他们在公共生活中的"外在"表现来观察他们的。我们的注意力集中在他们被卷入其中的历史情境。我们可以知道这些客观抉择(objective decisions)是否符合道德的标准,但对自我道德修养的内在过程几乎一无所知。①

史华兹以博学睿智被誉为"学者中的学者"。他讲的"道"不是道家的"道",而是取之有道、用之有道、成功有道的整体中国文化之"道"。他的好几个弟子都曾来中国访问过钟敬文先生。《古代中国的思想世界》是其扛鼎之作。美国汉学家在中国传统国学研究方面达到他这个程度的不多。

---

① 〔美〕本杰明·史华兹:《古代中国的思想世界》,程钢译,刘东校,江苏人民出版社2008年版,第536—538页。

（三）对传统国学与宗教学关系的研究

在中西学术差异中，对传统国学与宗教关系的讨论不可或缺。法国汉学家谢和耐（Jacques Gernet）认为，西方的基督教与中国的宗教观虽是两种不同的文化体系，但终究要对话。

> 中国典章中所说的"敬天"和"畏天"，实际上也具有与利玛窦以及继他之后其他许多传教士们的看法不同的意义……它们并没有暗示一种独一无二的、无所不在的和天地间的造物主上帝，而是使人联想到了听从命运、宗教虔诚般地尊重礼仪、行为中的严肃和真挚感情等思想。至于"上帝"，它是下界君主对天神的想象之反映，其作用被认为与行使皇权有着内在的联系。①

谢和耐认为，中国人的宗教观是将世俗和宗教融合的观念。这就从另一个学术体系上，迂回到我们开头讨论的仪礼民俗上。

六、新时期传统国学研究内外观

改革开放后，中西学者加强了交流。关于传统国学研究，当代

---

① 〔法〕谢和耐：《中国与基督教——中西文化的首次撞击》，耿昇译，上海古籍出版社2003年版，第175页。

中国学者也有新见。

（一）阐述继承发展的必要性和在思想上要打通

被章太炎讲得很神的经史学派，李思敬认为："用今天的眼光看，那出土的隶书本经书就是今天的古文经，而现在通行的楷书本经书就是今天的今文经。汉代经书的今古文之别，说穿了也不过就是这么回事。"怎样打破神秘性，他说，不过是"把所有的书拿来比较研究就是了"，这就是方法。他还说"汉代传经可不是搞古籍整理。那时把孔子看成为万世立法的大政治家，'五经'是被作为国家施政的指导原则来遵奉的"。①总之，在思想上打通，解释当时人怎么看，现在人应该怎么看，让两头通，今人懂，这就是思想史。

（二）解释传统国学不要失掉话语权

章太炎讲的经史学派中的今古文两派之争，让李思敬讲得通俗易懂。李思敬认为，两者都有致命的弱点。古文经派讲经文的政治权威性，讲过了头，到东汉时被撤销了古文经派的学官，把发言的席位也丢了。今文经派讲"通经致用""夙夜匪懈"和"微言大义"，结果"一个是追逐利禄，一个是迷信妖妄，一个是烦琐无

---

① 李思敬：《五经四书说略》，商务印书馆1991年版，第13页。

稽，……最后由盛而衰，走上它的反面"。①宋学一派，"研究经书不重训诂考证而重义理探讨"，"强经以就我，带有很大的主观性"，出了不少错。清代兴起"朴学"，找回汉代传统，并加强考证，多所发明，在对经书字义、典章名物的解释上突破前人，章太炎的思想观念我们可以不理，但他的朴学学问我们不能不听。②他还对注释的知识性质和储藏情况做了介绍，指出注疏的好处和问题，这对沙畹也是补充。

  如果想深入研究，则需要认真研读原著的注疏，并且要有人指导。旧注疏反映着古人的理解，研究任何经典文字都必须从此入手。但是要注意旧注疏也并不好懂，而且也并不都是正确的。……类似这样的问题，在《尚书》中是相当多的。我们翻阅旧注、新注、旧译、新译，会发现许多不一致的地方，根本原因就是对原著字义的理解不同，从而影响到对句法的认识不同，于是乎有的连断句标点都不同。所以这部古文献的本来面目还需要不断地研究、探索，尤其需要今后利用地下出土的有关材料来剖析、认识，才能搞清楚。③

  李思敬肯定宋学，但不能不管古文训诂，因此要讲宋学与朴学结合。他追随朱自清，但还要解释朱自清没解释的经典。总之，任何好东西都不能讲过头，讲过了头就把话语权也丢了。

---

① 李思敬：《五经四书说略》，商务印书馆1991年版，第16—18页。
② 参见同上书，第21、24页。
③ 同上书，第63—64页。

（三）注意传统国学与现代学科的概念和分科差别

怎样对中国青年一代解释中国古代经典？施蛰存提出，要区分中西概念，了解国际通用的术语和研究现状，还要进行历史学的研究。①

叶圣陶指出，要注意现代教育分科的问题。他在给朱自清的《经典常谈》所撰写的序文中说：

> 在三十多年之后的今天，我对朱先生和我自己的这样考虑——就是经典训练是中等教育里的必要项目之一——想有所修正了。第一，直接接触这些经典，不仅语言文字上的隔阂不少，风俗习惯典章制度上的疙瘩更多，……因此，我想中学阶段只能间接接触，就是阅读《经典常谈》这样的书就可以了。第二，……跟经典间接接触，也不光是语文课的事，至少历史课应当分担责任，因为经典是文化遗产，历史课当然不能忽略文化遗产。第三，在高等教育阶段，学习文史哲的学生就必需有计划地直接跟经典接触，阅读某些经典的全部和另外一些经典的一部分。那一定要认认真真地读，得到比较深入的理解。②

---

① 参见施蛰存：《金石丛话》，第2—3页。
② 叶圣陶："重印《经典常谈》序"，第2页。

严绍璗认为,"汉学是一个丰厚的学术系统,它的学术的基础则是存在于中国文化在世界范围内的流动"。我认为,汉学就是"不同国家的学术界人士,在不同的学术领域中,对所接受到的中国文化的'刺激',所指做的各种各样的'反应'和'回应'。由此而构建成为一个独特的学术系统"。① 他还认为,跨文化研究方法包括民俗学的方法。

---

① 严绍璗:《日本中国学史稿》,学苑出版社2009年版,第560页。

第二讲　中国文学与海外汉学

从中国文学切入跨文化社会研究，这是以往的社会研究很少使用的视角，但中国文学历来就有观风载道的使命，书写社会是中国文学的一个特点，所以通过中国文学研究中国社会并不为过。海外汉学研究中国社会也利用中国文学，有时还将历代作家及其代表作共同分析，解释"江山代有才人出"的中国社会成就。在一般古老文明中，传统越久，断层越多，中国文学史正好相反，始终伴随中国社会长期发展。中国文学还绵藏于历代经史子集文献中，"五四"以后，它们又都成为考古学、艺术学、语言学、历史学、民俗学、哲学等多种人文社会科学的资料，而海外汉学通过中国文学研究中国社会，也走多学科综合研究的路子。中国文学与海外汉学，在跨文化社会研究上，殊途同归。

一、汉字汉语与中国文学的不解之缘

在中外文化相遇的十字路口，汉字汉语和中国文学都是关键点。海外汉学要了解中国社会，读懂中国文学，就要掌握汉字汉语。在汉字汉语的字书与词典中，浓缩了中国文学的精华；在中国文学中，也能找到汉字汉语的历史变迁轨迹。此外，西方语言是表音文字,汉语汉字是表意文字,西方人并不用表音字母讲故事,汉字汉语却需要借助中国文学解释意义,所以这种研究从一开始就具有强烈的中西对比意识,这种研究难度大,但也很有建设性。

(一)汉语汉字研究使中国文学史成为中国社会史的一种根基

朱自清有旅欧的经历,谈到过"有一位外国教授说过,阅读经典的用处,就在教人见识经典一番",①而他的《经典常谈》开篇就从《说文解字》讲起:

> 不但研究字形得靠它,研究字音字义也得靠它。研究文字的形音义的,以前叫"小学",现在叫文字学。从前学问限于经典,所以说研究学问必须从小学入手;现在学问的范围是广了,但要研究古典、古史、古文化,也还得从文字学入手。②

朱自清讲得很清楚,要认识中国文学("古典"),掌握中国文学史和社会史资料("古史料"),都应该了解《说文解字》,而且从基础上说,"都凭得这部书"。

王宁也从传统语言文字学的角度谈过"文"。王宁认为,"文"是一个知识系统,中国文学史中的精品:唐诗、宋词和元曲,

---

① 朱自清:"序",《经典常谈》,第5页。
② 朱自清:《经典常谈》,第4页。

都是这个系统的现象。

"文"的本义是"错画",也就是花纹。在古代汉语里,它的意义有所引申:因为花纹总是画在载体上的,所以,在人类认知领域里,"文"引申为后天形成的品德、修养,与表示先天素质的"质"相对。《论语·雍也》曾说:"质胜文则野,文胜质则史,文质彬彬,然后君子。"①

中国古代对"文"的认识还反映在对天文和人文的区分上,《易·贲卦》说:"圣人观乎天文,以察时变;观乎人文,以化成天下。"天文指的是自然现象和规律,人文指的是社会现象和规律。

文化现象指人类文化发展过程中呈现出的某种外部状态和联系。现象具有个别、具体、可直接观察和经验性等特点。……有些现象带有单一性,例如,观察捕鱼,……有些现象表现为多种事物的联系性……在汉字问题上,战国时期的文字构形的差异远远高于它的前后代;在诗歌题材问题上,律诗盛行于唐代,词盛行于宋代,曲盛行于元代……这些都是人们观察出的现象。②

描摹大千世界的本质是本体论,文字观、文学观、自然观和社会观等分类知识是认识论,汉字汉语是承载中国思维的本体论与认识论的最初介质,而汉字汉语的故事就是中国文学,解释汉字汉

---

① 王宁主编:"绪论",《中国文化概论》,外语教学与研究出版社2015年版,第3页。
② 同上书,第7页。

语的历史文献也是中国文学。董琨举了古诗朗读的例子："中国古代的诗歌讲究押韵，可是不少古诗今天念起来却不太押韵，有时甚至于完全不押韵了。"这是"古今语音的不同造成古今字音的差异。"他说，崔颢的《长干曲》之二，诗曰："家临九江水，来去九江侧。同是长干人，生小不相识"，第二句的末字"侧"与第四句的末字"识"，用今天的普通话朗读"侧"是去声，"识"是阳平，彼此并不叶声；两个字的韵母，一个是e，一个是i，也不押韵。董琨说，在崔颢生活的唐代，这两个字是押韵的，它们的发音都是入声字，韵母也近似。只是到了元代，社会背景发生了变化，北方流行蒙古人带来的元大都话，入声字消失，这首诗的朗读效果也发生了问题。现在南方的客家话和粤语方言中还保留了入声字。①那么，中国学者研究汉语汉字时是怎样解决这个问题的呢？他们有一门功夫叫声训，董琨又讲到声训。用声训的方法，可以大体恢复中国古代诗词的音韵美。我的导师钟敬文先生是广东客家人，是精通音律的诗人，我念书的时候，就经常看见他用客家话吟诵古诗的样子得心应手。

（二）语言、文学和社会的结构链

在法国汉学史上，中国始终吸引着西方，法国学者若瑟·佛莱什（Jose Freches）也认为，将中西文化隔开的藩篱是语言。②要进入语言、文学和社会的结构链，然后才能了解中国社会。美国语言

---

① 参见董琨：《汉字发展史话》，商务印书馆1991年版，第75—76页。
② 参见〔法〕若瑟·佛莱什："从法国汉学到国际汉学"，耿昇：《法国汉学史论》（上册），学苑出版社2015年版，第1页。

学家匹克提出的语音（etic）和语义（emic）差异研究法，在此或可借用，解释语言的意义部分与社会环境的联系。当然匹克不研究汉语，但他发明的这个方法适用性很强，所以很多现代人文社会科学的学科都在应用。再举个例子，意大利来华传教士利玛窦和他的比利时裔法国弟子金尼阁（Nicolas Trigault）是另外一种成功的个案。他们利用汉字汉语的工具，把西方经典文学作品《伊索寓言》译成中文，再亲近中国社会，在脚下走出坦途。利玛窦还有两个中国弟子，一个是徐光启，一个是王徵，也都是文采斐然的学者。大家对徐光启可能知道得比较多，对王徵了解很少，其实王徵也是一位语言学家，他写了一本汉语读音的书，还发明了拼音和类似四角号码的检索方法，为当时中法交流带来了很多方便，我和法国学者在陕西泾阳调查时顺道去看了王徵的墓地，距现代文学家吴宓的墓地不远。他的事迹通过墓碑上的文字流传到今天。

沙畹研究正统《书经》、先秦诸子和《史记》。他从汉字开始，关注传统国学对整个中国的影响。他认为，汉字适应中国礼制社会的制度，帮助传统国学在中国社会制度中占据主导地位。

> 三千多年来，中国一直维持着它的组织形式，能够确保一个社会如此长存的道德准则一定有其独特的力量，不承认这点就显得很幼稚。身处能征好战的民族之中，这个伟大的民族依然能保持它平和的本性，而且甚至能让其征服者接受。她影响深远，思想观念传遍了半个亚洲大陆。因此，她的道德及政策肯定能确保采纳它的人得到幸福，使之热爱生活。中国的社会结构建立在教育的基础之上，尽管我们从中发现了一些陈旧的迹象，但是可以肯定，这种建筑能够适应当地居民的需要，使他

们感到自在,而我们设计的新式房屋也许对他们不这么合适。①

在沙畹看来,汉字按中国人的理解发展,给中国人以存在感。中国人在汉字文化里感到幸福。但汉字过于适应中国的礼俗社会,也产生了依附礼俗体制的缺陷。他认为,欧洲人对汉字的社会角色的提法不容易被接受,还可能要去改造它。不过沙畹对中国传统国学富于"文"的气质和"文"的传承脉络印象深刻:

> 如果和一位有教养的中国人交谈,或者和他分析一篇文章,人们很快会惊叹于他几乎总是具有关于古代作家的深厚知识。他能牢记大段章节,一旦在他所看的文章里有经典作品的引语,无论是否被指出,他都会很快注意到并指明出自哪本书的哪一部分。
>
> 任何一个上层社会的中国人都沉醉于文学知识,这不仅是出于兴趣,也是他所处地位的要求。②

他看到中国人出口成章、信手拈来的礼仪传习现象、记忆力和文学能力,感到惊讶。他有时不理解,有时也很欣赏。他的再传弟子汪德迈(Léon Vandermeersch)继承了他的观点,并加以系统地发展。汪德迈甚至认为,中国整个社会性质都是"文",而不是"武"和"商"。③关于此点,我将在本书的后面几章中继续讨论。

---

① 〔法〕沙畹:《沙畹汉学论著选译》,邢克超、杨金平、乔雪梅译,中华书局2014年版,第147页。
② 同上书,第142—143页。
③ 参见〔法〕汪德迈:《中国教给我们什么:在语言、社会与存在方面》,〔法〕金丝燕译,中国大百科全书出版社2020年版。

我在下面会谈到，陈原先生曾讲过杨振宁使用中国文字的方法，让中国人感到惊诧；那么外国人从他们的母体文化看中国的文字与中国文学会怎样呢？汉字和中国文学，在海外都没有。海外汉学家接近和研究它们。他们的共同特点，是进行中外文化结构和实际操作的对比，所发表的见解直白明了。了解他们的看法，能让我们反思中国社会结构的要素。

　　沙畹被戴仁（Jean-Pierre Drège）誉为"同时代汉学研究第一人"，他对中国的文字学、金石学、古典文学、史学、哲学和佛学都有钻研，他要问，为什么中国"所有有教养的人都学习汉字"？为什么"中国文学在很多人中流行，其数量远远超过整个欧洲"？①结果他发现，中国文学对社会结构的作用，贯穿于历朝历代，成为中国社会中的文明内核。

> 　　我们可以看到中国文学在世界上的广泛传播及其形成的连接中华民族各个朝代的纽带。此外，在不朽的文学作品中，最古老的倍受推崇，我们曾经试图揭示这种偏爱的原因。②
> 　　中国文学传播之广，延续之久，在思想各领域及生活各方面影响之大，使之成为中华民族的伟大导师。如果想认识并了解如此富有生命力的文明，就必须学习中国文学。③

　　一般认为，传统越久，断层越多，沙畹却找不到这种断层。他

---

① 〔法〕沙畹：《沙畹汉学论著选译》，邢克超、杨金平、乔雪梅译，第135—136页。
② 同上书，第141—142页。
③ 同上书，第149页。

的发现也帮助我们中国人自己认识到，中华文明的例子与其他文明的例子正相反。中国古典文学藏于中国文化史的各种资料中，成为中国历史文明连续传承的有力精神支撑。但是，沙畹也认为，中国古典文学追求唯美，放弃了社会应用。

> 在那些源于科学的应用并改变世界面貌的发现中，没有一个是中国人的成果。他们甚至没有完善其祖先已经发现的生存必需的初步发明。当黄河——道光帝称之为"中国忧患"——决堤并淹没广阔的平原时，地方官员呈交了一份文笔优美的奏折，模仿《书经》风格写道："无边的水已漫到天际。"但不幸的是，为了堵住缺口，他使用了与此文一样古老的方法。因此，黄河年复一年不断泛滥。①

他的意思是，中国人过分看重文学华丽辞藻的作用，以为美文具有通天颂神的力量，靠诰贴祭文阻挡社会灾难和自然灾害，不过这种习惯也会阻碍中国人改造社会的主动性。

> 任何一个上层社会的中国人都沉醉于文学知识，这不仅是出于兴趣，也是他所处地位的要求：他凌驾于劳动者和手艺人之上，作为孔子的虔诚信徒，他蔑视商业，在他眼中，这是"下九流"。因此，在国家的社会组织里，他只能做官或者渴望谋得一官半职。然而，所有想谋求官位的人都必须具备文学知识。科举考试几乎是选拔官员的惟一手段，对所有人都一

---

① 〔法〕沙畹：《沙畹汉学论著选译》，邢克超、杨金平、乔雪梅译，第146页。

样：应试者要具有撰写类似于我们的作文或拉丁文诗的能力，内容包括通过评论从经典作品里选取的一个段落，以此展示非凡的记忆力。①

通过和欧洲人接触，中国人已经开始意识到他们欠缺的一切东西。他们购买了坚船利炮，组建了电报网，成立了机械纱厂并使用蒸汽机，开始修建铁路。为了使用这些新式机器，他们必须研究科学，但却只保留了应用中必不可少的内容。他们可以造就优秀的工头，但不能肯定这些人将来能否成为具有创新能力的工程师或机械师。他们有超凡的记忆力，学起来得心应手，但不懂得惟一能够推动科学发展的更深原理。②

沙畹称赞中国文人有很多精神上的能力，但就是不知道怎样实干。他们能当工匠，不能当工程师。他们能记忆，不能创新。推动科学发展的深层动力是创新，但在中国缺乏创新精神。其实文学也要创新，但中国古典文学的创新是文本与文字的运动，自然科学的创新是精神与物质的运动。中国儒家将精神劳动界定为上品，把物质劳动界定为下品。中国文人肩不担担、手不提篮，不擅长物质劳动。中国农民和工匠等劳动阶层有日常发明，但与上层文人的精神运动隔离。"非物质因素使中国人组成了一个民族国家"，③社会的物质运行由中央集权统一管理。这些历史传统中的弊病，

---

① 〔法〕沙畹：《沙畹汉学论著选译》，邢克超、杨金平、乔雪梅译，第143页。
② 同上书，第146—147页。
③ 同上书，第136页。

造成了中国人对精神运动与物质运动的共同驾驭,更不要说从精神到物质的娴熟思考。沙畹从外国人的角度看这件事,能很简单地表达出来。他甚至假设,不过口气很重:"人们不会赞同,如此关注精神事物的民族会彻底消亡。"①这是一种什么性质的社会现象呢?他引用莱布尼茨的话:"在实用哲学,即伦理教育和政治方面,中国人要领先于我们,他们更多地为社会培养人才,而不是为不同教派造就创始人。"②中国文学,主要是儒家文学,我们也称之为载道文学,它在自己的农业文明环境里,起到文学、伦理和政治三重作用。它在欧洲工业文明环境中,在机器工业对比下,却反射出异样的东西:文学扼杀思想,伦理扼杀人性,政治扼杀创新。

二、社会语言学对中国文学的研究

在跨文化社会研究方面,考察社会语言学的作用,观察社会语言学对中国文学的综合分析,也很有启发,陈原先生是一位开路人。他的著作《语言与社会生活》③提供了好几个分析实例。他说,在社会生活发生急剧变化的时候,就会引发语言结构的变化,也驱动中国文学跟着变化。在他的例子中,他讲了诺贝尔物理学奖获得者杨振宁,也讲了文豪鲁迅。

---

① 〔法〕沙畹:《沙畹汉学论著选译》,邢克超、杨金平、乔雪梅译,第148页。
② 同上书,第148页。
③ 陈原:《语言与社会生活:社会语言学札记》,生活·读书·新知三联书店1980年版。

诺贝尔奖金获得者杨振宁博士,1977年4月20日在美国马里兰大学对理论物理专业的工作人员和学生作了一个专题演讲。据新闻报道,这次专题演讲的题目是:《规范场、单极子与纤维束》。仅仅十个字,十个汉字,十个方块字,或者准确地说,只有三个专门词汇(科学术语)加上一个连接词("与"),就这样,使我们这样一些具有一般文化水平、而没有受过现代科学训练的读者,不得不瞠目结舌,望"词"兴叹! ①

鲁迅在《门外文谈》中提到在墙壁上挂着的"敬惜字纸"的篓子,我小的时候是常常看见的,现在似乎哪里都没有了。……当一张纸写上了字,它就不是普普通通的"纸"了,它就带有一种神秘力量了。……既然成为神物,那就迫使所有的"凡人"去"尊敬"它("敬惜"),以免这种神力使自己倒霉,或使别人倒霉……②

陈原在这本书里还设了一个专节叫《文学作品中的描写》,放眼看去,里面谈论的人物不止中国或华裔,还有俄罗斯文学家谢德林、法国文学家雨果等,这是一个跨文化文学人物长廊。③在陈原这套书中的其他作者和著作还有:吕叔湘的《语文常谈》、费孝通的《访美掠影》、袁可嘉的《西方现代派文学概论》和吴甲丰的《印象派的再认识》。它们的共同点都是做中外语言和文学面面观,加以综合研究。

---

① 陈原:《语言与社会生活:社会语言学札记》,第2—3页。
② 同上书,第39页。
③ 同上书,第42—45页。

第二讲 中国文学与海外汉学

陈原讲杨振宁使用中国文字让中国人感到惊诧；那么海外汉学学者从他们的社会和语言看中国文学，会是怎样呢？汉语汉字和中国文学，海外都没有。海外汉学家接近它们，研究它们，敏感、新鲜和好奇。我们了解他们，不是去数差距有多少，而是通过他们的研究，借鉴他们通过中国文学研究中国社会的观点与研究方法。

我们还要提到沙畹。他为了研究中国社会，开列了一个庞大的计划，对汉语汉字、金石碑刻、中国文学、中国史学、中国哲学和中国佛学都展开研究。他的结论很多，但其中有一句中国人都会重视，就是"必须学习中国文学"。

> 看一下中国的人口，就可以对汉字的使用范围之广有一个更加明确的认识。……那里所有有教养的人都学习汉字。因此，中国文学在很多人中流行，其数量远远超过整个欧洲。
>
> 我们可以看到中国文学在世界上的广泛传播及其形成的连接中华民族各个朝代的纽带。此外，在不朽的文学作品中，最古老的倍受推崇，我们曾经试图揭示这种偏爱的原因。
>
> 如果想认识并了解如此富有生命力的文明，就必须学习中国文学。①

看沙畹的研究，要看到他极为开阔的学术视野。他是第一个系统谈到中国民间文学的人。他是怎样发现民间文学的呢？我们知道，在中外交流史上，器物的交换，始终是异地传播和异地互识

---

① 〔法〕沙畹：《沙畹汉学论著选译》，邢克超、杨金平、乔雪梅译，第135—136、141—142、149页。

的重要部分。沙畹认为,汉字、中国文学与官方物质运动的结合是失败的,但与民俗器物的结合是成功的。在中国纸张、陶瓷、丝绸等产品中,都带有大量民间艺术祈福求运的象征性符号,在这些符号中,汉字、民间文学艺术、民俗信仰与日用实体物品结合,表达祝颂观念,展现得十分普遍。他为此撰写了一篇论文,题目就叫《中国民间艺术中对祝颂的表达》。他在文中把中国民间艺术的象征观念表达方式分成四类,并认为这就是中国民俗学的内容:

> 第一种表达方法是直接写出表达其含义的词。凭借字形的优雅及字体的变化,中国字非常适于装饰。……像用不同字体把寿字书写百遍在上面的百寿瓶。
> 第二种表达方法是观念联合的象征法,即可以用金锭代表富贵,书籍代表学问,石榴由于多籽表示多子多孙。……
> 第三种表达方法是用图形暗示词的发音以借代词汇,这是猜画谜最常用的方法。……
> 第四种象征法是用人物表达观念,由于这样或那样的原因,只要见到某一个人就会想起相应的一种观念。人们经常会在瓷器上看到两个总是相伴出现、笑容可掬的男子,这是和合二仙。和、合两字分别表示和睦和合好,因此这两个人物就是和睦、和谐的象征。……
> 第五种也是最后一种象征手法。由于识别人物时重要的是标志,因此在某些情况下可以只画出标志。……
> 以上的思考可以解释中国人不断改变其思想表达方法的原因,但并未说明为什么中国的各种家用艺术品总是重复体现相同的思想。在研究中国人运用象征手法表达其最为偏爱

的观念时,我们的出发点是幸福这一观念,而所有其他概念,像长寿、多子多孙、高官厚禄等只是对幸福观念的解析,是它的一部分。因此一般来说,这些象征手法表达的是对幸福的祝愿。中国人到处书写这些祝愿,是因为他们相信它的有效性。……

可以毫不犹豫地说,正是在这里才可以找到对中国性格的深刻诠释。当外国宗教——像佛教或基督教——尚未传入时,中国人并不为是否有天堂感到焦虑,因为他满足于自己所认识的生活,不奢求别的东西。他诚心诚意地遵循一种道德伦理,即主张纯人性义务和惩戒的儒家思想。生活有自己的存在理由。

关于器皿和纺织品装饰的这些思考看起来似乎有些矫饰,但在这些装饰画中,不正是无名画家的作品更能迎合大众口味,不正是这种民间艺术才最能体现一个民族内心深处精神世界的基本倾向吗?这些瓷器和绣品并不只是赏心悦目的自由幻想,我更相信从中可以听到成千上万的声音,不断重复着中国心灵的同一祝愿,使一个民族的人类命运观更加坚定。①

在以上的讨论中,沙畹讲理论也好,谈感想也好,都与他所处时代已经兴起的欧洲民俗学有关。沙畹在这段论述之后的注释中提到"民俗学":"威廉·顾路柏先生近期出版了一部优秀作品,名为《北京民俗学》〔Zur Pekinger Volkskunde（Verölkerkunde,Ⅶ

---

① 〔法〕沙畹:《沙畹汉学论著选译》,邢克超、杨金平、乔雪梅译,第209—213、230—231页。

Band, 1-4, Heft, Berlin, 1901）］,书后的绣品插图中可以见到许多具有象征意义的范例。"①

三、哲学领域对中国文学的关注

张岱年主编《中国文化概论》,其中专辟《中国古代文学》一章。作者引用《论语》《说文解字》和《礼记》等经典文献,引申到对中国文学的评价。作者认为,"中国古代文学的确是古代文化中极为重要的一个组成部分"。②中国文学高峰迭起的内在动力是获得了新思想,新思想刺激了文学的进步:(1)上古巫官文化向史官文化转化,促进了《尚书》散文的发展;(2)春秋乐官文化的发展,促进了《诗经》的形成和定型;(3)楚辞的杂言体和句末多了一个感叹词"兮"字,提供了表达现实思想的新形式,促进了楚辞的发展;(4)魏晋时期本土神话和佛道观念小说发达,促成了唐人传奇小说的异军突起,带动了明清小说的高原状态。

作者通过对中国文学的哲学分析,得出三个"文化特征":一是关注现实的理性精神,二是"文以载道"的教化传统,三是写意手法与中和之美。③作者还认为,中国文学史的精神支柱是儒学,佛学和道学是补充儒学的思想学说。作者还强调说:"宗教观念在中国古代文学中的反映是极其淡薄的,即使在佛、道二教兴盛之

---

① 〔法〕沙畹:《沙畹汉学论著选译》,邢克超、杨金平、乔雪梅译,第231页。
② 张岱年、方克立主编:《中国文化概论》,北京师范大学出版社1994年版,第210页。
③ 同上书,第229—231页。

后，它们对文学的影响也主要体现为作家世界观和思维方式的多元化，而没有造成文学主题偏离现世的转移。"①

本书还有一个提法需要指出，作者把清代蒲松龄写《聊斋志异》标注为"蒲松龄（蒙古人）的《聊斋志异》"，②谈到中国内部多民族文学互动的问题。这应该算是一种巧合，早在作者之前九十年，沙畹发表过同样的观点，他说，"中国文学举世瞩目"，而周边国家却看不到同样灿烂的"传世之作"。③但汉族与少数民族的互动是长期存在的，这不是以汉族为中心向外辐射的结果，而是汉族和少数民族都需要外借新思想，然后彼此吸收，双方是平等的。沙畹还认为，中国文学中有佛教思想和其他宗教思想都是外借的结果，伟大的名著都有伟大的外借。他说这类古典名著都

> 向具有此种精神优势的邻近大国学习：向印度借来了佛教作为自己的宗教……成为远东地区社会及私人生活的准则。④

沙畹是一位严谨勤奋的学者，他认为，中国文学作品的成名是多元因素起作用的结果，包括外借和内译。他的这种观点，对

---

① 张岱年、方克立主编：《中国文化概论》，第230页。
② 同上书，第211页。作者对中国文学史的具体分析见第二节《中国古代文学的辉煌成就》，值得一提的是，作者没有做文学家的文学分析，而是从中国古代社会思想与现代思想两方面总结中国古代文学的意义，详见第212—228页。
③ 〔法〕沙畹：《沙畹汉学论著选译》，邢克超、杨金平、乔雪梅译，第134页。
④ 同上书，第134页。

内部未必明晰察觉的研究是重要提示，对外部社会则产生了强大的影响力，有助于建设海外汉学与中国文学研究的共享话题。再看以上张岱年先生书中讨论的魏晋文学，张岱年先生带给我们的，就是内部多学科交叉研究的启示。张岱年所说的魏晋外来文化补充儒家主流文化，与沙畹所讲的印度外来因素成就中国文学，今天都可以放到跨文化社会研究的平台上重新看，对"文化间"的吸引力做出再解释。其实，除了魏晋，还有更好的个案，比如唐玄奘的中印之旅和他的那部闻名遐迩的《大唐西域记》，使他成为中国历史上将外来文化引入中国最成功的人士之一。欧洲的伏尔泰、孟德斯鸠、莱布尼茨和托尔斯泰也都对外来文化融入本土文化做出了重要贡献。

四、中国文学史、民间文学史与比较文学

新中国成立初期至1960年代是中国大学文学史教育的建立时期，我国出现了两部《中国文学史》，一部是中国科学院文学研究所编写的《中国文学史》[①]，作者中有的得到过北京大学五四运动精神的滋养，也有的留英和留苏，学养深厚，中西兼通，都是做文学史的一代名家，但对民间文学作品重视不够。谈一件小事。书中提到《诗经》的《硕鼠》篇是阶级斗争的代表作。[②]而留心民俗的学者会知道，老鼠的故事很复杂，不能一概而论。钟敬文留学日本时发表过

---

① 中国科学院文学研究所中国文学史编写组编：《中国文学史》（全三册），人民文学出版社1962年版，第1页。

② 参见同上书，第30页。

研究老鼠故事的专文，那只鼠是一只民俗鼠。距今一千多年前，玄奘在《大唐西域记》里也写过老鼠，那只鼠是一只神鼠。多年后，季羡林和钟敬文也都曾撰文分析老鼠故事，那只鼠是一只佛鼠，也在印度、锡兰、中国和日本之间承担跨文化的故事角色。总之，各种鼠，在各种叙事中有各种历史、地理、文化和民俗的界定，不能只有一种解释。另一部游国恩先生等主编的《中国文学史》①，也谈到《硕鼠》是"对剥削阶级的愤怒和控诉"，②此外，还有一种倾向，就是以中国文学史取代中国民间文学史。钟敬文先生对此提出不同意见。为什么不能用中国文学史代替民间文学？他说，第一，中国文学史与中国民间文学史是两种性质的文学，在中国社会里各有其地位，不能取消民间文学史；第二，民间文学不仅有中国文学史的记录，还有现代流传，不能因为有了古典的，就不顾现代的；第三，不能因为民间文学有现代口传，就不管古代记录，而是要将两者结合研究。总之，要对中国社会这两笔文化财富整体继承。③这两部《中国文学史》都是经典教材，后来多次修订，沿用至今。钟敬文先生主张在中国文学史中加进民间文学史的建议也逐步得到落实。④改革开放后，

---

① 游国恩、王起、季镇淮、费振刚主编：《中国文学史》（全四册），人民文学出版社1963年版，第1页。

② 同上书，第9页。

③ 参见钟敬文："在高校设置民间文学课"，董晓萍编：《钟敬文教育与文化文存》，南海出版公司1993年版，第67—72页。

④ 钟敬文关于民间文艺学有相对独立的观点，早期论文有写于1935年的"民间文艺学的建设"，后期更多，其中有一些仍是在谈高校教材时强调民间文学教材的地位的，如"谈谈民间文学在大学中文系课程中的位置"。参见钟敬文："民间文艺学的建设"，《钟敬文民间文学论集》（下），上海文艺出版社1985年版，第1—12页。"谈谈民间文学在大学中文系课程中的位置"，《北京师范大学学报（社会科学版）》1996年第6期。

海外汉学著作大量涌入中国,普罗普、巴赫金等人的学说也被正式引入,又为改变中国文学史观吹来劲风。

乐黛云在中国高校开创了比较文学学科,提出了互为主观法的研究理念,给原来的中国文学史研究带来了根本性的冲击。据我的理解,乐黛云有几层意思:首先是重返本土文化,认识本土文化;其次是打破封闭心态,采用外在法,由"他者"迁回到自我文化上;最后是在主观性的互动中,建构新的文化认知,审视不同文化的互补性。比较研究要摆脱殖民文化的偏见,殖民文化由强国告诉弱国文化是什么,宣传自我文化的优越性,在"二战"后遭到了激烈的批评。比较研究也要突破自我文化中心的狭隘观念,承认别国文化也有中心,获得两个或两个以上认知。在此基础上,进行不同文化认知系统的对话。①

根据乐黛云的观点,中国比较文学的发展与中国文学史的命运密不可分。晚清至五四运动时期的文学改革,要求"旧学为本,新学为用",中国文学史在废除八股与科举中遭到重创。出国留学,学习外语,学习欧美文学,成为新的选择。西学东渐已成大局,促成新中国文学史的发轫。在这种背景下,中国文学史与外来文学相比较,从一开始就有诸多不同,并产生了它们在中国独有的"重大意义与价值",包括:(1)与中国当时的社会现实需要相关;(2)从一开始就有强烈的中外对比意识;(3)始终没有脱离中国文学史与中国文化史的根基。对此,乐黛云引用王国维的一段话解释说:"世界学问,不出科学、史学、文学。故中国之

---

① 参见乐黛云:《多元文化中的中国思想——21世纪跨文化流通十六讲》,中华书局2015年版,第80页。

学，西国类皆有之；西国之学，我国亦类皆有之。所异者，广狭疏密耳。"①

中国比较文学研究有明显的学术价值，在范畴上，由沙畹带来的早期汉学综合研究转向中国人的综合研究；在方法上，在中外宏观比较的视野下进行学术史分期，而不是内部单一文化的学术史分期；在目标上，突出现代立场，解决当代问题，不再是一味地考古，或者为文学史而文学史。

中国比较文学的研究产生了两个带动作用：一是带动了中国文化史的研究，二是带动了跨文化对话的研究。这就为后来兴起的跨文化学研究做了铺垫。

五、新时期的历史学对中国文学的讨论

20世纪初以来，从历史学角度讨论中国文学的现象很多，胡适、顾颉刚都是先驱。改革开放后，在历史学研究领域，中国文学史同样被讨论。在历史学者看来，在中国历史上，中国文学史的自觉，代表了中国文化的自觉。中国文化自觉性的发轫，就是魏晋文学。冯天瑜等认为，魏晋文学的特点是蔑视儒学，崇尚佛道学和玄学，这使中国文学创作充满了生机。

> （在魏晋之前）即便是司马相如、扬雄这样著名的文学家，

---

① 徐洪兴编选：《求善·求美·求真——王国维文选》，上海远东出版社1997年版，第111页。

在当时的实际地位也不过是帝王以"倡优畜之"的文学弄臣,毫无个人的独立人格。

然而,文学终于在魏晋时期高扬起头颅,走上自我独立的历程,其起步的标志便是曹丕《典论·文论》的诞生。

在推动文学走向本体自觉的历程上,刘勰亦卓有功绩。……刘勰把文学的渊源追溯到宇宙之初,从而把文学提升到"与天地并生"的具有宇宙意义的重要地位。

在推动文学本体观念发展的同时,魏晋南北朝文化人更全力展开"纯粹性"的文学创作。①

冯天瑜等将中国文学史纳入历史学的研究范畴是新开拓,但也有可商榷之处,如儒学与中国文学史的关系是载道,魏晋文学摆脱儒学的束缚,也不等于不载道。此外,加强研究思想史的变迁,不等于忽略文学多样性的作用,而大量涌现的魏晋搜神志怪小说就是文学多样性的产物。

六、从文化史的角度研究中国文学史

民俗学和人类学都重视中国文学史。它们都有一套从自我本土或异邦本土文化总结出来的研究方法,这些方法与跨文化学的方法贴近,也对重新评价中国文学史的研究和加强与海外汉学研

---

① 冯天瑜、何晓明、周积明:《中华文化史》,上海人民出版社1990年版,第551—553页。

究的对话有实际意义。假定民俗学者和人类学者都能熟悉跨文化学的研究方法，又能将贯通文化分层的研究方法加以参照，再迁回到跨文化社会研究上来，就会发现，这个视角在文学史操作方面有不少优点，下面从知识系统、思维方式、生活方式和价值观四个方面进行讨论。

（一）知识系统

沙畹曾发现，中国文学史政治属性、道德属性、文学属性和教育属性兼备，而且是一个统一结构。在这样的知识结构系统内进行研究，要"试图提炼出它的深层意思"。

> 坦率地讲，对于欧洲读者来说，礼仪规则是中国书籍中最乏味的内容，关于丧服、不同的问候方式、文人应有的举止都有非常详细的规定，我们不明白这有什么意义。我们需要更多的自发性，事先详细限定好我们的态度及感情是荒谬的。相反。在一个中国人看来，必须要认真学习为人处世。……在这里，我想回忆一下亲眼所见：途经一个村庄时，我注意到两个刚刚三四岁的孩子，面对面，表情严肃，专心地学习行大礼，这要求做一系列的跪拜动作，前额碰地。一位老人站在门口，微笑地看着他们。这两个小孩，重复着世代相传的姿态，在他们之前，已经有很多代人这么做了。这就是崇尚传统形式的整个中国。此时，我深深地感到了传统的、永恒的习俗的

固有力量。①

"四书"受文人尊崇的程度仅次于"五经",它用于详述相同的观念并证明它们的重要性,形式更加教条。记史内容较少。《大学》及《中庸》系统地论述了中华道德的精髓,并在《论语》及《孟子》两书中加以讨论。"四书"常引证"五经",试图提炼出它的深层意思。②

中国人认为他们的文学具有教诲作用,这似乎很有道理。我们发现中国人身上具有的美德正是经典著作中大加宣扬的东西。③

沙畹从礼仪制度、儒家经典和中国文学诸方面,提取中国人传承中国文学的深层意义。他还认为,中国文学史没有与外界文化混合,是一种古老的文化造就的形态。他能发现这种文化是因为他的博学、敏感、喜爱,也是中欧文化史的差异所致。

在孔博恩(Antoine Compagnon)看来,文学总体上是关于自我与他者的知识和经验,在这方面的研究上,要注意文学价值与多元文化结构的关系。

我所谓的文学知识是指文学中特有的知识,是对于世界、对于他者的经验。我认为,文学具有科学和哲学都不具备的

---

① 〔法〕沙畹:《沙畹汉学论著选译》,邢克超、杨金平、乔雪梅译,第141页。
② 同上书,第140页。
③ 同上书,第148页。

一种提供知识的模式。这种模式不是概念模式,它与叙事形式或诗的形式有关。我不是说只有小说和叙事性中才有文学知识。不是说有一种关于世界的知识只有文学中才有。在我的讲演中,我避免这么说。但有一种知识,在文学中确实可以得到特别好的传播。文学并非必不可少,独一无二。但它确实是获得关于自我和他者的知识特别有效的途径。这就是我所谓的文学知识,即文学能够给予人的关于自我和他者的知识。①

在他的观点里,文学从知识的角度是能够跨文化的。如果没有知识的角度,直接从文学去跨文化是不合适的。从内涵上讲,文学小于文化,以小涵大必不周延。乐黛云因此推重比较文学,要求比较文学应承担跨文化的责任,途径是开展诗学研究,以此为中介,"研究文学文本的模式和程式,……它不仅研究文学所反映的一定文化历史内容,而且更重要的是研究特定的文化历史内容如何在文学作品中得到反映,即如何被'形式化'"。②她说:"比较文学的真正意义就在于跨文化、跨学科,冲决一切人为的、曾经是神圣不可侵犯的界限,在多元文化的语境中重新认识自己,在各种边界的重叠交合之中,在不同文化的人们的视野融合的基础上,寻求新的起点,创造新的未来。"③这是美好的理想,澎湃的激情,也借鉴了当时已从欧美和俄罗斯输入中国的新理论知识,包括文化

---

① 〔法〕金丝燕、〔法〕孔博恩:"文学何为?",杨振译,《跨文化对话》2019年第41辑。
② 乐黛云:"比较文学的国际性和民族性",《中国比较文学》1996年第4期。
③ 季进、曾攀:《面对世界的对话者——乐黛云传》,江苏人民出版社2017年版,第9页。

诗学、人类学、民俗学的内容，但开展这些工作的前提是需要对文学的内涵加以厘定。文学又含有大量的想象成分，想象成分不能直接进入文化，此点也需要辨析。

（二）思维方式

一些北欧汉学家认为，中国文学史的撰写，重视政治人事描写，不关注衰落研究，荷兰汉学家龙彼得（Piet van der Loon）是一个代表。他的导师伊懋可（Mark Elvin）是本书后面要提到的从事中国社会模式与水利社会研究的重要学者。我在香港见过龙彼德，他搜集了很多明清时期的闽台剧本和散曲纸本，写作笔记数十年。他在中国文学史研究方面提出"中国戏曲始于宋盛于明"，这一观点在西方影响很大。他观察潮剧多年，认为剧本讲兴起不讲衰落，对从戏曲表演观察中国社会颇有心得。[1]

程毅中认为，以往中国文学史研究重视钦定版本，不大容易接受文化分析方法。他在《宋元话本》中提出考订宋代话本版本的五种方法：（1）根据现存本的刻印年代；（2）参考书目著录和其他文献记载；（3）考察话本本身的体制、语言风格和涉及的名物制度、社会风俗；（4）比较同时代同题材的戏曲故事或民间传说、野史笔记，从故事情节的演变中判断它的时代先后；（5）分析不同时代、不同社会阶层的思想意识。[2] 他认为，这种过分重视官方版本

---

[1] 参见熊文华：《荷兰汉学史》，学苑出版社2012年版，第175—176页。
[2] 程毅中：《宋元话本》，中华书局2003年版，第34—35页。

的思维方式,导致一些中国学者不会研究通俗版本,对社会变化不关注,在这方面不如海外汉学家。

龙彼得在剑桥大学的弟子杜德桥(Glen Dudbridge)的研究继承了龙彼得的方法,并加以发展。他首先把中国文学史作品分成两类,一类是个人写本,一类是社会写本。其次是对文献资料做系统整体研究,包括他的老师关注的通俗文学、民间宝卷、志怪小说、作家文学和明传奇戏剧,创设了独特的文本分析法。他是用概念工作的人。以他的著作《妙善研究》为例,他界定了四个文本概念,即记录本、重塑本、流通本和改编本。其中,记录本,指民间传说最早被文字记录的文本形态。妙善传说的记录本是庙碑。重塑本,指文人记录本被重塑为宗教经卷的文本形态。妙善传说的重塑本有僧人祖琇的《隆兴佛教编年通论》和僧人觉连的《销释金刚科仪会要注释》。流通本,指传说在社会各界广为流传的文本形态。妙善传说的流通本有笔记文学本、志怪文学本、宝卷文学本和小说文学本。改编本,指传说被改造成带有主流社会特征的文本形态。妙善传说的改编本就是明传奇的正统戏剧教化本。他认为,在中国文学史上,唐宋传说和明代传奇的超时代的思想结构与时代性很强的主流文学相比,缺乏轰动效应。而好的文本是需要轰动效应的。民间文本要进入主流文学,就要改编,增加时代特征。

实际上,直到今天,中国文学史都是重视变化的,但不讲具体针对性。中国人对内部的变化需求很清楚,但对外部的变化需求不了解,缺乏针对性。如一段介绍说"中国文化源远流长,灿烂辉煌,曾长期居于世界前列,为人类文明作过重大贡献。……描述了……几千年来中国文化各个领域的历史与概貌,阐述了中国文化的优良传统,以提高民族自豪感、自尊心和自信心,增强爱国主义观念,为祖国的现代化建设服务"。① 从跨文化视角来看,这种思维方式对中国文学的海外传播有阻滞作用。

(三) 生活方式

中国的正统文学和民间文学都有一部分转为通俗文学。五四新文化运动以来,胡适、刘复、郑振铎都为建设通俗文学史做出了历史贡献。程毅中在《宋元话本》中指出,讲唱文学在先秦就成为民间流行的文娱生活方式。到了唐代,讲唱文学发展的水平很高,被请到听众的家里去唱,如白行简的《李娃传》就在新昌宅演唱。② 刘耕路等认为,在中国,通俗文学就是一种生活方式文学,传播通俗文学就是一种生活样态。

> 在中国,不仅读诗的人多,写诗的人也特别多。历史上,上起帝王将相,下至平民百姓,旁及三教九流,都有许多人作诗。中国几千年文明史创造了光辉灿烂的文化,留下了丰富的文化遗产,其中诗歌遗产是最为绚丽多彩的一项。③

他还引用《论语·阳货》记载的孔子对学生说的话:"小子何莫学夫诗?诗,可以兴,可以观,可以群,可以怨。"这是描述诗进入生活方式的四个渠道和目标,包括提升积极的精神状态,观察社

---

① 《中国文化史知识丛书》,商务印书馆1991年版,封底内容提要。
② 参见程毅中:《宋元话本》,第2、4—5页。
③ 刘耕路:《中国的诗词曲赋》,商务印书馆1991年版,第3页。

会，团结人和开展社会批评。

李思敬讲古人的老礼，见面怎么说话，怎么才算有礼貌。他说，上层《仪礼》的礼节太复杂，"举步就是礼"。下层也有礼教，但比较简单。这是日常生活，但如果研究，就不仅要关注上层经典、文学史，还要关注文化史和民俗学，因为上层礼节往往是"从庶民的礼节发展起来的"，特别是在上层礼节失传的时候，"就到民间去访求。因此，研究古代社会，除文献记载之外，还要结合民俗来研究"。①

海外汉学家对通俗文学的重视程度超过我们的想象。法国汉学家雷慕沙（Jean Pierre Abel Rémusat）、儒莲（Stanislas Aignan Julien）、德理文（Marie-Jean-Léon Lecoq, Baron d'Hervey de Juchereau, Marquis d'Hervey de Saint-Danys）、巴赞（A. P. L. Bazin）都翻译了大量通俗话本和戏曲教本。他们无法通过这项研究直接了解中国社会，但正是他们扩大了中国通俗文学的海外影响。

（四）价值观

中外研究者强调中国文学史对于中国社会政治秩序巩固、历史稳定、多元文化传播、发展古代教育和丰富日常生活的积极作用。张国风在《中国古代的小说》一书中提出："中国历代高度重视文学，在于文学可以提供史鉴，封建政治强调以史为鉴。"② 蒲松

---

① 李思敬：《五经四书说略》，第91页。
② 张国风：《中国古代的小说》，商务印书馆1991年版，第9页。

龄在《聊斋志异》中揭示官场腐败、人生沉浮,歌颂美好爱情。①程毅中在《宋元话本》以话本为例,高度评价唐宋文学史的教育价值、历史价值和博物价值。

  广大市民养得起一班说话人,使他们能够长期固定地在瓦肆勾栏里献艺,才培养出了一大批专业的讲史家、小说家以及专说某种话本的说话人。他们的艺术得到不断的提高,队伍得到逐步的扩大,也由于文化有了一定程度的普及,人民群众不但爱听说话,而且也爱看话本。他们从话本里既得到了娱乐,也得到了知识。尤其是历史知识,广大的劳动人民和少年儿童,主要就是从话本里得来的。说话人要提高自己的水平,就必须有很多知识。在书本知识上就要"幼习《太平广记》,长攻历代史书","开天辟地通经史,博古明今历传奇"。②

  话本作为通俗读物流行,就成为一种新型的小说。话本是中国小说史的一大变迁,对中国小说史的发展起到继往开来的作用。有了话本研究,才有明清文言小说和戏剧研究。
  乐黛云认为,可以利用中国文学观察中国知识分子的价值观。她分析了一批有代表性的中国古今小说,包括汉代的《世说新语》,明代的《浮生六记》,现代作家茅盾的《蚀》和《虹》,当代作家路翎的《财主的儿女们》和王蒙的《布礼》。在她看来,这些文学作品时间上跨越两千年,所涉中国知识分子的社会背景不同,思想感情各

---

  ① 参见张国风:《中国古代的小说》,第102—110页。
  ② 程毅中:《宋元话本》,第131页。

异,但都有孟子所概括的"士"的精神价值一线贯穿,即把"德"和"位""道"和"势"相对立,知识分子就要取"德"和"道",通晓古今知识、明辨是非,"以德抗位""以情抗礼"和以"道"自任,对政治权力掌握的"位"和"势"虽有依附,但也保持距离。这样的文学虽不乏想象的故事,但具有社会史和思想史的价值。[①] 再继续考察,文学是想象的产物,社会文化是现实的网络,要从想象直接跨入网络,仍不免冒险,于是就还要进行多重元素建构。乐黛云为《中国大百科全书·外国文学卷》撰写的"比较文学"词条,引进了比较文学研究的多重对象论,指出这种文学包括"本民族"与"他种"文学的"类同和差异",扩大了它的内涵。

结　论

从中国文学的角度研究中国社会,依据有三:一是中国文学与儒学、政治学和道德伦理学关系密切,且具有开放发展的格局。中国文学通过上层经典成为政治教本,通过通俗文学变成社会文本,通过佛道文学变成多元文化汇合的支点,通过戏曲小说成为海外汉学研究的热点,通过中外共享译本成为跨文化学研究的对象。二是中国文学史的知人论事法与社会背景相连,中国戏曲的历史性,中国通俗小说和民间文学中的生活方式与风土人情记录,这些都导向社会史描述和社会史研究。三是中国文学是中国文化史的

[①] 乐黛云:《多元文化中的中国思想——21世纪跨文化流通十六讲》,第80页。

根基之一，是中国文化的成分之一，引起海外汉学研究的关注与发挥。同学们在有余力的情况下可适当阅读海外汉学家的著作，他们在中国上古文字与古代典籍解读上，在敦煌文献的发掘利用上，在中国民间文学与典籍文献互动研究上，都把中国文学史当作中介。他们的成果从局外人的角度提供了许多可借鉴的观点和方法。面对中国这个非宗教国家，他们从中国文学史的角度讨论中国文化史，为中国历史文明的生命力延续奥秘提供了别样的佐证。

跨文化视野下的中国文学史与海外汉学的平等互动发展相辅相成，这对传统越久越断层的西方观点是一个反拨。西方学者从希腊、印度、埃及文明看中国就看不明白。一般认为，传统越悠久的文化断层越多，但中国文学与中国文化的关系正相反，中国文学一直是中国文明的有力支撑。今天研究中国文学也是阐述中西文化交流史的需求所在。

第三讲　历史经典与民俗母题

　　从历史文献与口头关系的普遍问题出发，研究跨文化民俗叙事文本，指出中国社会研究中的某个民俗叙事学要点，是目前中外学术界热议的问题。它不是重点讨论文献与口头的媒介之争，也不会具体到书斋与田野的方法较量，而是从这一角度指向对多元格局与统一模式的聚焦思考。从民俗叙事文本本身说，它所讨论的问题，是国家特质文化的主体性的构成之学，也是带有现实意义的话语构成之学。

导　语

　　当今世界提倡多元文化研究，以往民俗学所偏重的以"口头"资料为中心的研究，现在正在向以"口头"与"文献"为两个中心的方向转变，在这背后，则是当代人文社会科学研究范式的悄然转变。所谓的"文献"研究，是指加强各国民俗学自身所关联的经典文献的研究，探索民俗学的主体性研究与多元化研究的统一性。中国是文献大国兼口头民俗大国，拥有参与这场讨论的丰厚资源；就民俗学理论建设而言，这也是更高层次的内部研究和交叉学科研究。研究的目标，是促进构建中国民俗学的自主话语系统，提供可资跨文化民俗学研究的共享问题，推进中外民俗学交流。

在西方学术界，自19世纪中叶至20世纪，对本项研究所涉及的"文献与口头"关系的解读，似乎是无解的难题。由于民俗学的诞生曾被理解为是口头传统的缘分，加上芬兰历史地理学派的世界影响，西方同行对这个问题争论不休，其实他们也偏爱口头，也钟爱文本，故而对两者的关系评价摇摆不定。本讲重点研究中国历史经典中的民俗母题，选择在中国经典中具有较大社会流行性的历史名著，重点在尚有传承线索的著作中，确定研究个案，运用独具民俗学优势的故事类型法，适当辅以田野作业，开展个案研究和整体研究，尝试较为全面和较为深入地分析中国的文献与口头的关系。这种研究，从实质上说，是一种历史性的研究。它不评价历史文献的优与劣，也不讨论民俗学史的对与错，主要面向中国文献与口头资料都存量巨大又长期互动的历史现象开展研究，预设目标有以下三种。

（一）重读历史经典，提升我国民俗学吸收历史遗产的能力

本讲所说的历史经典，主要指中国古代经典著作。它们具有广泛的社会流行性，富藏民俗母题，长期为上、中、下各层文化成员在不同程度上所接受和分享。在这项研究上，中国民俗学者所面临的问题，与相邻学科有联系，也有区别。中国民俗学界曾吸收外来观点，用两层文化观去解释历史经典中的民俗母题的关系，特别是肯定口头传统的优越性，但未免顾此失彼，未能全面解释自我文化中

的历史经典与民俗母题相互依存的现象。20世纪末,钟敬文提出中国民俗学派学说中的三层文化观,解决两层文化观带来的弊病。本讲的讨论虽然限定在个案样本的范围内,但已可通过研究揭示,我国历史经典的产生与流传从未脱离口头资源,口头资源也不会独立地出现,两者的关系不是对立的,而是交互的。中国还有其他种类繁多的多民族、多地区的文化样式,都需要彼此依靠,才能共生共进。这样一份灿烂而又独特的自我文化财富,就摆在那里,就看中国民俗学者自己怎样去认识?中国民俗学者需要正确地解释它和推介它,反过来也能提升中国民俗学者自己吸收前人创造的历史遗产的能力,为研究中国优秀传统文化增添不一样的理论贮存。

(二)讲好中国故事,提升建设我国民俗学自主话语系统的能力

本讲讨论历史经典中的"民俗母题",会涉及"故事类型"。"民俗母题"和"故事类型"两个概念,含义交叉,又有所不同。一般说,"民俗母题"的概念更宽泛,除了"故事类型",还包括仪式、信仰、风俗、史诗叙事和民间文献等多元民俗文化现象,为"故事类型"所不具备,但"故事类型"还有方法论的意义,也为"民俗母题"所不及。本讲使用它们,具体意义有三:第一,转入民俗学的内部研究。民歌不产生学派,故事产生学派,钟敬文的中国民俗学派学说的基础就是对中国故事类型的编制与研究,本讲的主要资料是历史经典,但在研究过程中,要把"故事类型"作为工具开展工作。第二,开展"民俗母题"的文化符号研究。中国历史经典对故事类型的使用,已有一套民俗命名,也有自我文化的解释习惯,开展跨

文化学的研究有利于提升民俗学的理论层次。第三，开展交叉学科研究。中国历史经典与民俗母题的结构方式，不可能单单依靠民俗学就能全面解释，但使用"故事类型"能够改变历史经典的叙事结构，能对历史经典产生社会流行性起到关键作用，这是已经发生的历史现象，正是这种现象的存在，造就了多学科参与历史经典中的故事研究的机缘。

（三）加强主体性文化与多元文化的互视，提升我国民俗学的对外交流能力

海外汉学曾以中国历史经典和民俗作为认识中国的开端，进行东西方文化比较，形成了自己的问题框架。他们的关注点有二：第一，中国历代思想家、政治家、史学家、文学家和古代科技史专家等，大都将故事写入本民族史，或者写入本行业史，使之成为自我整体历史或局部历史的一部分，形成一定程度的社会认同。在社会治理上，也有中央与地方、政府与民间两个系统的互动，灵活地处理多元文化共存形成的问题。这种叙事模式，曾在前现代化时期在世界各地广泛存在，但现在唯有中国等极少数国家还将之保留下来，成为一种独特资源。中国历史经典与民俗母题双构的传承，正属于这种优秀资源，但在对它的价值的阐述上，需要中国民俗学者自己发声。第二，当代有很多中国民俗代表作荣登联合国教科文组织非物质文化遗产名录，阵势不小，但还要中国人自己提升阐释祖先遗产和讲好中国故事的能力，对内加强自我文化保护机制，对外展示和输出中国经验，这样才能达到申报"非遗"的目的。

第三讲　历史经典与民俗母题

一、理论结构

这里所讲的理论结构分为三部分：一是选择历史经典名著个案，二是编制历史经典名著故事类型与研究，三是阐述经典名著与民俗母题双重结构的原则与价值。三者互补，形成整体理论。

第一部分，选择历史经典名著个案。此指在泛读原典的基础上，确定研究对象，建立可控资料系统。本次研究所选定的历史经典名著，指在改革开放后，在我国高校恢复建设人文社会科学的诸学科期间，在对外开放的氛围中，在老一辈专家学者的带领下，从民俗学、社会学、人类学、古典文学、东方文学、考古学和宗教学等多学科出发，对历代典籍进行点校、校勘、今译，并已开展各自领域的专题研究，所出版的一批著作成果。例如，季羡林等译《大唐西域记》，①中华书局编辑出版的"中华经典名著全本全注全译丛书"等。②我们从这批著作中选择3本名著做研究，它们是《列子》《大唐西域记》和《荆楚岁时记》。此外，选择4本名著，开展民俗学与相邻学科的交叉研究，它们是《晏子春秋》《淮南子》《搜神记》和《水浒传》。这批名著的历史知名度高，社会流行性强，历史经典与民俗母题交织，思想内容浩繁，不乏中外关注，复杂文本。本讲的研究运

---

① ［唐］玄奘、辩机：《大唐西域记校注》，季羡林等校注，中华书局2000年版。
② "中华经典名著全本全注全译丛书"，中华书局2011年以来陆续出版。这套丛书将历史经典原文、注释与白话翻译结合，适合研究生教学使用。本项研究涉及《论语》《孟子》《列子》《晏子春秋》和《大唐西域记》等，主要使用中华书局版，但还参考了其他版本。

用钟敬文、季羡林等前辈学者的研究成果,①也借鉴国际同行的前沿研究著述,既做个案,也适当讨论中西民俗学交流的共享问题。

第二部分,编制历史经典名著故事类型与研究。此指为历代经典名著编制故事类型,探索描述历史经典使用民俗母题的不同形态与叙事结构,切入民俗学的内部研究,同时注意对中国整体文化的观照。季羡林和钟敬文都对历史经典中的故事有专攻,季羡林使用明清笔记研究猫名故事,钟敬文使用中日历史经典和口头故事研究中日相似故事,均属此类。但前人主要做纵向相似或相异的研究,本讲主要做横向研究,如对《晏子春秋》和《水浒传》的研究,通过编制故事类型,研究民俗母题,分析原著文本中的对话系统,而《晏子春秋》中的君臣对话从前很少被关注。《水浒传》中的农民起义群体对话,包括官民对话,明清两代文人学士李贽、金圣叹和施耐庵的对话等,历史资源十分丰富,不过要进入到文本内部才看得见。看见什么?看见历史经典如何将故事类型解释成不朽的条款,故事类型又怎样改变了经典名著的叙事结构,两者合力生成民俗母题。但以往的研究只盯着经典本身,或者只看到故事类型,却让两者不见面,听不见两者在说话,这就读不出中国传统文化内部层层交织的思想厚度和文化价值,也看不出两者的历史妙用。

第三部分,阐述经典名著与民俗母题双构的原则与价值,主要有四点:历史原则、对话原则、信仰原则和宇宙观原则。

1. 历史原则。此指把故事当作自我文化的整体历史或局部历

---

① 钟敬文:"民俗学与古典文学——答《文史知识》编辑部同志访问的谈话记录",《钟敬文学术论著自选集》,首都师范大学出版社1994年版,第591页。季羡林:"'猫名'寓言的演变",《比较文学与民间文学》,北京大学出版社1991年版,第72—77页。

史的一部分,并赋予社会认同的张力,产生经典名著与故事类型双赢的效果。这种情况在先秦诸子著作中俯拾即是。《列子》《山海经》和《淮南子》都有这种倾向。历史原则的研究,不是真实历史的研究,但历史原则存在于历史之中,并以讲史的方式讲故事。它能对历史人物、历史事件和地方事物产生历史意义,而这种历史意义大于社会功能。这种研究属于民俗学的内部研究,也是一种内部整体文化的思想性研究。

2. 信仰原则。此指在未必理解为幻想,而是在一种信仰认知的状态下,所搜集和传播的信仰故事,这种故事既被认为是历史上流传下来的地方史,也与祭祀仪式和日常活动结合在一起发挥作用,如玄奘在《大唐西域记》中叙述的西域故事。中国不是宗教国家,这里所说的信仰原则,具有我国历史以来的社会生活模式与文化传统信仰的统一性,故这种研究也属于民俗学的内部研究。当然,中国也部分地接受了外来宗教的影响,如印度佛教的影响,那些受到外来影响的信仰故事,就不仅仅是中国社会生活模式和文化传统中的故事,而且是解释宗教概念和引导人生信仰行为的工具。这方面的研究,属于从民俗学与其他学科交叉研究的范畴,如《搜神记》研究。

3. 对话原则。此指通过提取历史经典名著中的对话系统,分析经典名著与故事类型共同塑造的君臣角色、官民角色、朝野角色和江湖角色等群像角色,分析多元角色之间的对话,研究我国古代哲学、伦理制度、社会史和生活史的民俗话语线索,其实《晏子春秋》和《水浒传》都有这种文本性质。这类研究既属于民俗学的内部研究,也属于民俗学与社会学的交叉研究。

4. 宇宙观原则。我国是一个长期的农业国家,历史经典与民俗母题双构的一大特点，是携带中国农业文明框架下的宇宙观要素，包括天人合一观、岁时知识和农业生产生活观，如《荆楚岁时记》。这种研究是民俗学的内部研究，也属于民俗学与农学、文化史和中国科技史学的交叉研究。

中国历史经典与民俗母题的双栖双传，给中国民俗学者研究提供了优越的条件。西方历史也给西方民俗学者创造了机会，但西方民俗学与中国民俗学的发展路径不同，结果也不一样。以美国为例，美国的历史让美国民俗学者主要关注神话符号和性文化，他们也从民俗史料中获得很多灵感，但现在已无法直接使用它们。① 中国民俗学者不同，中国历史经典与民俗母题的双构，依靠讲故事的民族习惯，始终维护故事类型的运用和发展，从历史上延续到今天，这恰恰是中国实际和中国特质，中国民俗学者可以对此展开直接研究，这是其他国家和其他学科的研究都不能代替的。

二、分类与分析要点

历史经典是特定社会历史条件下的产物，无论社会怎样多元，历史经典与自我文化基因的联系都不会改变。但故事类型不同，故事类型不是与特定社会模式直接挂钩的必然现象，大都属于幻想或想象的产物。将故事类型背后的自我社会模式与多元故事类型做综合考察，是因为人类不能脱离社会而生存，同时也不能离开

---

① Richard M. Dorson, *American Folklore and the Historian*, Chicago: The University of Chicago Press, 1971, p. 28.

故事而生存，这一现象历经岁月淘洗的结果就成为民俗母题。

（一）历史类

历史类，个案样本是《列子》和《淮南子》。在我国历史经典中，这类著作与民俗母题双构的特点，是把故事类型当作自我文化整体与局部历史加以撰写，先秦诸子都有这种倾向。

《列子》

《列子》，8卷。同类著作还有《庄子》《老子》和《荀子》等。这类历史经典中的古代思想是通过讲故事的方式完成的。民俗学研究这类著作的问题是，《列子·汤问》中的历史，是当时作者观念或当时民俗观念中的历史，这种文本的历史意义大于社会作用。书中记载的历史是用数个故事穿起来的，包括树洞生人的故事、会唱歌的骨头的故事，以及东部大工匠鲁班制造云梯的故事，与西部木匠偃师制造歌舞木人的故事，等等。这种故事的历史影响延续至今，当时的社会景象却早已被忘记。

《淮南子》

《淮南子》，21卷。在《淮南子》中，讲故事就是讲历史。很多史实的出处即故事的出处，同时故事中的历史也是作者观念的体现。美国民俗学者曾提出，印第安人有对历史与故事不加区分的观念，[①]但《淮南子》讲历史和故事还不止讲三皇五帝、秦皇汉武的

---

① Peter Berger and Frank Heidemann, eds., *The Modern Anthropology of India: Ethnography, Themes and Theory*, London: Routledge, 2013.

历史,还讲天地自然、风雨雷电、动物植物、手工技艺、生老病死等各种问题,比印第安人的情况更为复杂。《淮南子》与《山海经》重复的地方很多,共同特点是天地自然、历史与故事合为一体。民俗学研究这类著作重点关注以下问题:

第一,历史经典中民俗母题故事的比重。为什么民俗学者会很轻松地将《列子》《山海经》和《淮南子》中的故事认作口头资料?因为它们与后世流传的口头故事有相似处。那么没有口头资料的历史经典中的故事会是假的吗?阿兰·邓迪斯(Alan Dundes)就曾提出过这个问题。中国民俗学者也对此做过研究,钟敬文对《列子》和《山海经》故事的研究在1930年代就已经发表,钟敬文的结论是,没有人能证明《山海经》的怪诞人物和日月故事的来历,但它们在中国有广泛的文化分布。①

第二,民俗观念中的历史意义大于社会功能。我们统计钟敬文主编《民间文学概论》中对历史经典中的故事的使用,其中,《山海经》占37%,《淮南子》占13%,后面将要提到的《搜神记》占28%,从这3种经典中选出的故事占78%。该著还使用了其他9种经典著作,在数量上是前面3种经典的3倍,但只是各选了1篇故事,仅占22%。出现这种差距,是因为前3种历史经典吸收故事的比例是很高的。《民间文学概论》仅使用《淮南子》的故事就有4篇,包

---

① 钟敬文对《列子》故事和《山海经》的研究,参见钟敬文:"中国的水灾传说",《钟敬文民间文学论集》(下),上海文艺出版社1985年版,第163—166、169—170页。钟敬文:"我国古代民众的医药学知识——《山海经之文化史的研究》中的一章",连树声编:《钟敬文文集·民俗学卷》,安徽教育出版社1999年版,第191—211、612页。

括女娲补天、后羿射日、嫦娥奔月和神农尝百草,①它们都是我国历史经典名著使用神话的主干,都在后世的历史名著中继续沿用,在现代社会中仍有流传。

第三,经典与故事类型双构的形式之所以能产生真实历史的效果,是因为在这种结构中,故事现象(folktale phenomenon)、故事事实(folktale fact)和故事异文(folktale variation)被放在一起,三者在功能上具有等同性,于是就产生了历史性的效果。西方民俗学也有这类问题,也需要处理早期历史与故事混合的资料。②

第四,历史经典中的民俗母题不是对立物。19世纪中叶,文化进化论流行,解决历史经典中的民俗母题的关系问题变成解决识字与不识字的社会解放程度的问题。19世纪末至20世纪初,运用历史经典中的民俗母题的概念,变成革命启蒙主义传播社会理想的渠道。在五四运动和各种乡村改造运动中,建立历史经典中的民俗母题的和谐关系,又成为革命人士、进步学者与普通民众之间一种新型人际关系,革命人士和进步学者搜集口头歌谣与故事,与普通民众上"识字班",正是这种关系的象征。

(二)对话类

对话类,个案样本是《晏子春秋》和《水浒传》。在我国历史经

---

① 参见钟敬文主编《民间文学概论》(第二版)的附属资料表,钟敬文主编:《民间文学作品选》(第二版),高等教育出版社2010年版,第3、4、7、8页。

② Lauri Honko, "The Folklore Process", in Pekka Hakamies and Anneli Hanko, eds., *Theoretical Milestones: Selected Writings of Lauri Honko*, Helsinki: Acdemic Science of Finland, 2013, p. 38.

典中，这类著作与民俗母题双构的特点，是塑造了可以面对面谈话的君臣角色、官民角色、朝野角色和江湖角色，他们通过多重角色之间的对话，发出了"复调"声音，揭示了故事中的社会制度、伦理观念和日常生活。本部分的研究对象是两个个案：《晏子春秋》和《水浒传》。

《晏子春秋》

《晏子春秋》，8卷。它的整体风格都是在面对面地讲故事。故事的种类是晏子对君王进谏，晏子和君王对话，晏子与其他大夫的问答。晏子通过对话，对齐景公直言进谏和陈情劝说，告诉齐景公如何注重礼仪、施行仁政、收拢民心、开展社会治理。斯蒂斯·汤普森（Stith Thompson）曾从他的研究角度认为，故事是集体化思维，不是个人权力的产物。①但《晏子春秋》这种经典与故事类型的双构正是个人权力的产物，而不是民俗集体思维，但它却让经典拥有了一种民俗意义上的、以编年方式得到改进的、可以君臣协商的国家治理模式，这就是这种中国经典名著故事的重要功能。如果晏子天天让君王念经典书本，君王不把他赶走才怪。近年热播的电视连续剧《康熙王朝》中的康熙，少年时代厌恶死读经书，喜欢与民间才子面对面的对话，这种场景虽说是文艺创作，但也有迹可循，否则这种不会至今被拿来直接利用。回头说晏子，晏子的嘉言懿行，代表了当时不断增长的儒家民本思想。齐景公听晏子讲故事，成为一种对礼治制度、对礼法的态度，以及对个体与群体礼仪规范的学习过程。故事向统治者告知，齐国只有这样治理，才能取得社会的进步，故事也由此改变了历史叙事结构。

---

① Stith Thompson, *The Folktale*, New York: The Dryden Press, 1946, p. 421.

《水浒传》

对《水浒传》而言，可以有很多分类方法，但从本讲的研究目标来说，它是中国对话体小说的代表作。研究《水浒传》的对话体特征有两层含义：首先，是施耐庵的小说文本本身充满了对话，包括官民之间、农民起义者之间、草莽英雄之间与地方各色人等之间的对话。其次，是施耐庵的写法引起了李贽和金圣叹的点评，激发了金圣叹与李贽的对话，以及此二人与施耐庵的对话。一般说，民俗学的对话研究是社会研究，但如果把经典名著与民俗母题双构的形式作为一个整体进行对话研究，就不仅仅是为了探寻社会史，还是要寻找经典名著故事的社会流行史和故事传播史。在这方面，民俗学的研究重点讨论以下问题：（1）对话类经典与故事类型双构的文本富有社会层级性。不同阶层和不同角色的人群的对话，正是对不同阶层和不同文化角色的研究工具。他们之间的关系，他们在关系中的对话，都处于一个动态的过程中。对话者之间的接触，可能是制度化的，也可能是随机的。但是，在对话中发生的口头文化和被观察的文化，如施耐庵的话本式描绘和金圣叹的点评，与正统制度下的一统文化相比，都要更为丰富。①（2）对话中的历史经典引述是回忆式的故事，或是以反观方式组织历史的故事信息，能够唤起对话双方的感动。②这时经典名著与故事类型的双构，就是构建自我文化关系，也是构建超越历史的社会认同资源。（3）在对话双方签订某种契约时，或者是双方共同参与表演时，如晏子与齐王都曾参与的饮酒礼仪表演，这时所形成的经典文

---

① Lauri Honko, "The Folklore Process", pp. 29-30.

② Alan Dundes, "The Devolutionary Premise in Folklore Theory", *Journal of the Folklore*, Vol. 6, No. 1 (June 1969).

献，或者所创造的现场故事，就是内部文化的主体化过程，由此产生文化凝聚力。①这些讨论可以为研究历史经典名著的社会流行性提供一种思考的方向。

（三）信仰类

信仰类，个案对象是《搜神记》和《大唐西域记》。在我国历史经典中，这类著作与民俗母题双构的特点，主要考察在一种信仰认知的状态下，所搜集到的和传播的故事，以及相关祭祀仪式和日常信仰资料。

《搜神记》

《搜神记》，干宝撰，20卷。这是一部信仰故事集，对文化传统的信仰、儒释道的信仰与地方民俗信仰进行混合叙事；然后对祭祀、占卜、巫术、法术等，做描述式的记载。自20世纪初敦煌学兴起后，《搜神记》在海外汉学研究中产生了一定的影响。但从民俗学的角度介入《搜神记》的研究经历了坎坷的过程。

《大唐西域记》

《大唐西域记》，12卷。这是中国佛教历史经典名著与故事类型结合的代表作，其特点有三：一是以作者行程见闻为主干的地理民俗故事集，二是以佛教思想为内容的宗教故事集，三是以章回连环为串联的套式故事集。民俗学研究信仰类经典与故事双构的文

---

① P. Chenna Reddy & M. Sarat Babu, *Psycho Cultural Analysis of Folklore: In Memory of Prof. Alan Dundes*, 2 volumes, Delhi: B. R. Publishing Corporation, 2018.

本主要讨论以下问题。

第一,信仰类经典名著与故事类型研究领域需要新开拓。钟敬文主编《民间文学概论》对《搜神记》故事的引用占28%,这个比例很高,其中有1个是世界故事类型(天鹅处女),还有1个与世界文化遗产有关(都江堰),其他如《李寄》进入唐人诗歌小说,还有《铸剑》篇被鲁迅的《故事新编》改编利用,都在我国古典文学和现代文学史上产生了重要影响,但民俗学者在该研究上进展不大。

第二,信仰研究是中西学界的共享问题。本讲关注的问题有:(1)如何解释故事类型与信仰的生态文化的关系。劳里·航柯(Lauri Honko)提出"有机变异"说,指故事与信仰在"二战"后解构。他的意思是当代人可以讲故事,但未必相信故事中的信仰。当代民俗学者要在全球化的语境中,恢复富有文化差异性的民俗文本,就要建立本土的"精神性文本"。[①]我们知道,要建立这种文本,就要求当代人对传统故事与传统文化信仰有整体自觉意识。(2)重新评价体现故事与信仰关系的历史名著,强调各国各民族保持自己的文化传统。挪威民俗学者何坎·里德威格(Håkan Rydving)将时态分析理论应用到故事与信仰的研究中。[②](3)开展跨学科、跨文化的比较研究。《大唐西域记》及其相关佛经故事的研究,已具有广泛的世界影响。[③]本讲通过民间文学与东方文学的跨学科研究加以推进。

---

① Lauri Honko, "The Folklore Process", p. 69.
② P. Chenna Reddy & M. Sarat Babu, *Psycho Cultural Analysis of Folklore*, p. 7.
③ 参见[唐]玄奘、辩机:《大唐西域记校注》,季羡林等校注,第102—120页。另参见[唐]玄奘:《〈大唐西域记〉今译》,季羡林等译,陕西人民出版社2008年版,第131—132页。

第三，关注信仰文化的发展趋势。中国是非宗教国家，但不等于没有信仰文化，在信息网络时代，信仰文化与媒介文化、信息文化混合传承，扩大了传播的范围。民俗学者介入这项研究要调整自己的视野。

（四）宇宙观类

宇宙观类，个案对象是《荆楚岁时记》。在我国历史经典中，这类著作与民俗母题双构的特点是，中国在长期农业文明中形成天人合一宇宙观、岁时知识和农业生产生活观念的综合系统。

《荆楚岁时记》

该著以12个月为序撰写成书。对它的故事类型编写和民俗学进行研究，要解决一个问题，即从前对它的研究是将民俗学研究与故事类型研究分开做，这并不符合原著的叙事结构。本讲的个案研究改变原有的做法，重新按原著的体例开展工作，主要做了两种工作：一是将月令民俗与月令故事资料合并为一个整体，编定目录大纲；二是对原著进行故事类型的编制与研究。民俗学研究这类文本的问题是：19世纪以来，受到文化进化论的影响，主要是受到弗雷泽、弗洛伊德的影响，民俗学者主要关注岁时民俗，有时也把岁时民俗看成是神话。[①] 本个案研究的差别在于以下几点：

第一，在中国传统农业社会中，在农业社会的宇宙观框架内所形成的民俗，有不同的分类，包括岁时民俗、仪礼民俗、节日民俗

---

① Alan Dundes, *Folklore Matters*, The University of Tennessee Press, 1989, p. 1.

和日历民俗等不同情况,需要做分类研究。

第二,在现代化时期,记载宇宙观知识的历史经典和故事类型正在成为衰落的民俗现象。

第三,宇宙观类文本引用的故事、歌谣和谚语等,在其作品中出现的,是作者信息;在作品后面出现的,是社会信息或社会变迁信息。

第四,岁时经典名著与故事类型双构有三重意义:一是岁时知识的意义,二是民俗知识的意义,三是故事的意义,这种文本既传递历史文化要素,又有社会功能。

结　论

本讲还有许多难点需要解决,一是从民俗母题研究历史经典的问题框架。15年前,我提出了"文献民俗志"①的概念,但那时是针对处理田野口头资料提出的,至于如何从民俗学的角度研究历史文献中的民俗记载,还没有找到可行的途径。更早的时候,在1990年代,我跟随钟敬文先生组织编写《民俗学概论》,钟先生安排我撰写第十四章《中国民俗学史略》,这次涉及了中国历代名著中的民俗文献,以及民俗学、古典文学、历史学等在各自研究中使用民俗资料所形成的专书,但如何从民俗学自身的基本问题出发建立问题框架,当时还没有这个条件。然而形势变化之快出人意料,今天的世界,网络普及,跨学科、跨语言研究已成常态,民俗

---

① 参见董晓萍:《田野民俗志》,北京师范大学出版社2003年版,第8页。

翻译著作以惊人的速度增加,重读历史经典又成了深度文化需求。现在就要求民俗学者提升学术能力,开展符合本国社会历史条件的内部研究。二是以故事类型为工具的方法。历史经典中的故事记载未必都是口头的,也有的是文本流传,还有的是文本口传,对此,我们不能局限在传统民俗学之中不理不睬。还有,故事类型法不是万能的,人文社会科学研究范式的变迁告诉我们,要格外关注民俗母题的多元变化现象,并开展交叉学科研究。

第四讲 佛典文献与宗教研究

中国是否有宗教？如何理解中国佛教等宗教信仰？如何看待中国人的精神信仰？这是中西学术交流中争议较大的问题，也是跨文化社会研究不能回避的问题。中国是非宗教国家，以往用西方概念和西方宗教学的方法讨论这个问题，不符合中国实际。本讲尝试从民俗学的角度开展讨论。从民俗学角度看宗教，涉及一个基本问题，即人与自然究竟是怎样联系在一起的？两者是二元关系，还是一元关系？这实际上是一个本体论的问题。西方学说有宗教背景，把两者看成是二元关系，在中国和印度主张一元关系，即人与自然关系的一体性。在本讲中，以中国佛典文献《大唐西域记》为例，对中国的宗教研究方法开展讨论。

导 言

如何定义宗教？在学术史上，有两种基本的共识。第一，宗教是一种超自然现象，而超自然的本质是一种个人体验，[1]民俗信

---

[1] Rudolf Otto, *The Idea of the Holy: An Inquiry into the Non-Rational Factor in the Idea of the Divine and its Relation to the Rational*, New York: Oxford University Press, 1958.

仰仪式拥有这种个人体验，因而可以从民俗的角度研究宗教。第二，宗教是一种人类现象而非超自然现象，界定是否超自然的决定因素是传统中的文化，是文化把人们凝聚在一起，拥有共同的价值观，并相互团结。持此观点的是涂尔干（Émile Durkheim），他创立了经典社会人类学，他的方法论也与民俗学有关，就是观察"圣物"，看"圣物"如何"确定分离与禁忌"①，"圣物"怎样成为信仰与实践的统一体。奥托（Rudolf Otto）和涂尔干都利用了民俗，但奥托利用民俗的神秘性，涂尔干利用民俗的社会性。美国学者格雷戈里·阿利斯（Gregory Alles）提出，从民俗的角度研究宗教，有四个策略②：（1）功能性策略。建立价值观，唤起集体情感，形成社会凝聚力。（2）补充性策略。从具体内容描述宗教，如对"神圣"和"信仰"的反应。（3）散存性策略。宗教特征未必都存在于宗教中，也存在于非宗教现象中，如道德。（4）原初性策略。寻找最初或最早的宗教，如西方学界认为，原初宗教的标准形态就是基督教。但这样划分，非基督教就成了异教。

　　从民俗学角度研究宗教，"文化传统"是一个十分关键的概念。美国人类学家塔拉尔·阿萨德（Talal Asad）说："没有普世的宗教定义，每种宗教都是自身所处的自组织话语的产物。"③在现代民俗学研究中，巴赫金的对话思想与互文性方法占有重要地位。它让

---

① Emile Durkheim, *The Elementary Forms of Religious Life*, New York, London, Toronto, Sydney, Tokyo, Singapore: The Free Press, 1995, p. 44.

② Gregory D. Alles, "Religion (Further Considerations)", *Encyclopedia of Religion*, 2nd ed., Lindsay Jones, ed., Detroit: Macmillan, 2005.

③ Talal Asad, *Genealogies of Religion: Discipline and Reasons of Power in Christianity and Islam*, Baltimore: The John Hopkins University Press, 1993, p. 29.

我们思考:(1)宗教由多元声音构成,多元声音之间又有相互纠结的复杂联系;(2)宗教与语境相关,包括体制、权力和其他社会分层的文化观。宗教始终被镶嵌在政治、社会、文化与民俗结构之中。《大唐西域记》正是一个适合分析的文本。

《大唐西域记》,唐高僧玄奘撰,成书于唐贞观二十年(646)[①]。玄奘记录了从中国到印度取经的途中和印度本土,个人亲历的山川地理、宫殿民宅、中外语言、宗教信仰、佛教经典、寺庙文物、风土人情和口头故事,其中的历史信息覆盖今中国的新疆地区,以及印度、吉尔吉斯斯坦、哈萨克斯坦、乌兹别克斯坦、阿富汗、伊朗、巴基斯坦、尼泊尔、孟加拉国和斯里兰卡等国,是一部由中国僧人撰写的"西游记"。

民俗学者过去很少研究《大唐西域记》,现在研究这部著作,要思考以下问题:

首先,为什么可以从民俗学的角度研究宗教?《大唐西域记》就是唐僧在未必理解为幻想,而是在一种信仰认知的状态下,所搜集和传播的信仰故事,这种故事被认为是历史上流传下来的地方历史,也与祭祀仪式和日常活动结合在一起发挥作用。书中记载的许多信仰,具有我国历史以来的社会生活模式与文化传统信仰的统一性,故这种研究也属于民俗学的内部研究。当然,中国自唐代以来也接受了外来宗教的影响,产生了其他新概念和新解释,它们融入中国人的生活中,就不仅仅是中国社会生活模式和文化传统中的故事,而且是解释宗教概念和引导人生信仰行为的

[①] [唐]玄奘、辩机:《大唐西域记校注》(上),季羡林等校注,中华书局2009年版,第112页。

工具。在这方面可开展民俗学与其他学科的交叉研究,如《搜神记》研究。

其次,为什么可以从佛典文献的角度研究宗教?《大唐西域记》是佛典文献,也是口头故事集,它可以帮助我们解释故事与宗教信仰的生态关系。劳里·航柯提出"有机变异"说,指故事与信仰的关系在"二战"后已经解构,当代人已未必相信故事中的信仰,而要在全球化的语境中恢复带有文化差异性的文本,也就要建立本土的"精神性文本"①。但是,要建立这种文本,就要求当代人对传统故事与传统信仰的整合有整体自觉。

一、从民俗学角度研究《大唐西域记》的五个概念

本讲使用五个概念:口头文本、地名知识、宗教信仰、翻译文本、民俗价值。

(一)口头文本

口头文本,指玄奘向中印人民和宗教人士采集的口头故事。季羡林先生赴德留学前已接触到这类西方理论与方法论。当时他还是清华大学的学生,给他讲课的是一位美国教授,叫詹姆森(Raymond D. Jameson)。詹姆森在讲义中介绍了19世纪德国格林

---

① Lauri Honko, "The Folklore Process", p. 69.

兄弟发明的比较民俗学方法和芬兰学者发明的故事类型学方法。钟敬文先生与季羡林先生晚年曾就此进行过对话,事后钟先生写了文章:

> R. D. 詹姆森是一位出生在美国的、卓有声誉的民俗学者。三十年代曾经在北京清华大学西方语文学系任教。像后来我国学界知名的学者,如于道泉、季羡林诸先生,都曾受教于詹教授。①

詹姆森在讲课中还说,德国的本发伊于1859年出版了两卷本的梵文版《五卷书》,验证了格林兄弟的观点,但本发伊说《五卷书》是文学而不是民俗学作品。②詹姆森又说,故事类型学的方法,"对于人类和民族的演变,对于观念和文化的发展都能作出解答,民俗学研究的价值对我来说似乎就在这里"。③季先生晚年时曾表示,他不同意本发伊关于《五卷书》的某些观点:"在比较文学发展的初期,民间文学与比较文学之间的关系是密不可分的。就以德国为例,在19世纪中叶,梵文学者本发伊(Theodor Benfey)发表了他的名著《五卷书:印度寓言、童话和小故事》,……而《五卷书》中的故事几乎都来自印度民间文学。"④《五卷书》是印度古典佛经故事集,在这类文献上,民俗学的核心问

---

① 钟敬文:"序言",〔美〕R. D. 詹姆森:《一个外国人眼中的中国民俗》,田小杭、阎苹译,上海文艺出版社1995年版,第3页。
② 参见〔美〕R. D. 詹姆森:"比较民俗学方法论",《一个外国人眼中的中国民俗》,第103—123页,特别是第108—109、111页。
③ 同上书,第123页。
④ 季羡林:《比较文学与民间文学》,北京大学出版社1991年版,第1页。

题是,这些口头故事与佛典文献的关系。

(二)地名知识

地名知识,指玄奘从中国到印度取经和弘扬佛法沿途记录的地名、地理形貌和地名故事。玄奘撰写的《大唐西域记》目录,以行程为序,依次编排卷名和国名,共十二卷,十余万字,提供了丰富的地名知识。例如,在卷第十《十七国》中的《伊烂拿钵伐多国》一节,写了伊烂拿山的地理地势、伊烂拿钵伐多国的民俗和二百亿比丘的故事;在《瞻波国》一节,写了瞻波国的四至风光、民俗和瞻波国祖先由来的故事;在《迦摩缕波国》一节,写了迦摩缕波国的民俗和拘摩罗国王会见玄奘的故事。玄奘将在同一历史时期内、分布在不同地理环境中的故事,带着客观观察、主观信仰和身体体验的个人经历,仔细地写下来,还将自己使用的书面文献和口头资料的出处都做了注明,此举放在一千多年前,堪称稀见。他真是一位极能吃苦的上层知识分子,所以才能完成这种异常艰苦的工作。

玄奘这些记述覆盖了很多国家,故不能简单地等同于今天所说的"本土知识",但它们都有十分准确的地名,故可以说是历史上的地名知识。

现代民俗学者十分关注地名知识,对其进行研究,能弥补传统民俗学研究方法的诸多不足。它有两种建设性:一是建立地名知识(place-lore)类型,针对全球化侵蚀同质社会地盘及其历史记忆的弊病,转向关注地理地点对于保存历史记忆和传统知识的重要性，并对这类民俗开展共时性的比较研究；①二是可以拟建口头故事传承的生态类型，通过考察故事是否具有符合本国生态文化环境的文本，判断这种故事是否具有活态形态。它强调故事类型与自然环境、文化空间和民俗承担者生活的整体共存性，将这种故事称作"有机异式"（organic variation）②，以此来克服以往芬兰学派方法的随意性。民俗学发展到今天，再回头评价玄奘的《大唐西域记》，正是一种共时民俗记述的范本。在我国相对封闭的封建时代历史上，民俗史志文献比比皆是，但绝大多数都是历时性的民俗记述，很少见到这种共时性的民俗记录，《大唐西域记》便是这种稀缺品。玄奘以巨大的慈悲心怀，对长途出国旅行所见所闻的各种不同的文化一一耐心记录，包括无相同基因的社会人群的共时民俗，他创造了一部地名知识民俗志。

（三）宗教信仰

宗教信仰，指玄奘用说故事的方式撰写正统佛学及其国家与地方信仰，但这里有三种说法需要重新界定。

首先，对皇家寺院高僧作者的界定。民俗学以往将上层文人著作与民间文学视为对立物，但用这种方法做分析往往产生理论

---

① Lauri Honko, Senni Timonen and Michael Branch, *The Great Bear: A Thematic Anthology of Oral Poetry in the Finno-Ugrian Languages*, poems translated by Keith Bosley, Helsinki: Finnish Literature Society, 1993.

② Lauri Honko, ed., *Thick Corpus, Organic Variation and Textuality in Oral Tradition*, Helsinki: Finnish Literature Society, 2000.

上的混淆，因为上层文人著作不一定都与民间文学对立，民间文学也不一定都比上层文人著作优越。钟敬文曾指出，历史上的很多上层经典名著都化用了民间文学，使其作品颇具生香活色。① 玄奘是贵族高僧，又出色地记录了民间文学，对他的精神世界的养成，季羡林先生曾有一段评价：

> 魏晋南北朝一直到隋唐许多义学高僧都出身于名门大儒的儒家家庭。他们家学渊源，文化水平高，对玄学容易接受。……玄奘的情况很相似。②

在我国"五四"以来的民俗学史上，将民间文学与民众地位捆绑，并作为学术问题和社会问题的现象，与外来影响有关。托尼斯（Ferdinand Tönnies）的城乡二元论，韦伯（Max Weber）的传统权威与激进权威论，涂尔干的有机团结与无机团结论，罗伯特·莱德费尔德（Robert Redfield）的小传统与大传统论等，都在这种外来影响的范围之内。然而，玄奘却给了我们一个不能简单捆绑的范例。玄奘去印度的时代，所有的城乡二元史、工业化史和殖民史都没有开始，他不过是一个满怀学习理想的僧人，他的仆仆道途是追求信仰之旅。他不是去掠夺别人的城市财富和工业财富，也不是把自己的大国文化强加于别的大国或小国头上。他是去学习别人的好东西，同时也介绍自己的好东西。这种出发之所获，便是双方

---

① 参见钟敬文：《民间文学》（香港版），董晓萍编：《钟敬文全集》第二卷第四册，高等教育出版社2018年版。
② ［唐］玄奘、辩机：《大唐西域记校注》（上），季羡林等校注，第104页。

文化的精华，是和颜悦色的跨文化交流。

其次，对高僧在《大唐西域记》中所收民间文学作品的性质的界定。从鲁迅到钟敬文都说过，在民间故事与绘画中，都有相当一部分是宗教和贵族故事主题。但是，民俗学以往没有做出令人满意的分类，因而还不能概括中国文学文化的整体性质。

再次，对高僧阐述正统佛教信仰的故事的价值界定。现代民俗学已从对民俗事象的整体研究转向对个人经历、超现世信仰和生命观的研究，这一研究的学术途径，就是研究故事与宗教信仰之间的转化。玄奘的《大唐西域记》用说故事的形式阐述他的正统佛教信仰的过程，无一不是在讲这种转化。当然，他本人是在坚守他的学问信仰，与我们现在讨论的现代民俗学毫不沾边，但就宗教信仰与生命观的联系而言，这却是他本人和全人类从古到今都一直在苦苦追寻的问题。世界上没有什么比回答生老病死的生命信仰更有生物与社会的双重属性。生命是生理现象，信仰是社会现象，它们古往今来都是在故事中叠合的，所以玄奘在《大唐西域记》中谈到的这类问题，不会因唐代距今千年而消失，相反因人类的永恒关怀而价值常在。如果说故事与宗教信仰之间有某种变化，那么这种变化不体现在生命价值上，而体现在故事与信仰的符号意义的构造上。在全球化到来之前，它们在同质信仰系统中起作用，共同产生权威性；在全球化到来之后，它们在异质信仰系统中起作用，变成可以对外展示和表演的仪式和活态故事。《大唐西域记》与今天的信仰生态环境和故事形态不能同日而语，但它能让身处全球化前后的两个信仰系统中的现代人，使用这部历史文献，降低对故事与信仰密切关系评估的风险。

（四）翻译文本

翻译文本，指玄奘对印度故事和佛经文献的翻译过程与成果。在现代民俗学的研究中，相对而言，与它对应的概念是"精神性文本"（mental text），以下讨论在这个概念上绕不过去两个具体问题。

事后记录的可靠性。《大唐西域记》是事后记录的，[①]季羡林先生曾明确地说，它是玄奘在回国一年后写成的。就算上面谈到的玄奘对各种故事、信仰和民俗事象的记述统统都有现代研究价值，那么，这种事后记录的文本可靠吗？这在民俗学的争论中是一件大事。曾有三种看法：一是事后记录的是世代记忆的故事，是可靠的，格林兄弟就持这种看法；[②]二是不可靠，原因是书面记录会破坏口头故事的原貌；[③]三是早期故事搜集依靠耳听手写，必然有删节，故仍需要事后做整理，因而这种文本是可靠的。需要说明的是，现代民俗学已转为承认事后记录的可靠性，因为了解到学者和民众表演者双方都有事后处理文本的现象。问题不在时间的先后顺序上，而在口头文本与书面文献的互补和两者互动的方式上，为此，现代民俗学建立了"精神性文本"的新概念来解释这种现象，

[①] 参见［唐］玄奘、辩机：《大唐西域记校注》（上），季羡林等校注，第111—112页。季羡林说，玄奘于贞观十九年（645年）返回长安，回国一年后，写成《大唐西域记》。

[②] Murray B. Peppard, *Paths through the Forest: A Biography of the Brothers Grimm*, New York: Holt, Rinehart and Winston, 1971, p. 61.

[③] 参见朱自清：《中国歌谣》，中华书局1976年版，第64页。

它是指故事的讲述人拥有整个文本意识,但现场讲述都是片段的,需要事后整理,在事后整理时会附上个人的记忆和思考。这个概念将口头与文献放到一个整体文化生态系统中去解读,对我国的历史民俗学研究是大有用处的。玄奘自然不会从现代方法论上考虑他的做法,但我们可以使用这种现代方法,重新沿着玄奘的注释线索,去重读《大唐西域记》中事后记录的大量故事,发现它们的活力。

文化翻译的创造性。用中文翻译外国故事是有很多困难的,如怎样将母语转成外语?或者用外语标记母语?有时翻译者绞尽脑汁也找不到合适的对译用语,玄奘在翻译佛经故事时肯定也会遇到这类问题。经翻译之手,故事原文要想一字不差地保留,几乎是不可能的。季羡林先生对玄奘在《大唐西域记》中运用的翻译本领有极高的评价,说他以文化交流为宗旨,善于创造变通,达到了译必传神的境界。

> 他的译风,既非直译,也非意译,而是融会直译自创新风,在中国翻译史上达到了一个新的高峰,开辟了一个新的时代。

要想准确地理解和评价《大唐西域记》这一部蜚声中外的名著,首先必须准确地评价玄奘其人和他西行求法的动机与效果。

> 他是一个坚定的大乘信徒,……他制造了许多抬高大乘的神话。①

---

① 季羡林:"玄奘与《大唐西域记》——校注《大唐西域记》前言",[唐]玄奘、辩机:《大唐西域记校注》(上),季羡林等校注,第7、1、108页。

关于对文化翻译的解释，季羡林认为，应该将佛教故事的翻译与佛教信徒的游方、传经、譬喻与宣讲看成是同一个过程。① 王邦维提出，"可以从历史以及文化交流和互动等角度来考察"这种翻译的内涵与价值。② 从民俗学角度看玄奘的文化翻译，则要与玄奘在思行合一中创造"精神性文本"的活动过程相联系。这是一种宗教、故事和民俗相关联的形式，玄奘的创造正在于他随时转换三种文本，去揭示其整体文化意义。在这里要区分两层意义，一是文本的、形式的意义，可以在书面文献中解读出来；二是转换文本形式的意义，在翻译者向本土听众传递的过程中产生。玄奘回国一年后写成《大唐西域记》，对于这两层意义的存在，不仅明确，还能有所把握。

（五）民俗价值

民俗价值，指故事对讲述人本身的社会文化重要性。它在玄奘向本土听众传递的过程中产生，也在故事被传递的文化生态环境中产生。

民俗价值的本质是提供社会准入。所谓社会准入，指出故事对于承担者自身具有社会文化重要性，因而拥有传承的社会基础；换句话说，社会准入体现了在民俗承担者本身看来最重要的价值观。季羡林先生研究《大唐西域记》的印度历史文化背景是讨论

---

① 关于玄奘将个人学佛求法与传承佛教相结合的人生经历，参见季羡林："玄奘与《大唐西域记》——校注《大唐西域记》前言"，第102—120页。
② 王邦维："语言、文本与文本的转换：关于古代佛经的翻译"，《清华大学学报》2013年第2期。

"印度准入"，季、钟两位先生的对话是讲"中国准入"。无论讨论哪种准入，都需要使用中印人民口头流传的故事资料。在研究中，我们借助钟敬文先生主编的《中国民间故事集成》，共使用了30个省区市146个县的604个文本，对《大唐西域记》中的大雁、鸽子、大象、兔子、龙马、鹿、蚕、王子饲虎、五百罗汉和僧人采宝等12类型的故事进行了初步的查询和分析，①共搜集到相似故事类型128个，相关故事类型476个；我们也使用了季羡林先生等翻译的印度佛经故事资料，再将两者做对比研究。所谓相似故事类型，指《大唐西域记》记载的故事，在中印故事类型中都有民间口头文本，并且中国故事类型与印度故事类型高度相似；所谓相关故事类型，指《大唐西域记》记载的故事，在中国有相关的民间口头文本，但大多只是主题相关，在母题类型上有一定差异或较大差异。

可以肯定地说，玄奘在《大唐西域记》中记载的一些故事在后世中印人民中间是有所传诵的，但后世相传的故事未必与玄奘讲的一致，后世在中国流传的故事也未必都是中印跨境之物，而纠缠于这种考察是没有结果的。其实，不管故事从哪里来，到哪里去；哪个是原型，哪个是异文；都要融入当地文化生态环境，获得社会准入，才能落地生根。这样的故事才能体现当地民俗和历史的双重价值，这样的书面文献与口头资料的比较研究也才会对《大唐西域记》的综合研究产生补充意义。

在我国多地区多民族中，故事承担者有民俗价值的多样性，其

---

① 在北京大学东方文学研究中心于2014年6月至7月举办的全国研究生暑校期间，我指导的北京师范大学民俗学专业研究生罗姗、王文超、刘修远随我参加了故事查询并编写故事类型的初步训练，其他参加这次工作的研究生还有林加、傅韵蕾和高磊。

故事的社会准入状况也是多种多样的。从这个角度研究《大唐西域记》，对民俗学有两个理论拓展点：一是帮助民俗学区分两种体裁的价值：主位体裁价值，也就是故事讲述人的看法；客位体裁价值，也就是玄奘的看法。丹本-阿莫斯（Dan Ben-Amos）强调通过主位视角分析民俗价值观；航柯对主、客位价值都很看重，认为要找出两者的可识别点，再作分类，[①]弥补民俗学以往分类的缺失。二是民俗价值决定社会流行性。故事的生态状况依靠社会流行性，社会参与程度越高，故事的流行性就可能越大。而故事获得社会流行性的特征是具有功能性母题，《大唐西域记》告诉我们，中印相似故事侧重寺院供养的功能，中国相关故事侧重劝善报恩的功能，如老虎报恩、大雁报恩、鸽子报恩、鹿报恩和兔子报恩等；两者的功能不同，源于两者的民俗价值观不同。

二、《大唐西域记》的结构与标题

研究《大唐西域记》，从原则上说，要以作者玄奘的逻辑为依据，以其原著的十二卷和各卷中的主次标题为序，进行结构分析与标题命名。本次共进行三层结构的命名，即地理地名索引标题、宗教故事篇名标题和民俗叙事主题标题。

---

① Miroslav Hroch, *Social Preconditions of National Revival in Europe: A Comparative Analysis of the Social Composition of Patriotic Groups among the Smaller European Nations*, Cambridge: Cambridge University Press, 1985; Eric Hobsbawm, *Nations and Nationalism since 1780: Programme, Myth, Reality*, Cambridge: Cambridge University Press, 1990.

（一）地理地名索引标题

季羡林先生已做了这样的工作。他主持的《大唐西域记校注》，即以原著各卷的卷次标题和卷下地理纪程的国名标题为标题，未做任何改动。①本文依循此例，在卷次标题和国名标题下，编制故事类型题目，做到故事类型标题与其所在历史文献原著的地理标题相一致，以方便将故事类型与原著对照查询。例如，原著开首的卷次标题为卷第一《三十四国》，卷下的纪程国名标题是《阿耆尼国》，本文将这两级标题照录，用作故事类型的目录标题起到索引作用。故事类型在此标题下制作，如《大唐西域记》第一卷，做故事类型的索引标题如下：

卷第一　三十四国

阿耆尼国

（以下是故事类型。）

（二）宗教故事篇名标题

此指按原著宗教故事的史料，按故事情节单元的写法，编写故事类型。本文恪守民俗学的出处原则，在每篇故事的后面，以季羡

---

① 季羡林主编的"中外交通史籍丛刊"，包括《大唐西域记校注》在内。

林先生等的《大唐西域记》今译本为底本,一律标示《大唐西域记》原著的出处,如《屈支国》的"昭怙厘二伽蓝"中有"佛足"故事类型,编写如下:

佛 足

(1)它是佛的大脚印在一块玉石上踏过的印迹。
(2)它置于东昭怙厘寺的佛堂中。
(3)它在斋戒的日子里大放光芒。①

(三)民俗叙事主题标题

此指原著的一个鲜明特点是记载所行地理区域内的沿途民俗风情和相关故事。本次在编制故事类型时,尽量纳入原著的这一特点。例如,在刚才提到的卷第一中,有国名标题《屈支国》,在此标题下,列情节单元如下:

卷第一 三十四国
屈支国
屈支国人

(1)他们是屈支国人。
(2)他们的土地产葡萄、石榴、梨、枣。
(3)他们的婴儿出生后,用木板箍住头部,防止头形变扁。

---

① [唐]玄奘:《〈大唐西域记〉今译》,季羡林等译,第13页。

（4）他们的管弦乐器、音乐和舞蹈都是诸国中最好的。

（5）他们的风俗俭朴，短发，戴巾帽，食杂三种净肉。①

除地理地名索引标题外，宗教故事篇名标题和民俗叙事主题标题的编制，均以其中心角色为线索，两者的编纂原则保持一致。

三、《大唐西域记》的佛教思想与佛典故事

（一）以行程为书写逻辑的地理故事集

玄奘在《大唐西域记》中使用沿途采集的民间故事。他在一路上听到不少街谈巷议。他把它们搜集起来，以行程路线为书写逻辑进行撰写。这样形成的原著体例，是将地理行程的地名与故事"混搭"在一起，写进书里，成为一部纪程实录。

在原著中，我们能看到，玄奘本人对这类佛教故事的描述有比较统一的格式。例如，他先用五个字"闻诸土俗曰"②，说明这个故事是他从当地人口中搜集来的，这样的表述共15处。接着他复述

---

① [唐]玄奘：《〈大唐西域记〉今译》，季羡林等译，第12页。
② 玄奘原著多处有"闻诸土俗曰"的字样，如《迦毕试国》的两例，参见董志翘译注：《大唐西域记》，中华书局2013年版，第88、94页，在本书中的故事类型篇名分别为《天神与山神的对话》和《旧王妃寺》。其他见第134、160、545、574、654、688页。个别处也说"闻诸耆旧曰""国俗相传""土俗相传""印度相传"，这应该是玄奘向印度老人搜集故事的自我记录，见第146、250、352、491、496、561、706、740页。

了这些口头故事的梗概。用现代人的眼光看这位古代的求学者，对他的不忘故事讲述人的行为，仍要不免发一点感慨。我们在编制这类故事类型时，遵照他原来的行文原则，在故事类型的开头单元中，撰写了对应的句子："这是听当地人讲的一个民间风俗故事"，作为情节单元的第一句，一并保留他的处理方法。例如，

天神与山神的对话

（1）这是听当地人讲的一个民间风俗故事。

（2）在雷蔽多伐剌祠城一带，地震时山体滑坡，行路危险。

（3）天神要在山中住下，山神就震动山体和山溪，伴作地震，向天神发难。

（4）天神告诉山神，如尽地主之谊，天神可赐财宝，山神答应。

（5）天神惩罚山神。此山增高后，旋即倒塌。①

玄奘的这种记录，也让我们看到他所建立的口头文本与"雷蔽多伐剌祠城"地名知识的关系。

（二）使用佛院志书与僧讲故事

玄奘在印度佛寺佛院接触过史志典籍和书中的故事，他对这

---

① ［唐］玄奘：《〈大唐西域记〉今译》，季羡林等译，第19页。

类佛教故事采用转述的方式,搜集下来,再采用统一的格式写进书里。他先说五个字"闻诸先志曰"①,接着讲这些志书故事的梗概,全书采用这种处理方法的共14处。我们编制这类故事类型时,以"据前人记载"开首,作为故事情节单元的第一句,保留他的写法。例如,

窣堵波舍利

(1)据前人记载,佛塔的舍利变化神奇。

(2)这是如来的骨肉舍利,有一升多。

(3)佛塔有时浓烟滚滚,烈火熊熊,似乎要被烧毁;但不久又自动熄火,烟消云散。

(4)人们看见舍利化成白珠旗幡,环表柱而上,升入云天,再盘桓降落。②

玄奘笃信佛教,也笃信相关的神话传说。他在写佛教故事时还有一个特点值得注意,就是他对印度当地的佛本生故事做了特别标注。将这些标注的地方归纳起来,有四种情况。

第一,佛本生故事在印度《五卷书》和《佛本生故事》中有记录,玄奘则提供了自己在公元七世纪的实地采集资料。例如,在卷第三《八国》中,他使用了一则佛本生故事资料,他将该故事放进

---

① 玄奘原著多处有"闻诸先志曰"的字样,其中《迦毕试国》的例子,参见董志翘译注:《大唐西域记》,第92、505、508页,在本书中的故事类型篇名为《窣堵波舍利》。其他同样的表述见第133、147、191、192、368、409、416、654、659、674、740页。类似的说法有"国志曰""彼俗书记谓"等,见第205、255页。

② [唐]玄奘、辩机:《〈大唐西域记〉今译》,季羡林等译,第32页。

第三卷的一节中,将此节命名为《尸毗迦王本生故事》,还特意标明了这个故事来自印度。

尸毗迦王本生故事埵

(1)他叫尸毗迦王,是如来菩萨变的。

(2)他在无忧王的佛塔修行,此塔位于摩愉寺向西六七十里。

(3)他在佛塔里割下自己身上的肉,从老鹰嘴下赎回了鸽子。

(4)他求到了佛果。

(5)此塔也叫赎鸽塔。①

现在我们看一下《佛本生故事》中的同类故事。

尸毗王本生

(1)菩萨转生为尸毗王的儿子,长大成为尸毗王。

(2)他沉思自己的施舍,已经施舍身外之物,也可以施舍自己的身上之物,包括心脏、血、肉、眼睛和整个人。无论是谁,凡有乞求,我都施舍。

(3)帝释天化成瞎眼的婆罗门老人考验他,向他乞求一只眼睛,他剜下眼睛给老人。

(4)帝释天给他恢复了双眼,是"真知慧眼",能看穿一切。

---

① [唐]玄奘、辩机:《〈大唐西域记〉今译》,季羡林等译,第57页。

（5）他更加努力施舍，念偈颂曰："在这人世间，施舍最宝贵；施舍凡人眼，获得神仙眼。""你们吃饭时，不要忘施舍；倘若能如此，死后可升天。"①

第二，佛本生故事在印度《五卷书》和《佛本生故事》中有记录，又有汉译佛经故事，玄奘提供了自己在故事流传圣地搜集的资料。如卷第三《八国》中的《大石门及王子舍身饲虎处》故事。

大石门及王子舍身饲虎处

（1）他是摩诃萨埵王子。

（2）他在大石门附近看见了老虎。

（3）他看到老虎饿得没有一点力气，心生悲悯。

（4）他用竹片刺自己身体，流出血来，让老虎喝。

（5）这里的土地和草木略带红色，好像被血染过，踩在地上如芒刺在背。

（6）人们对王子饲虎的故事无论信与不信，无不悲伤。②

现在我们看汉译《佛经故事》中的《王子摩诃萨埵》篇：

王子摩诃萨埵

（1）国王有三个儿子，最小的儿子是摩诃萨埵。

---

① 《佛本生故事选》，郭良鋆、黄宝生译，人民文学出版社1985年版，第340—348页。
② ［唐］玄奘、辩机：《〈大唐西域记〉今译》，季羡林等译，第64页。

（2）三个王子一起到森林里玩耍，看见一只老虎饿得要死，已无力喂养两只幼虎。

（3）摩诃萨埵自愿投身饿虎，献出躯体，让老虎活下去。

（4）王后梦见三只鸽子在森林里嬉戏，一只老鹰捉住最小的鸽子吃了。

（5）王后把梦告诉国王。国王说，谚语讲，鸽子就是儿孙，感到不祥之兆。

（6）小王子摩诃萨埵因为舍生救饿虎，转生兜率天，得到好报。

（7）国王一找到小王子死去的地方，痛哭不已。

（8）小王子变成天神，站在空中，向父母报平安。他劝慰父母早觉悟，多做好事。①

第三，玄奘用佛典故事中大故事套小故事的连环套处理原典文献与口头资料。玄奘写佛经故事时，用大故事套小故事，这些故事组合起来，拥有一个共同的主题。例如，在卷第二《三国》中，有《健驮逻国》的标题，在这个标题下，他写了一个大故事。在这个大故事之下，又有三个小标题，这三个小标题下面便是三个小故事组。在各小组故事中，又有更小的故事。再如，在卷第七《五国》中，他写了《象、鸟、鹿王本生故事》，但这不是一个故事，而是三个鸟兽变形的故事，三种鸟兽由作者排序，连环组成不同的故事。第一组故事如下：

---

① 《佛经故事》，王邦维选译，中华书局2009年版，第153—157页。

象、鸟、鹿王本生故事（一）

（1）它是六牙象王，是如来修菩萨行的化身。

（2）它发现猎人假装穿袈裟，拉弓捕杀它。

（3）它崇敬袈裟，就自己将象牙拔下来，交给猎人。①

关于第一组故事，就有对应的《佛本生故事》，具体如下：

六牙本生

（1）菩萨转生为象王的儿子，带领八千只大象，住在喜马拉雅山的金洞里。

（2）王后派猎人布陷阱，射毒箭，象王中箭。

（3）猎手要象牙，又够不着，象王就帮助猎人锯牙，把象牙送给他。②

下面是第二组故事：

象、鸟、鹿王本生故事（二）

（1）它是如来修菩萨行的化身。

（2）它发现世人不知礼法，就变成鸟，来到拔牙塔附近，与猕猴、白象一起提问。

（3）三方的问题是，谁先看见榕树，谁就先讲自己的事迹。

---

① ［唐］玄奘：《〈大唐西域记〉今译》，季羡林等译，第129页。
② 《佛本生故事选》，郭良鋆、黄宝生译，第348—359页。

（4）它们按各自讲述的故事，排长幼的秩序。

（5）如来这样教导人们知上下尊卑，皈依佛法。①

关于第二组故事，有对应的《佛本生故事》，具体如下：

鹧鸪本生

（1）三个伙伴是鹧鸪、猴子和大象。

（2）它们住在喜马拉雅山山坡的一棵大树下。

（3）它们选老大。

（4）大象说，当它是幼象时，大榕树还是小树，树枝刚好碰到它的肚皮。

（5）猴子说，当它是幼猴时，大榕树还是树苗，它坐在地上能吃到树梢的嫩芽。

（6）鹧鸪说，在它拉粪便的地方，长出大榕树，它在还没有这棵树的时候就知道它了。

（7）鹧鸪当老大。②

下面是第三组故事：

象、鸟、鹿王本生故事（三）

（1）森林里有两个鹿群各五百头。

---

① ［唐］玄奘：《〈大唐西域记〉今译》，季羡林等译，第129页。
② 《佛本生故事选》，郭良鋆、黄宝生译，第25—26页。

（2）国王狩猎群鹿，菩萨鹿王出面请求，允许两个鹿群商量，各鹿群按日轮流交纳一头鹿，保证国王每天能吃新鲜的鹿肉，鹿群也能延续生命，国王答应。

（3）菩萨鹿王自愿代替一头怀孕的母鹿去死。

（4）国王听说此事，感叹鹿尚懂放生，便下令罢黜交活鹿规定，放生所有的鹿。

（5）国王把打猎的树林施舍为鹿群居所，叫"施鹿林"，此为"鹿野"地名的由来。①

关于第三组故事，有对应的《佛本生故事》，具体如下：

榕鹿本生

（1）菩萨投胎为鹿，是金鹿，住在森林里，叫榕鹿王。森林里还住着另一只鹿，也是金鹿，叫枝鹿。它们各有自己的鹿群。

（2）国王号令天下捕鹿，供他享用鹿肉。

（3）人们把森林中所有的鹿赶进御花园，供国王选用，王宫每天射杀鹿食用。

（4）国王留下两只金鹿。

（5）菩萨与枝鹿商定，在各自的鹿群中，每天轮流交出一只鹿供膳，避免滥杀造成更大的伤亡，双方同意。

（6）轮到怀孕母鹿去死，它去请求菩萨缓期，菩萨答应了。

---

① ［唐］玄奘：《〈大唐西域记〉今译》，季羡林等译，第129—130页。

（7）菩萨代替怀孕母鹿去死，被厨师认出，向国王报告，国王从菩萨口中明白代死的理由。

（8）国王敬仰菩萨的慈悲之心，赦免鹿群。菩萨带领鹿群回到森林。

（9）国王恪守菩萨的教诲，不伤鹿群，积德行善。

（10）群鹿恪守菩萨的教诲，不伤人类的谷田。①

对这类佛经故事，玄奘还加以改造和提升，用来表达个人潜心习佛的理想和决心。下面的故事多少能说明他的想法和写法。

故城及大天王本生故事

（1）他是曾在一座故城作转轮王，号为"摩诃提婆"。

（2）他在这里为众菩萨、人、天大众广说本生故事，修菩萨行。

（3）他有轮王七宝的业报，作四大洲之王，目睹世事沧桑，领会一切无常的道理。

（4）他无心帝王之位，舍国出家，入僧修佛。

（5）现在故城已成旧城，城市荒芜，人烟稀少。②

我们能看到，玄奘在处理圣俗朝野资料时，特别是在使用印度原有的佛本生故事和个人游方采集资料上，将宗教信仰、书面文献、口头资料和地理地名加以整合。将其中的各种故事环环相扣，清晰地介绍了印度佛教的历史、变迁和社会基础，表达了他的观

---

① 《佛本生故事选》，郭良鋆、黄宝生译，第8—11页。
② ［唐］玄奘：《〈大唐西域记〉今译》，季羡林等译，第137—138页。

察、分析与信仰。

第四,记载中印双向交流的故事。蚕神型故事,至今在中国影响很大,玄奘在卷第十二《二十二国》中的《麻射僧伽蓝及蚕种之传入》篇中,记载他在印度听到的这个故事。

麻射僧伽蓝及蚕种之传入

(1)她是东国的公主,被远嫁印度。
(2)她接到印度遣使的暗示,请她将蚕种带到印度。
(3)她在麻射寺种桑养蚕,建立了蚕神庙。
(4)她把桑蚕传到印度。①

艾伯华(Wolfram Eberhard)在《中国民间故事类型》中收录了中国的相关故事:

蚕

(1)某人离家去服兵役。
(2)妻子等待了很久,出于思念,她许诺:谁能把她的丈夫送回来,她就把女儿嫁给谁。
(3)马把她的丈夫接回。
(4)当这匹马想娶这个女儿的时候,它反倒被杀。
(5)马皮被绷紧晒干。
(6)当女儿经过马皮并开口骂它的时候,马皮起来反抗,把这个姑娘紧紧裹住,带着她飞到一棵树上。

---

① [唐]玄奘:《〈大唐西域记〉今译》,季羡林等译,第254页。

（7）蚕就是这样变来的。①

玄奘听到的故事说蚕是从中国传到印度的。艾伯华搜集到的故事说，蚕是从印度传到中国的，蚕神是菩萨。两人的文本，多少能促进我们对口头故事、民俗价值与社会准入关系的思考。

格林兄弟曾提出著名的集体创作论，当时他们称集体为"民众"，后来遭到了激烈的批评。据多方研究，没有任何故事是被集体共同创造出来的。钟敬文先生1940年代已提出，从理论上说，故事可能有最初的作者，但这只能是某个异文或某一阶段的作者。②1960年代，《故事的歌手》的作者阿尔伯特·洛德（Albert Lord）提出，故事的每次讲述都有即兴成分，可将这种即兴文本称为"原创"（the original），而故事本身并没有固定的文本。③很多学者接受了洛德的观点。1970年代末，路斯·芬涅干（Ruth Finnegan）等人的实证研究又对洛德的理论提出了挑战，他们指出，即便是现场即兴创作，也往往是将口头故事与书面文献相混合的，两者之间的关系，没有洛德说的那样泾渭分明，也没有特别的互动现象。他们还对洛德提出的书面文学破坏口头文学的看法表

---

① 〔德〕艾伯华：《中国民间故事类型》，王燕生、周祖生译，商务印书馆1999年版，第85页。

② 钟敬文1940年代在香港执教时已对"集体性"观点持怀疑态度，他当时吸收了日本民俗学的观点，主要根据中国历史文献的实际，提出了个人的质疑。参见钟敬文：《民间文学》（香港版），董晓萍编：《钟敬文全集》第二卷第四册。

③ Albert Lord, *The Singer of Tales*, Campridge, Mass.: Harvard University Press, 1960; "*Oral Poetry*", in Alex Preminger, ed., *Encyclopedia of Poetry and Poetics*, Princeton: Princeton University Press, 1965, pp. 591-593.

示怀疑。①现在看,民俗学者已认识到"作者"的概念是有多重含义的,民俗学者最初关于集体创作与个人作者的关系的界定只是一种假设,而与其密切相关的口头创作与书面文献的关系问题,也远比民俗学者的想象要复杂。

詹姆森所说的芬兰学派使用的故事类型,有2500个故事编号,其中有500个编号是在印欧文化圈中产生的,里面有不少是佛本生故事,占总数的20%。玄奘是成功记录口头故事和同时撰写历史文献的个人作者,在民俗学者后来认识到的个人与集体、口头与文献的混合现象上,他的《大唐西域记》也都没有"跳出三界外",因此值得反观。下面是据初步统计得出的他在书中使用故事类型的结果。玄奘还在书中明确标出了10个本生故事,另有他没有标出的"大雁塔"和"鸽寺"的故事也属此类,这样加起来共有12个,约占芬兰学派故事类型编号总数的0.5%,占印欧文化圈故事类型的2.4%。当然这个数据还是十分保守的,并不能代表最终结果,但仅仅由此已能看出,玄奘以一人之力所著一书能够保存的佛经故事。在世界故事类型中,这是何等了不起的事。

现代民俗学对德国的比较民俗学和芬兰的故事类型学方法还有新的批评。比如,德国比较民俗学曾认为,找不到故事原型就无法解释口头故事。实际上,在世界多元文化环境中,是很难确定故事原型的。芬兰学派曾认为,用异文法可以考察故事的变迁,现在看,这一命题同样不可靠,因为所有类型的整体都在变动,不仅是异文变动,连原型也在变动,所以用异文法确定故事的变迁有随意

---

① Ruth Finnegan, *Oral Poetry: Its Nature, Significance and Social Context*, Cambridge: Cambridge University Press, 1977.

性。① 这些来自多元文化的研究进展都告诉民俗学一个信息,即单一的口头资料研究会有很多不确定性,而将口头资料与书面文献结合起来研究可以降低风险。我们不能说,玄奘当年已知道怎样规避风险;我们只能说,玄奘很早就做了这种结合的工作,而民俗学者今天还能看到这种著作,为什么不能趋前之并亲近之呢?

结　论

通过上述考察,我们可以进行以下两方面的思考:

第一,跨文化民俗学与佛典文献研究的本土化与国际化趋势的关系。《大唐西域记》研究的国际化非自民俗学始,但从民俗学角度关注该著的研究却与民俗学兴起和印欧文化圈研究关系密切,而欧洲民俗学者曾通过这条"学术路线"获得不少理论和方法论上的收获。21世纪的世界到处都在呼吁文化多样性,当代民俗学要怎样国际化呢?《大唐西域记》与相关中印故事研究提示我们,作为中国学者,还要注意中印亚欧文化圈内部的问题,季羡林先生等对《大唐西域记》的研究创建了一个应该关注的范例。钟敬文与季羡林两位先生的讨论开辟了这个空间。

第二,文化进步与文化碰撞并行。在民俗学最初兴起时,德国学者与芬兰学者分享了另一个同感,即文化进步是一种否定性

---

① 阿兰·邓迪斯提出"变异母题"(allomotif)的假设,劳里·航柯批评这样编写类型有随意性,研究的结果也不可靠。参见Lauri Honko, "Folkloristic Studies on Meaning: An Introduction", *ARV. Scandinavian Yearbook of Folklore*, Vol.40, 1986。

的、破坏性的力量。当时西方所谓的文化进步指工业化造成的人性异化,因此引起学者们的不满,让他们眷恋逝去的历史。荷马史诗的研究者托马斯·布莱克维尔(Thomas Blackwell)甚至说,荷马一定生活在一个风土人情"没有受到任何外来因素干扰的、纯朴的","连语言也完全没有被现代文化污染的"时代,所以荷马是幸运的。①鼓舞格林兄弟走上民俗学道路的浪漫主义运动开创者之一赫德尔,他的学说,也产生于德国文化"进步"之前。中国民俗学者受到这种思想的影响,也曾对"外来文化"的影响忧心忡忡。②但是,让我们惊讶的是,几乎所有突破僵局的文化研究都是在中外学术碰撞中发生的。在《大唐西域记》中,我们经常能看到玄奘受撞击的心理,但这不妨碍他为大唐文明骄傲,也不妨碍他对印度佛学的崇敬。当然,即便在千年前的唐朝,跨文化的交流也有主动和被动两种,玄奘是从主动开始的,他通过自觉的碰撞、强力的吸收和再创造,取得了巨大的文化成就。

---

① Peter Burke, *Popular Culture in Early Modern Europe*, London: Temple Smith, 1978, p. 286.
② 参见常惠:"我们为什么要研究歌谣",《歌谣》第2号,1922年12月24日;《歌谣》第3号,1922年12月31日。

第五讲　河北故事里的神崇拜

中国是与西方完全不同的非宗教国家。中国在儒学支配下，在儒释道综合构建的道德观系统中，创造了与西方宗教世界完全不同的灿烂历史文明。中国人也有次宗教的神崇拜，但这种次宗教低于道德观体系，不能对道德观体系提出任何问题。中西方是两种十分不同的思想文化体系，中国社会文化的研究不能套用西方框架。从前在这方面的有限研究，只关注中国上层经典，这远远不够，还是要注意使用中下层思想资料，如来自民众、藏量丰富的中国故事，这是西方人接近中国人的神崇拜和道德观的直接思想资源，也可能是最重要的思想资源。本讲讨论这方面研究的一些基本问题，包括神人合作思想、妖怪学、神人关系与社会分层、神人互动与阶级关系、社区宗教仪式与集体文化遗产等。

导　语

从性质上说，本讲使用的故事基本都是道德叙事文本。在这些故事中，大多数的话题是：谁是好人？谁是坏人？这些人怎样做事？都产生了怎样不同的结果？故事用正面的例子做心理辅导，对负面的例子提出批评和给予训诫。这些故事构成一个道德话语系统。我们也许可以假设,这种道德话语系统的核心观念是劝善惩恶,并且这也是当地人宗教观的一部分。但仔细分析故事文本可见,这一道德话语系统并不具备宗教教义的内涵,而大量都是情感化的表达。一般认为,宗教信仰通过参与仪式活动,能强化社区认同和价值观。但接触到河北故事后,我们不禁要问:当地讲述人真的是这么想的吗?西方学者认为,通过宗教仪式能提升人们的道德水准,但河北故事的讲述人对此认可吗?他们的叙事是否已经表明,他们是将对神的信仰与劝善的实践联系在一起了呢?恐怕还很难这么说。

　　本讲从神和寺庙考察河北地方宗教,但这与西方宗教的概念是有很大区别的。1930年代晏阳初主持定县中华平民教育运动,随队学者已经看到并调查了当地的寺庙。美国学者甘博(Sidney D. Gamble)在分析定县调查资料时谈到,截至1928年,定县平均每村有2座寺庙或神龛;1882年,每村有7座以上寺庙。[①]在我们所看到的河北故事中,超过四分之一的文本提到寺庙的名称。寺庙的种类五花八门,还有难以胜计的无名"村庙"与无人问津的"古刹"。故事中提及较多的庙名,主要有城隍庙、土地庙、关帝庙、八王庙和十王庙;还有大大小小的佛庙道观,如八仙庙、山神庙和狐仙庙等,有些故事提到了家族祠堂。故事提及较多的神名,主要有龙王、玉皇大帝、送子娘娘、孔子、火神、伏羲或人祖,还有"丢在村外的残破神像"。有个河北故事很特别,不能说它对宗教或民俗研究很重要,但它告诉我们,神不一定都住在庙里,而是

---

　　① 参见Sidney D. Gamble, *Ting Hsien: A North China Rural Community*, Stanford: Stanford University Press, 1954, p. 405。另参见董晓萍、〔美〕欧达伟:《乡村戏曲表演与中国现代民众》,北京师范大学出版社2000年版,第1—24页。

在日常生活中无处不在。这个故事说,家里炕有"炕神",地有"地神",庭院有"院神"。这个故事在中国流传很广,西方也有。艾伯华和阿兰·邓迪斯都研究过这个故事,不过他们关心的是故事分类,而不是河北姐妹说的一串神名。还有的故事认为,神的知识是由不识字的老百姓掌握的,受过教育的书生并不熟悉。西方故事也有这种解释,说灶神登芝麻秆梯子上天,其他神也用芝麻秆梯子登天,而种芝麻和使用芝麻秆的知识是出自老百姓的,不是文人学士的知识。通过观察故事能看见社会分层,故事是反映社会分层的体裁。但是,掌握神的知识是否与寺庙有关?是否寺庙的僧侣应该全面掌握神的知识并促进其流通?故事没提到这种线索。

人类学和相关学科强调社区宗教仪式的重要性,指出人们的价值观可以通过社区宗教仪式进行分享和整合,他们还在这方面取得了很多研究成果。但在河北故事中没有提到社区宗教仪式,故事的叙事无法证明农民是如何看待和思考社区宗教仪式的,所能看到的是,在故事的叙事中,提到很多神名,但这些线索都是传达村民是如何想象神的。故事也讲了一些祭神活动,还有人神之间的互动,还能看到村民敬神时所说的话,但这些都是一些日常的、普通的故事,不是西方人理解的宗教概念与实践。还有,我们要看到,讲故事是中国老百姓了解神的知识的基本思想来源,而且是一种丰富的资源,也许是最好的资源。为此,我们应该通过故事接近这种资源,并直面这种资源,考察"宗教"的多元含义。

以下重点讨论河北故事中的神与道德观。

一、神也有人的缺点

在本讲的开头,我要先讨论故事中的负面神。大体可分三类:一是收受贿赂之神,如《城隍爷搬家》①;二是打家劫舍之神,如《两个土地爷》②;三是贪美好色之神,如《没脸皮的城隍爷》③。它们都是不好的神,但也不像妖魔鬼怪那么坏。那么,既然是负面神,人们还能将之视为道德力量的化身吗?他们的缺点看上去也很人类化。在一个故事中,神的妻子很唠叨,数落丈夫没钱的种种不是。在另一个故事中,两个神互相借钱,其实都不名一文,谁也帮不了谁,故事篇名就叫《土地爷借钱》④。这类故事的实质在于,显示神被想象得穷困潦倒,因而会站在贫苦人的身边。神也会在道德上失去约束,而这种故事会被用作道德训诫的范本。

在这类故事的叙事氛围中,既没有对神灵的崇敬,也没有对魔鬼的畏惧。人们提到神,是因为它们是道德话语系统中不可缺少

---

① 《城隍爷搬家》,钟敬文主编:《中国民间故事集成》(县卷本),河北省任县民间文学三套集成办公室编:《任县民间文学集成》,内部资料,铅印本,1986年,第101页。
② 《两个土地爷》,钟敬文主编:《中国民间故事集成》(县卷本),河北省平乡县民间文学三套集成办公室编:《平乡县故事、歌谣、谚语卷》,内部资料,铅印本,1986年,第297页。
③ 《没脸皮的城隍爷》,钟敬文主编:《中国民间故事集成》(县卷本),河北省平山县民间文学三套集成办公室编:《平山民间故事选》(二),内部资料,铅印本,1986年,第320页。
④ 《土地爷借钱》,钟敬文主编:《中国民间故事集成》(县卷本),河北省平乡县民间文学三套集成办公室编:《平乡县故事、歌谣、谚语卷》,内部资料,铅印本,1986年,第264页。

的概念和样本。故事中的土地神、城隍爷、关公,与现实社会中的人类一样,并不完美。还有一位女神(可能是观音)很尴尬,守护她的寺庙的石狮子半夜入室强奸女子未遂,反而让女神提起此事就脸红(《红脸菩萨断腿狮》①)。另一个故事说,天庭设宴招待众神,女神饮酒过量,醉醺醺中碰洒了酒坛,酒洒向人间,从此人间就有了酒喝(《米奶奶的传说》②)。某青年好吃懒做,没家没业。他向送子娘娘求子,送子娘娘就送了他一个儿子。故事告诉我们,这位娘娘之所以施舍,不是为青年的续香火之举所感动,而是被他哭穷的假象所打动(《吃鸡蛋》③),这样看来,这位送子娘娘的仁慈行为也是不值得尊敬的。

二、神需要人类助手

很多故事说,神的记忆力和学习能力都不如人类,因而需要人类当助手,而不是人类需要神助手或动物助手(《金牛星下凡》④)。

---

① 《红脸菩萨断腿狮》,钟敬文主编:《中国民间故事集成》(县卷本),河北省南宫县民间文学三套集成办公室编:《南宫市故事、歌谣、谚语卷》,内部资料,铅印本,1987年,第77页。

② 《米奶奶的传说》,钟敬文主编:《中国民间故事集成》(县卷本),河北省藁城县民间文学三套集成办公室编:《藁城民间故事集》(第三集),内部资料,铅印本,1987年,第131页。

③ 《吃鸡蛋》,钟敬文主编:《中国民间故事集成》(县卷本),河北省柏乡县民间文学三套集成办公室编:《柏乡县民间故事、歌谣、谚语》,内部资料,铅印本,1987年,第233页。

④ 《金牛星下凡》,钟敬文主编:《中国民间故事集成》(县卷本),河北省平山县民间文学三套集成办公室编:《平山民间故事选》(二),内部资料,铅印本,1986年,第230页。

龙王是河北故事中一个地位显赫又大权在握的神。但一个故事说，龙王也有落难的时候，要请人类去帮忙。青年小三发现了一对金弓银箭，很是新奇，拿到村外去玩。一位银发白须的老人迎面走来，对小三说："救救我吧，恩人。"老人又说，中午会从北方飘来黑、白两朵云彩，要让白云过去，向黑云射出三支箭。小三答应了。但他只顾着射杀黑云，没干家里的农活，惹得母亲很生气，不给他午饭吃（《小三和龙女》①）。

神是淘气的、恶作剧的。鲁班神造赵州桥时，发生了这样一件事②：八仙要把赵州桥带到太阳、月亮和星星上去，但事先要考察这座桥是否足够结实。鲁班经受了考验。但他认出这两位大仙后，慌了手脚，将一只眼落在马王爷的前额上。马王爷正要去一座新庙上任，却发生了突如其来的变化（《鲁班眼》③）。

三、神界官僚机构

我在其他文章中谈过，在中国故事中有象征性的神界机构。神界机构与现实社会组织很相似，也有类似现实社会官方机构的行政

---

① 《小三和龙女》，钟敬文主编：《中国民间故事集成》（县卷本），河北省藁城县民间文学三套集成办公室编：《耿村民间故事集》（第一集），内部资料，铅印本，1988年，第207页。

② 这个故事在元代已有记载，参见马书田：《中国民间诸神》，团结出版社1997年版，第354页。其他异文见泽田瑞穗和山本斌的著作。

③ 《鲁班眼》，钟敬文主编：《中国民间故事集成》（县卷本），河北省任县民间文学三套集成办公室编：《任县民间文学集成》，内部资料，铅印本，1986年，第280页。

系统和官僚作风。虽然萨哈与维勒（Shahar and Weller）也谈到，并非所有行政机构都像一般文章谈的那么官僚，①但这不是我在这里要谈的重点，我要说的是，这种象征性的神界官僚机构和行政管理系统，在河北故事中也是存在的（《卧龙岗的传说》②）。根据这类叙事，在中国故事中，不仅有神界和人间两套官方行政机构，还有第三套行政机构，即设在阴曹地府的阎王殿。从故事文本看，天上的、人间的与地下的三套行政机构，有时职能是交叉的。一位现实社会的官员得到神界官方的提拔，连升三级（《加封三级的县官》③）。一条龙违背了上天的意志，作恶多端，受到人间皇帝的惩罚，皇帝本人也因为僭越履职进行了自罚（《觉山寺的传说》④）。这些都是天上、人间两套机构的合作，第三套地下机构后面讲。

四、神的来源

从故事看，很多神的来源，原型是人，由于人的道德品质高

---

① Meir Shahar and Robert Paul Weller, eds., *Unruly Gods: Divinity and Society in China*, Honolulu: University of Hawai'i Press, 1996.
② 《卧龙岗的传说》，钟敬文主编：《中国民间故事集成》（县卷本），河北省内邱县民间文学三套集成办公室编：《内邱民间故事选》，内部资料，铅印本，1985年，第75页。
③ 《加封三级的县官》，钟敬文主编：《中国民间故事集成》（县卷本），河北省平山县民间文学三套集成办公室编：《平山民间故事选》（二），内部资料，铅印本，1986年，第211页。
④ 《觉山寺的传说》，钟敬文主编：《中国民间故事集成》（县卷本），河北省平山县民间文学三套集成办公室编：《平山民间故事选》（二），内部资料，铅印本，1986年，第34页。

尚，身后转化为神，这样的例子不少（这也可能是神有人的缺点的一个原因）。但从研究的角度看，人而能神，在故事中是否都与人的道德水准有关呢？这个问题似乎值得问一问？答案基本上是肯定的。一位青年女子，在婆家吃苦耐劳，又忠又孝，死后羽化成仙（《水娘娘庙的传说》①）。还要注意的就是故事强调说，她的美德的特点，是把乡亲的利益看得比家庭利益更重。那么考察这类叙事时，关于家庭利益、社区利益与寺庙利益三者的关系，就是一个值得研究的问题。

也有不同的例子。在河北故事中，有很多关帝的故事，但关帝的形象并不完美。关帝身后为武圣，生前却善恶皆有。也有的故事讲，某女子成仙，是施行魔法的结果，而不是美德所致（《米奶奶的传说》）。

还有一种神出身卑微，如灶神，他的道德品行也不怎么样。他曾经依靠勤劳致富，但后来变了心，与妻子离了婚。他的妻子很能干，后来发了财。有一年腊月二十三，他沿街乞讨，无意中来到她家门口。她让他进门，给他施舍。他抬头一看，原来是她，羞愧难当，便钻进灶膛里烧死了。世人念他有悔改之心，就在每年腊月二十三这天给他上供，还把他和他的前妻敬为灶王爷和灶王奶奶一起供奉（《张灶王的传说》②）。河北故事提到的灶神很特别，他在神界地位不高，权力也不大，对人类帮助也不多，故被提及的

---

① 《水娘娘庙的传说》，钟敬文主编：《中国民间故事集成》（县卷本），河北省柏乡县民间文学三套集成办公室编：《柏乡县民间故事、歌谣、谚语》，内部资料，铅印本，1987年，第141页。

② 《张灶王的传说》，钟敬文主编：《中国民间故事集成》（县卷本），河北省内邱县民间文学三套集成办公室编：《内邱民间故事选》，内部资料，铅印本，1985年，第64页。

频率也不高。①

五、长生不老

许多河北故事中都有长生不老的话题。在故事的叙事中，人类身体的不朽，通常被认为要经过漫长而艰苦的培养过程。一位叫于庆的青年，从八仙庙的青蛙口中得知，烂脚大仙将路过此地，于庆要练就不朽之身，就上前拜他为师。他请求大仙收下自己做徒弟，加以严格的训练（《于坑的蛤蟆为啥不叫唤》②）。

另一个故事传达的观念与之相仿，但强调长生不老不仅是身体的训练，也是一种道德的修炼，其结果由宿命控制，谋事在人，成事在天。在一个河北故事中，主人公是三皇姑（或观音）。三皇姑是师父，徒弟叫董朗。师父带着徒弟修行，在山上走来走去，不吃不喝，不眠不休。但无论经过痛苦的身体训练成仙，还是因为道德高尚成仙，故事文本都不曾提及人们为了追求长生不老所要经历的克制、压抑与万分痛苦。在这里，河北三皇姑的资料比较特殊，与妙善的资料和观音的资料互有交叉之处，但三者是否属于同一

---

① 关于灶神的其他故事和研究，参见 Robert L. Chard, "Rituals and Scriptures of the Stove Cult", in David G. Johnson, ed., *Ritual and Scripture in Chinese Popular Religion: Five Studies*, Berkeley: University of California Press, 1995, pp. 3-54。作者在该书中写道，灶神在遭受霉运、贫穷、自杀和卖妻等经历之后，才得到一份不起眼的活干。

② 《于坑的蛤蟆为啥不叫唤》，钟敬文主编：《中国民间故事集成》（县卷本），河北省平山县民间文学三套集成办公室编：《平山民间故事选》（二），内部资料，铅印本，1986年，第159页。

个神，仅凭故事尚难完全判断。①

一般来说，我们可以通过故事的叙事得出有限的结论，但人们也不会单纯地认为，仅凭道德品质就能直接成神或神仙。从神的方面说，在被认为与人类相似时，似乎与人们习惯认知的超自然物无大差别。施舟人（Kristofer Schipper）指出，比较而言，应该更为关注神与神仙之间的差别。神比神仙的地位要低，因为神是死去的人，而神仙已战胜了死亡。②施舟人的这个观点是从道家角度提出的。在我所看到的河北故事文本中，神和神仙并没有清晰的边界。上面提过的灶神故事就谈到，灶神是神，因为丧失伦理道德，钻进灶膛自焚成仙，但成仙就不存在死亡的问题，仙人可以飞升天庭，永世长存。在一个故事的结尾，善良的媳妇升了天，故事对她升天的过程做了详细描述，说她感到身体里发光，仿佛在恍惚中，慢慢地像一朵云，飘到天花板上，再飘过树梢，轻轻地升到了天堂，从此长生不老（《秀姑成仙》③）。

施舟人还认为，神之所以不如神仙，是因为神仙不需要食物供应，因此也不像神那样，容易被人类控制。不过也有的宗教学者认为，寺庙敬神所控制的，是神的神偶，而不是神本身。我从所使用的河北故事文本看，被敬奉的寺庙，似乎只是用来烧香拜佛的，并

---

① 泽田瑞穗和山本斌都记录了被称作"三皇姑"的河北妙善故事，参见〔日〕山本斌：《中国の民间传承》，太平出版社1975年版。〔日〕泽田瑞穗编：《燕赵夜话——采访华北传说集》，采花书林1965年版。

② 参见 Kristofer Schipper, *The Taoist Body*, Berkeley: Universty of California Press, 1993. 尤其是第4、9章。

③ 《秀姑成仙》，钟敬文主编：《中国民间故事集成》（县卷本），河北省高邑县民间文学三套集成办公室编：《高邑民间故事》，内部资料，铅印本，1989年，第16页。

没有控制神和寺庙的迹象,如八仙庙。

"神仙"(或"仙")一词,也经常被用于描述仙女。仙女都是从绘画中,或者从龙宫中,或者从其他什么特殊地点来到人间的女子。她们在某个时段离开天庭,来到人间,然后还要返回天庭,这种家庭的丈夫要继续与仙妻生活在一起,就要经历很多难题考验。①

六、妖怪

在河北故事文本中,还记录了妖魔鬼怪。它们有时也像神,但绝非善类。它们经常主动攻击人类,充满了恶意和敌意。在故事中能看到,在人间新婚之夜,魔鬼经常袭击新娘(《照妖镜》②)。"道观里的道士也拿它没办法",一个勇敢的青年找到了魔棒,打碎了妖石,治服了它(《天桂山的传说(蛤蟆石)》③)。有一位英雄与众

---

① 《崇祯的传说》,钟敬文主编:《中国民间故事集成》(县卷本),河北省平乡县民间文学三套集成办公室编:《平乡县故事、歌谣、谚语卷》,内部资料,铅印本,1986年,第137页。《你不抢我抢》,钟敬文主编:《中国民间故事集成》(县卷本),河北省柏乡县民间文学三套集成办公室编:《柏乡县民间故事、歌谣、谚语》,内部资料,铅印本,1987年,第17页。《富郎与仙女》,钟敬文主编:《中国民间故事集成》(县卷本),河北省平山县民间文学三套集成办公室编:《平山民间故事选》(二),内部资料,铅印本,1986年,第193页。

② 《照妖镜》,钟敬文主编:《中国民间故事集成》(县卷本),河北省平乡县民间文学三套集成办公室编:《平乡县故事、歌谣、谚语卷》,内部资料,铅印本,1986年,第115页。

③ 《天桂山的传说(蛤蟆石)》,钟敬文主编:《中国民间故事集成》(县卷本),河北省平山县民间文学三套集成办公室编:《平山民间故事选》(二),内部资料,铅印本,1986年,第173页。

不同,出身石头,道德品质好、身体强壮,被称为"石敢当"。最有名的是"泰山石敢当",他被矗立在路边,抵挡所有妖魔鬼怪,保护人类生命财产的安全。当地人有泰山石敢当的信仰,他们在一张纸上写下"泰山石敢当"几个字,张贴在屋外的山墙上,祈求得到石敢当对家庭的保护。这种信仰和实践在当地十分盛行,现在还能看到(《泰山石敢当》[①])。

根据河北故事的叙述,鬼才是可怕的,也是最危险的。特别是水鬼,会抓住活人,将之淹死,再用这个人当替身,变成人的模样,到世间作恶。一位勇者与鬼相遇,勇者毫不畏惧,把鬼给吓坏了。鬼再也不敢找人类纠缠(《李贵贵斗水鬼》[②])。在大多数故事中,妖魔鬼怪都还算安静。日本学者1940年代初在河北(主要是栾城县)收集了一批故事,里面的妖魔鬼怪都没什么害处,它们有的是坟地里的鬼,夜间出来偷油吃,或者夜间做豆腐。它们被塑造成边缘生物群体,但并不可怕(《赔鬼》[③])。

在一些故事中,怕鬼的说法不过是一种谐谑的表述。两人在倾盆大雨中相遇,互相看不清对方,就把对方误认为鬼。还有的故事说,人们害怕荒郊野外的废庙,提起这种地方就胆战心惊,但我仍然认为,人们对寺庙和鬼有相同的认知和相似的情绪,而在实践

[①] 《泰山石敢当》,钟敬文主编:《中国民间故事集成》(县卷本),河北省柏乡县民间文学三套集成办公室编:《柏乡县民间故事、歌谣、谚语》,内部资料,铅印本,1987年,第86页。

[②] 《李贵贵斗水鬼》,钟敬文主编:《中国民间故事集成》(县卷本),河北省南宫县民间文学三套集成办公室编:《南宫市故事、歌谣、谚语卷》,内部资料,铅印本,1987年,第79页。

[③] 《赔鬼》,钟敬文主编:《中国民间故事集成》(县卷本),河北省藁城县民间文学三套集成办公室编:《藁城民间故事集》(第三集),内部资料,铅印本,1987年,第137页。

中又是有区别的。比如，人们怕鬼而逃，事后又分别返回庙中，烧香磕头，感谢寺庙保护自己不受鬼的侵害（《疑鬼》①）。这种叙事反映了怎样的思想倾向呢？它反映的是人们在情感上对待妖怪的态度是矛盾的。妖怪的名字听上去很可怕，但实际上它们对人类也很友善，有的还会给人们带来好处。一个故事说，某男子把某女子从老虎口中救出，娶她为妻，生活幸福。突然有一天，他怀疑妻子是女妖，举起斧头要砍她。他的母亲就对他说，她是一个"好妖"，不要恨她。后来她托梦给他，说自己原来是一只羊，经过千年的修炼变成人（《路八缸》②）。也有的故事讲，妖魔渴望得到人体牺牲供自己享用，这是妖怪与神的一大区别（《斩妖刀》③）。

在河北故事中，最特殊的一类妖怪是狐妻。在我使用的故事文本中，有超过20个故事是讲超自然的狐狸（狐仙）的。在这种故事的叙事中，狐狸，被称为"狐精"或"狐狸精"，又叫"狐妖"，更多的时候被称为"狐仙"。故事在使用这个词语时，包括我们通常翻译为"仙"的术语。在故事中，大多数狐仙都是能从良驱恶的善类，只有少数狐仙是害人的，还有极少数狐仙是顽皮的精灵。这种故事文本描述的都是一些日常生活现象，如谢天灵用一根又细又长的针、狗血、乌木和桃木宝剑，治好狐狸伤人造成的疾病（《谢

---

① 《疑鬼》，钟敬文主编：《中国民间故事集成》（县卷本），河北省平乡县民间文学三套集成办公室编：《平乡县故事、歌谣、谚语卷》，内部资料，铅印本，1986年，第141页。
② 《路八缸》，钟敬文主编：《中国民间故事集成》（县卷本），河北省南宫县民间文学三套集成办公室编：《南宫市故事、歌谣、谚语卷》，内部资料，铅印本，1987年，第126页。
③ 《斩妖刀》，钟敬文主编：《中国民间故事集成》（县卷本），河北省平乡县民间文学三套集成办公室编：《平乡县故事、歌谣、谚语卷》，内部资料，铅印本，1986年，第151页。

天灵灭狐妖》①)。狐妻大多有几分姿色,心地善良,没有恶意,愿意为人类丈夫做各种事情。当两情阻隔时,双方都很伤心。在一个故事里,男子娶了狐仙为妻(据说他们共同度过了20年的幸福时光)。她一旦离开后,便施美人计引诱恶魔,后来她又被当作恶魔驱赶(《张三赶考》②)。通常认为狐狸是可怕的动物,但在故事中,它们的身份是体面的,只要被友善地接纳,就能对人类慷慨相助。一个小故事说,接生婆原来很害怕狐仙,但在为其接生后,发现对方很友好,还懂得感恩回报。一个晚上,有位老者来叫门,解释说,它们是住在官庄一座土墩里的狐狸精,从未害过人。这次她为狐仙接生,狐仙要回礼感谢她。天亮后,她开门一看,门口有两匹蓝布和十锭金元宝(《狐仙请医》③)。

还有的故事说,狐仙的道义作为,为人类树立了榜样,提高了人类的道德水准。某狐仙从北京给某官员写了封信,说能治好官员女儿的病,条件是这位官员再也不做坏事。官员答应了,并终生恪守。他的女儿果然病好了,还嫁给这位狐仙(《狐仙洞的传说(传书得妻)》④)。河北有很多狐仙庙,人们为狐仙焚香烧纸,就像对

---

① 《谢天灵灭狐妖》,钟敬文主编:《中国民间故事集成》(县卷本),河北省平山县民间文学三套集成办公室编:《平山民间故事选》(二),内部资料,铅印本,1986年,第308页。

② 《张三赶考》,钟敬文主编:《中国民间故事集成》(县卷本),河北省藁城县民间文学三套集成办公室编:《耿村民间故事集》(第一集),内部资料,铅印本,1988年,第334页。

③ 《狐仙请医》,钟敬文主编:《中国民间故事集成》(县卷本),河北省南宫县民间文学三套集成办公室编:《南宫市故事、歌谣、谚语卷》,内部资料,铅印本,1987年,第67页。

④ 《狐仙洞的传说(传书得妻)》,钟敬文主编:《中国民间故事集成》(县卷本),河北省内邱县民间文学三套集成办公室编:《内邱民间故事选》,内部资料,铅印本,1985年,第116页。

待其他神一样敬奉它们，狐仙庙就是神庙或神殿。

近年有学者研究发现，早期人类社会对精灵很崇拜。到17、18世纪，大众道德价值观被提升，精灵崇拜就被转移到其他地方呈现出来。到了20世纪，在故事中，随处可见道德价值观。也有的学者认为，在现代社会，神灵崇拜活动已转为带有经济色彩的实践，就像市场上的交易一样，缺乏道德上的分量。然而，道德力量可以作为商品进行市场交换吗？对此我持怀疑态度。

七、僧侣与道德

在我们所看到的故事中，神和寺庙两者都与道德或道德教化本身没有关系。仅有一个例外，故事讲，东岳庙有十八层地狱的壁画，被任性的唐朝公主看见了，她吓坏了，从此到处行善。① 没有人把僧侣当作神去供奉，也没有人把他们当道德模范去称颂。他们顶多是受过长期训练获得特殊能力的人，包括法力。很多僧侣都有不良嗜好，有的懒惰（《将就懒僧》②），有的见财起意，有的依仗武功霸凌一方（《真武宝剑的传说》③），名声很差。

---

① 《城隍庙教化金枝女》，钟敬文主编：《中国民间故事集成》（县卷本），河北省平山县民间文学三套集成办公室编：《平山民间故事选》（二），内部资料，铅印本，1986年，第46页。

② 《将就懒僧》，钟敬文主编：《中国民间故事集成》（县卷本），河北省元氏县民间文学三套集成办公室编：《任县民间传说故事选》，内部资料，铅印本，1987年，第242页。

③ 《真武宝剑的传说》，钟敬文主编：《中国民间故事集成》（县卷本），河北省平乡县民间文学三套集成办公室编：《平乡县故事、歌谣、谚语卷》，内部资料，铅印本，1986年，第89页。

未婚僧侣被认为有性阴谋，这种阴谋可以得逞一时，但最后都没有好下场。一个和尚与寡妇日久生情，私情维持了几十年。她去世后，她的儿子杀了和尚(《杀和尚》①)。

　　在一些故事中，道士为民除害，口碑不错(《道士沟的传说》②)。一个故事讲，悍妇虐待行乞的道士，道士送她一件袍子，她穿上袍子后变成驴，受到惩罚(《恶媳妇变驴》③)。河北平山县讲的故事大都与天桂山寺庙有关。内邱县的故事讲道教创教人之一张天子的传说(《张天子出世》④)。也许正因为很多故事中的僧道人士品行一般，所以一旦出现大德高僧，就能在故事中获得很高的地位，这种故事让人感到，大德高僧备受尊重(《谁活的年纪大？》⑤)。

---

① 《杀和尚》，钟敬文主编：《中国民间故事集成》(县卷本)，河北省柏乡县民间文学三套集成办公室编：《柏乡县民间故事、歌谣、谚语》，内部资料，铅印本，1987年，第177页。

② 《道士沟的传说》，钟敬文主编：《中国民间故事集成》(县卷本)，河北省平山县民间文学三套集成办公室编：《平山民间故事选》(二)，内部资料，铅印本，1986年，第81页。

③ 《恶媳妇变驴》，钟敬文主编：《中国民间故事集成》(县卷本)，河北省藁城县民间文学三套集成办公室编：《藁城民间故事集》(第三集)，内部资料，铅印本，1987年，第129页。

④ 《张天师出世》，钟敬文主编：《中国民间故事集成》(县卷本)，河北省内邱县民间文学三套集成办公室编：《内邱民间故事选》，内部资料，铅印本，1985年，第53页。

⑤ 《谁活的年纪大？》，钟敬文主编：《中国民间故事集成》(县卷本)，河北省柏乡县民间文学三套集成办公室编：《柏乡县民间故事、歌谣、谚语》，内部资料，铅印本，1987年，第277页。

八、算命与占卜

其他类型的神职人员也会出现在故事中,如算命先生、风水师、圆梦人和治疗师。他们并未完全被描写成坏人,也有的具有道德感和责任心。一个小贩,其妻子与情人要合谋害死他,一位算命人(阴阳先生)主动告诉他应该怎样保护自己(《康七之死》①)。在一个不太认真的故事中,占卜者被要求通过算卦,找回丢失的一头牛。尽管我们还不清楚是应该把他的好卦归结于他的占卜能力,还是他的运气好(《三钱"大黄"找到牛》②)。

还有个故事说,三个算命瞎子都吹牛自己未卜先知,结果都掉进井里(《瞎子跳井》③)。还有一个媒婆能解梦,人称张半仙,但她在十里八村的名声不好,人们都不相信她(《圆梦》④)。这是讽刺故事。

圆梦人的故事总是很流行,但故事又说,圆梦人也不都是能掐

---

① 《康七之死》,钟敬文主编:《中国民间故事集成》(县卷本),河北省平山县民间文学三套集成办公室编:《平山民间故事选》(二),内部资料,铅印本,1986年,第301页。
② 《三钱"大黄"找到牛》,钟敬文主编:《中国民间故事集成》(县卷本),河北省任县民间文学三套集成办公室编:《任县民间文学集成》,内部资料,铅印本,1986年,第228页。
③ 《瞎子跳井》,钟敬文主编:《中国民间故事集成》(县卷本),河北省南宫县民间文学三套集成办公室编:《南宫市故事、歌谣、谚语卷》,内部资料,铅印本,1987年,第156页。
④ 《圆梦》,钟敬文主编:《中国民间故事集成》(县卷本),河北省南宫县民间文学三套集成办公室编:《南宫市故事、歌谣、谚语卷》,内部资料,铅印本,1987年,第166页。

会算,有时也施诡计得逞(《黄毛梦先生》①)。这种故事又表明,人们对占卜者持怀疑态度。

有些故事批评治疗师是庸医误事,但也有些故事持相反意见,认为治疗师能够治好一些疑难杂症。人们遇到生命危险时愿意花钱免灾,这就吸引了大批骗子前来捞钱。有人装神弄鬼,诈骗钱财。我们从这类故事中没有看到对寺庙女神的怀疑,没有对治病力量的祈祷,怀疑论都是针对巫婆的。这种态度与中国宗教看重实际的说法是一致的,即认为普通人不需要昂贵的神职人员,因为他们自己就可以单独与神接触,进行直接的交流。

有的西方学者认为,关于迷信和欺骗的说法,可能受到20世纪反迷信思潮的影响,但也不尽然,我们能在河北故事中看到,不少故事文本和讲述人都在批评治疗师。在欧洲中世纪时期,否定神职人员的做法也很普遍。

九、神奇的工匠

手工工匠也被认为具有特异的通神功能。一个纸扎匠的故事说,他的纸扎人很灵,在葬礼上像活的一样,这种说法显然具有一定的经济意图(《纸马喝水》②)。

---

① 《黄毛梦先生》,钟敬文主编:《中国民间故事集成》(县卷本),河北省元氏县民间文学三套集成办公室编:《任县民间传说故事选》,内部资料,铅印本,1987年,第196页。

② 《纸马喝水》,钟敬文主编:《中国民间故事集成》(县卷本),河北省南宫县民间文学三套集成办公室编:《南宫市故事、歌谣、谚语卷》,内部资料,铅印本,1987年,第108页。

一个故事说,有位石匠勇猛过人,又有神奇的宝物,他最后战胜了一个恶魔。在另一个故事中,赢家是张瓦匠,他有勇有谋斗地主。他给李地主搭了一铺炕,又用纸挡住了烟道的出口。他说李地主的阴阳有问题:"太阴,不够阳",要求李地主举办一个盛大宴会招待大家。他还说,如果他能疏通烟筒,让烟筒冒烟,李地主就要给他减租(《张瓦匠除邪》[①])。

十、社区宗教仪式

据我们所知,所有社区集体宗教活动都是有其他资源的,但这点很少在故事中被提及。下面一个例子并不多见,它描述说,道观可以提供求雨服务(《天桂山的传说(求雨)》[②]),这种情况确实存在。

还有一个故事讲,妇女们去山上朝圣,一个名叫玉凤的年轻寡妇没去,她留在家里照顾她死去的丈夫的祖父。有人就嚼舌说,她与老人单独呆在一起守不住贞操。但在她外出为老人买药时,超自然的风把她送回家,证实了她的美德(《玉凤》[③])。

[①] 《张瓦匠除邪》,钟敬文主编:《中国民间故事集成》(县卷本),河北省元氏县民间文学三套集成办公室编:《元氏县民间传说故事选》,内部资料,铅印本,1987年,第22页。

[②] 《天桂山的传说(求雨)》,钟敬文主编:《中国民间故事集成》(县卷本),河北省平山县民间文学三套集成办公室编:《平山民间故事选》(二),内部资料,铅印本,1986年,第178页。

[③] 《玉凤》,钟敬文主编:《中国民间故事集成》(县卷本),河北省任县民间文学三套集成办公室编:《任县民间文学集成》,内部资料,铅印本,1986年,第277页。

第五讲　河北故事里的神崇拜

有六个故事提到庙会，却没有对集体宗教仪式的描述。庙会活动都是娱乐性的。我们还发现，故事中有很多关于个体祈祷和崇拜神灵的情节，但又没有任何线索表明，神会反过来劝善，或者奖励善行（《龙泉的来历》①）。

在我们所看到的故事文本中，在神与人的关系中，有时神出错，有时人出错，而任何一方出错都会给人一种感觉，即在人神交流中，都有利己的成分（《赵成文求子》②）。

谈到仪式供品的价值，有两个故事来源：一是讲祖先庙的供品被偷（《孝子窃供》③）；一是人对神提出了过分的要求。在这里我们不妨思考，是否有给个人带来福利的神或宗教？马克斯·韦伯（Max Weber）讨论过这类问题，④但在河北故事中，我们对这类线索看得不是很清楚。无论如何，那些惩罚邪恶的故事让我们回头思考神与善的关系，因为这类故事为证明神有道德力量的观点提供了证据。我们从故事中看到，很多时候，神对人类是仁慈的。人祖伏羲在饥荒中把荞麦种子交给人类，被人们世代祭祀。但神也会对人类提出道德要求吗？让我们从下一个资料讨论：两个人在

---

① 《龙泉的来历》，钟敬文主编：《中国民间故事集成》（县卷本），河北省平乡县民间文学三套集成办公室编：《平乡县故事、歌谣、谚语卷》，内部资料，铅印本，1986年，第18页。

② 《赵成文求子》，钟敬文主编：《中国民间故事集成》（县卷本），河北省柏乡县民间文学三套集成办公室编：《柏乡县民间故事、歌谣、谚语》，内部资料，铅印本，1987年，第312页。

③ 《孝子窃供》，钟敬文主编：《中国民间故事集成》（县卷本），河北省柏乡县民间文学三套集成办公室编：《柏乡县民间故事、歌谣、谚语》，内部资料，铅印本，1987年，第28页。

④ 〔德〕马克斯·韦伯：《新教伦理与资本主义精神》，于晓、陈维纲译，生活·读书·新知三联书店2005年版。

神庙里向神许愿，这种举动表明，神庙的神是被认为有道德的。不过也有几个故事表示，神通过干预的方式惩恶扬善，这种干预大都是在寺庙之外发生的（《单穗麦》①）。

十一、转世重生

在几个故事中，神不是道德的力量，而是道德的工具。很多劝善故事会被解读为简单的感激和互惠，而不是有意识地激励人们变得善良。一个乞丐婆婆给一名穷苦妇女一个头簪，把头簪放在锅里热蒸，能蒸出包子（《狗为什么掐猫》②）。一名妇女从虎口中拔出棍子，老虎日后把食物送到她的门口报恩，还赶走了欺负她的讨债人（《老虎报恩》③）。神在这些故事中，促进了正确的行为，但这些只是普遍道德机制中的一小部分。

在鼓励道德的机制中，最重要的一种机制，是转世重生，或者如故事所说的起死回生。体现这种机制的是地狱里的阎王殿审判，人们因为害怕看到地狱刑罚而变得善良（《城隍庙教化金

---

① 《单穗麦》，钟敬文主编：《中国民间故事集成》（县卷本），河北省高阳县民间文学三套集成办公室编：《高阳民间文学集成》，内部资料，铅印本，1988年，第101页。

② 《狗为什么掐猫》，钟敬文主编：《中国民间故事集成》（县卷本），河北省高阳县民间文学三套集成办公室编：《高阳民间文学集成》，内部资料，铅印本，1988年，第40页。

③ 《老虎报恩》，钟敬文主编：《中国民间故事集成》（县卷本），河北省藁城县民间文学三套集成办公室编：《藁城民间故事集》（第三集），内部资料，铅印本，1987年，第165页。

枝女》①)。故事通过地狱想象影响人们的观念,这时地狱变得无所不能,是硬性朝纲。但在接下来的故事中,却并没有严肃地判断是非曲直。阎王爷只是一个执行者,人类的命运已经固定在"生死簿"上(《小黄三斗阎王》②),于是地狱故事又变得缺乏道德力量。

在故事中,当转世重生被描绘成一种代表正义的道德力量时,它似乎总是自动地对人类的命运发挥作用。在一个历史故事中,投胎产生了不同寻常的道德正义(《韩信恩杀割菜女》③)。也有的故事讲,转世重生的方式,除了投胎,还可以用其他方式进行,但伴随这种观点所发生的现象,通常是超自然现象,或者是神奇经历,又没有任何迹象表明这与神的意志有关(《不孝子孙黑了心》④)。

自然界的闪电被视为一种道德工具。闪电被认为来自天庭。天庭有时也会被用拟人化的术语形容,如说"老天爷""苍天有眼",这些说法都指"天堂的意志",人们认为有些东西是"上天注定的",但几乎没有人认为,天本身就是一位神。在故事中,天是神和神仙居住的地方;天也是一种客观的自然力量,会带来雨水,也

---

① 《城隍庙教化金枝女》,第46页。
② 《小黄三斗阎王》,钟敬文主编:《中国民间故事集成》(县卷本),河北省柏乡县民间文学三套集成办公室编:《柏乡县民间故事、歌谣、谚语》,内部资料,铅印本,1987年,第98页。
③ 《韩信恩杀割菜女》,钟敬文主编:《中国民间故事集成》(县卷本),河北省平山县民间文学三套集成办公室编:《平山民间故事选》(二),内部资料,铅印本,1986年,第44页。
④ 《不孝子孙黑了心》,钟敬文主编:《中国民间故事集成》(县卷本),河北省藁城县民间文学三套集成办公室编:《藁城民间故事集》(第三集),内部资料,铅印本,1987年,第149页。

左右命运。在几个故事中,好品德有好结果,如《狗耕田》中的狗为善良的弟弟犁地和娶亲。

十二、风水

异样的植物暗示一位官员已被谋杀(《红瓤西瓜的传说》①)。故事呈现出中国人的宇宙观:在通常情况下,它是客观的,没有任何明显的意志;在很多时候,它是模糊的超自然物,也许是一种神奇的动物,或者是一个有特异功能的白胡子老人,只是偶尔被认为是神。令人惊讶的是,神似乎被认为在宇宙的道德运作中扮演一个相当次要的角色。烧香的神似乎很少对人提出道德要求。它们是有用的,因为它们是可以买到的。它们不被认为是特别道德的。这种道德是建立在宇宙中的,并不依赖于神,甚至嵌入了一些关于所谓的"风水"的极端客观和自动力量的故事。像崇拜神一样,风水也是试图操纵自己命运的一种方式,更常见的是规划家族后代的命运。但这些观念表现为一种客观的做法,即寻找墓地。有时是特殊建筑,以便从地形地貌所产生的能量中获益。它也是建立在有关自然界的复杂而抽象的理论基础上的,成为崇高传统的一部分。普通人可以直接到寺庙里接触神,但看风水却需要另外聘请一位行家(故事中称

---

① 《红瓤西瓜的传说》,钟敬文主编:《中国民间故事集成》(县卷本),河北省南宫县民间文学三套集成办公室编:《南宫市故事、歌谣、谚语卷》,内部资料,铅印本,1987年,第98页。

为"阴阳先生"或"风水先生"），人们对风水先生的指示必须严格遵守（《刘老乐葬父看茔地》①）。

正如人们所指出的，寻找一个好的风水墓地的目的，并不是像大多数丧葬仪式那样造福死者，而是为了造福生者和他们的后代。由于风水是客观的和利己主义的，它常常被描述为不道德的。在一个故事中，男子伪造了一份地契，暗中移动地界，骗取另一片风水宝地。

好的埋葬地点是有限的。穷人可能会憎恨富人的家庭，富人能够负担得起风水。风水也是富人的关注点，会成为富人财富投资的一个重点。好人和那些能买到一个好墓地带来的好处的人之间，存在紧张的人际关系，风水因此会引发阶级冲突和社会冲突。

同样的道德冲动是利用特殊知识来破坏一个缺乏道德的强者的风水（《阪丞相》②）。这个故事表明，对风水的秘密有更好的理解是可以用来欺骗的。在另一个故事中，我们看到，一位风水先生出于自私的原因，企图窃取另一个家庭的风水，但屡窃屡败。为什么？故事里似乎有一种暗示，即风水受到宇宙间固有的道德力量的支配（《张天师出世》③）。

---

① 《刘老乐葬父看茔地》，钟敬文主编：《中国民间故事集成》（县卷本），河北省高阳县民间文学三套集成办公室编：《高阳民间文学集成》，内部资料，铅印本，1988年，第158页。

② 《阪丞相》，钟敬文主编：《中国民间故事集成》（县卷本），河北省藁城县民间文学三套集成办公室编：《藁城民间故事集》（第三集），内部资料，铅印本，1987年，第145页。

③ 《张天师出世》，钟敬文主编：《中国民间故事集成》（县卷本），河北省内邱县民间文学三套集成办公室编：《内邱民间故事选》，内部资料，铅印本，1985年，第53页。

道德比墓地更重要的信息在最后一个故事中被肯定。一个品德高尚的人，无论家族墓地安放在哪里，都会兴旺发达。这是对风水道德观的构建与肯定《李文、李广的传说》①。

结　论

什么样的人是好人？什么样的人是坏人？故事通过叙事告诉我们，道德成长于人类的情感之中，也存在于社会文化系统之中。它产生于社会中的自我与他人的互惠情怀和被赞赏为"好人"的愿望。它也基于这样一种信念：善有善报、恶有恶报，而这种信念也是由无数的故事培育出来的。总的来说，中国故事构筑了一个道德话语系统，其中包括了一些基本的、但对中国人来说可能是最重要的机制和概念，包括转世重生的机制；以闪电，或者其他自然现象，或者魔法动物，或者具有模糊的超自然力量的白胡子老头作为隐喻的道德工具。宗教活动似乎缺乏道德意义，有的故事还把对神的崇拜描写成一种无关道德的、功利主义的经济贸易活动。

在中国故事中还有一种在西方没有的故事，即烧"纸"，但并不是我们在本讲中谈到的社区集体宗教仪式，而是一种家族祭奠

---

① 《李文、李广的传说》，钟敬文主编：《中国民间故事集成》（县卷本），河北省高邑县民间文学三套集成办公室编：《万成民间故事集》（第一集），内部资料，铅印本，1989年，第183页。

仪式。不过考察这类故事也有特殊意义：它促使我们思考，这种故事和信仰具有怎样强大的道德力量而绝非宗教力量，能够吸引中国人世世代代恪守和传承。①

---

① 在世界环境中介绍中国人的宗教信仰观念，是一项十分复杂而艰巨的任务，中间涉及中西人文社会科学理论差异，也涉及中国实地调查资料，其实是中西学者双方都很难单独回答的。我在本书中使用这个文稿，属于中西学者合作研究的结果，其研究资料也来自在河北中部和东部的实地调查，个案难得，在此提供出来，有助于跨文化学的教学科研。我在本书中还写了第四讲《佛典文献与宗教研究》，所讨论的《大唐西域记》个案是一个历史文献，不是现实调查，当然在民俗学界也是第一次对它做这种研究，但对它的跨文化研究在东方学和中印交流学界已开展多年，而本讲对河北故事的神崇拜研究却是首例，是我与欧达伟（R. David Arkush）教授共同工作12年的成果，我们一起去过河北的定县、藁城县、平山县、滦城县、井陉县苍山地区、赵县、保定、开滦县等本讲提到的所有县乡村做田野调查和搜集资料，一起出过书和发表过文章。但这项研究成果的发表有些特殊，按原计划，英文部分由欧达伟撰写，中文部分由我完成，但欧达伟教授突然辞世，完成的英文稿不足一章，便只好由我完成全部书稿，包括补入我们共同使用的中、英、日文资料，故事资料和多年讨论的观点。现在书稿已接近完成，将以合著的形式出版。在这项工作进行期间，我担任钟敬文先生的学术助手，钟老给予全力支持，师恩难忘。日本关西大学内田庆市教授提供了泽田瑞穗和山本斌的著作，在此一并致谢！

第六讲　清代朝鲜使者的日记

跨文化外交史料是本书要涉及的内容，在这方面，清代朝鲜使者日记是值得讨论的个案。清乾隆时期，邻邦朝鲜派来了一批特殊使者。他们的年龄在30岁至35岁之间，都出自朝鲜上层家庭，本人学业有成，汉语水平也都不错，能说能写。有的在朝鲜已入幕官府，也有的已是崭露头角的青年汉学家。清朝当时已进入乾嘉盛世，政治开放，文化包容，对外来使者比较宽松，这也给他们的外交活动创造了很好的条件。他们留下了连续的日记，当时与他们共事或同时期供职官府的中国文人学者也撰写了一批著作，双方在北京的府衙内外交往，对北京的朝野风俗都发表了看法。外国人写北京，描述了一番中国人想不到的印象，其中有很多中国人自己不会写的东西，也记载了朝鲜、俄罗斯与欧美国家来华人员在外交场合交往的细节。中国官员记载了多国使节在北京官场出入的帝京盛世场景，也写了对相同事物的不同看法。将这些同时期发生的多国往来记录结合起来观察，会成为摆在今人面前的跨文化史料，要比只从中国史书一个视角进行观察，能获得更多不同的认识。

第六讲 清代朝鲜使者的日记

导　语

本讲将重点讨论朝鲜使者洪大容、朴思浩和金正中三人的日记。他们的日记前后连续30年，观察中国政府对朝鲜使者的态度和中朝关系，同时也观察中国对俄罗斯、中东和西方国家的外交政策。这套日记在时间上接续撰写，在内容上互有补充，形成一套断代式的、个案化的跨文化外交叙事史料。

（一）朝鲜作者及其日记

洪大容与《湛轩燕记》。洪大容，字德保，号湛轩、弘之，他的日记《湛轩燕记》便是以自己的号命名的。他青年时代曾师从朝鲜硕学金元行，钻研朱子之学，后成为朝鲜后期实学派的学者。在三位朝鲜使者中，他的中国学问功底最好，会讲汉、满、蒙语，文武双全，是个全才。乾隆三十年（1765），他以军官的身份，随叔父洪亿出使北京，其著作记录了这段时间他所看到的北京民俗。所记翔实生动、话多面广，还开辟了中朝民俗比较部分。全书共六卷，设八十个条目，北京民俗主要见于前四卷。

朴思浩与《燕蓟纪程》。朴思浩，字心田，自号前郎厅，原供事东营幕府。乾隆三十三年（1768）被选为武官，继洪大容之后，随正使洪起燮赴京就任，所写《燕蓟纪程》，共三十一条，记北京民俗的条目有"鄂罗斯馆记""蒙古馆记"和"演戏记"等，对洪大容的记录有不少补充。

金正中与《燕行录》。金正中,字士龙,号自在庵。因与正使金履素的弟弟金履乔交好,被吸收为使团成员。乾隆五十六年(1791)到京,次年写成《燕行录》。此书含《燕行日记》二卷、道里杂记和上书五种,所记北京民俗在《燕行日记》中。书末附乾隆五十九年清人程贺贤序,称金正中"盖资于闻见者深,以后以其平日之所积,发而成为一家之言"。①

(二)同时期中国文人学士官员的笔记杂纂

清乾隆时期的朝廷官员和文人学士,在朝鲜使者写日记的同一时期,也曾撰写和刻印著作,其中比较有名的有:潘荣陛《帝京岁时纪胜》、吴长元《宸垣识略》、于敏中《日下旧闻考》和戴璐《藤阴杂记》。②对比朝鲜使者的日记,能看出中朝双方叙述乾隆盛世的两种不同文本。两者少量重合,大多数不同。中国文本的描写重点往往被朝鲜文本忽略,朝鲜文本的热议之处在中国文本里风轻云淡。

---

① 〔朝〕洪大容:《湛轩燕记》,《燕行录选集》(上),成均馆大学校大东文化研究院1960年版,第231—430页。〔朝〕朴思浩:《燕蓟纪程》,《燕行录选集》(上),第825—862页。〔朝〕金正中:《燕行录》,《燕行录选集》(上),第535—612页。

② [清]潘荣陛:《帝京岁时纪胜》,北京古籍出版社1981年版。[清]吴长元辑:《宸垣识略》,北京古籍出版社1983年版。[清]于敏中等编纂:《日下旧闻考》,北京古籍出版社1983年版。[清]戴璐:《藤阴杂记》,北京古籍出版社1982年版。

（三）研究问题

我们要从这类史料中研究什么问题呢？

第一，从跨文化的视角思考多国史料，观察西方国家和东邻日本的快速发展，观察当时中、朝、俄、中东友好交往的新世界格局，观察建立外交关系和国内多民族认同关系的新秩序。

第二，朝鲜使者认识中国政治文化的途径，包括他们如何在北京的日常生活中，看、听、说和写中国与其他国家？他们是如何不得不在外交活动中利用朝鲜民俗开展工作的？他们是如何在清政府的外交政策中接触北京民俗的？

第三，中国文化对朝鲜使者寻求汉字文化圈认同的实际作用。朝鲜使者全部用中文写日记，怀有对汉字文化圈的趋同意识。他们在这种意识下，观察近代西方国家带给清朝宫廷的科技文化的影响，书写朝鲜使者的反应。这些都是我们只看中国书不容易体会到的。

一、清乾隆政府对朝鲜的政治、外交和文化策略

本书第一讲谈到《仪礼》中的《公食大夫礼第九》，其中讲到古代国君接待外国使者的礼节和仪式。时间跨越千年，到了清代中期，《仪礼》中的外交接待观念与仪式有什么差异呢？由朝鲜使者日记可见，清代中朝双方是宗藩关系，不是正式建交国之间的关

系,清政府对朝鲜来使的态度半亲半疏,或者属于半保护、半外交。这种情势在先秦时代是看不到的。

(一)朝鲜使者日记中所记中朝两国的政治交往

　　清代中朝两国是宗藩关系,而不是邦交关系,因此,一般认为,朝鲜使者的地位比正式建交国家的使者要低。一位美国使者后来说:"他们来京的目的是向皇帝献贡。……在那里,他们被严格看管,甚至在城里走动都要派人跟着。"① 但无论从历史典籍看,还是从民俗书籍看,这种对宗藩国的说法,都只是雾里看花,属于外人不知内情之论。实际上,当时中朝两国的关系,比外人想象的要近得多。乾隆皇帝东巡沈阳时,朝鲜正祖派使团迎候,并亲自检查贡品,采用了对清外交的最高礼仪。朝鲜王朝正祖时期以后还陆续派遣使臣出国,到北京学习清朝的先进文明,仿效清中期社会兴起的模式,改造朝鲜。② 清乾隆政府则对朝鲜来使以礼相待,赐住皇城边玉河桥畔的会同四夷馆,与他国使者别无二致,甚至给他们的出行较多的便利。本讲要讨论的三位朝鲜人,正是在这种背景下先后居京工作的。三人之中,洪大容到京最早,朴思浩次之,金正中最晚。

　　清乾隆政府的外交政策,从洪大容的记载看,在对外国使者的

---

　　① 〔美〕刘易斯·查尔斯·阿灵顿:《古都旧景——65年前外国人眼中的老北京》,赵晓阳译,经济科学出版社1999年版,第1—2页。
　　② 参见〔韩〕郑玉子:《朝鲜后期朝鲜中华思想研究》,一志社1985年版,第100—193页。韩国青年学者金镐杰协助查找和翻译了韩国外交文献和现代学者的著作,谨此致谢。

接待上，是有分寸的。但对民俗活动的控制比较松弛，朝鲜使者心里是有对比的，感觉有冷有热。一个国家的外交开放是国力雄厚的表现，乾隆政府还做不到这一点。皇帝出行、祭祀、重要政治活动，都是对外国使者保密的。朝鲜使者的居所离紫禁城不远，原来所遇禁令也多，洪大容说，他就多次被禁止。有一次，乾隆皇帝到天坛祭天，他"不敢出馆"。[1]但他认为，这不仅是对朝鲜使者，对其他国家使者也是如此。到乾隆后期，政令已经松弛。三人之中最后一个抵京的金正中，就曾和其他建交国使者一起得到过皇帝的召见。一次，众使者被提前通知，乾隆要到圆明园游览，准备召见他们，各国使节纷纷前往，朝鲜使者还被召至乾隆御座前，询问"国王平安可也？"金正中感到荣宠备至，回家后仍"不胜喜幸"。[2]我们从金正中此条中还能看到，此时圆明园经乾隆的精心改建，已是朝廷对外开放的要地，等于城外的紫禁城，这与清史的记载也是一致的。乾隆皇帝在圆明园接待这些外宾，比在紫禁城内办公，还能拢政治和民俗于一园，更能展示中国土地的辽阔和自然风光的优美，让各国使者去感受清廷的万千气象和盛世征兆，这本身就是一种威慑力。在这种活动中，朝鲜使者容易从文化同质感上接受清统治者，表示出把清朝大国当作朝鲜小国的依托的意向，这些都能表现他们对清政府的外交策略。

（二）朝鲜使者与其他外国使节的交往

清乾隆政府在日常场合对外交使节的管制是让步的，允许朝

---

[1] 〔朝〕洪大容：《湛轩燕记》，第295页。
[2] 〔朝〕金正中：《燕行录》，第584页。

鲜使者在使馆区与别国使者来往,允许他们与清廷官员和文人搞民间外交。朝鲜使者在这些民间活动中,看到了清政府对西方近代科技文化的亲近态度,与对东亚多民族民俗的兼容措施。当然,这些都是一家之言,主要反映朝鲜使者的内心活动、民族情结和外交手腕,公开使用的范围也很窄,但正是这些在异地旅行中产生的、有强烈情感震动的、文化比较的资料,里面有民俗,能帮助我们观察上层政治在基层运作的具体、生动、变异的情形,因此它们有价值,能揭示民俗与政治的关系。

1. 朝鲜使者与俄罗斯使节的接触

据洪大容记载,在他任上,朝鲜使者与北京使馆区的别国使节交往,首要目标是俄罗斯。朝鲜在清康熙时已与俄罗斯建交,有不少政治、军事和贸易往来。洪大容用他的观察告诉我们,乾隆皇帝继承了康熙的业绩,又施展铁腕加强发展,为清代后来的外交发展打下了重要基础。此后,在很长时期内,中、俄、日、朝的关系都比较稳定。①在洪大容眼里,朝鲜与中、俄的交谊,是朝鲜强大的庇荫,但中国是最大的保护伞,他背靠着中国,去造访俄罗斯使馆,是宗藩体制内的应有之义,因此他不胆怯,他说,他多次去俄罗斯使馆,"累欲往见",被卫兵拦住,也不气馁,就站在门口,跟卫兵和俄文翻译们聊天,听他们说乾隆皇帝的制服策略,回家后,再把这些谈话记录下来,加上个人评论,做成资料。②在他之后,朴思浩也去俄罗斯使

---

① 〔清〕张廷玉等:《清史稿》,中华书局1977年版,第4481页。参见郭卫东:"东学党起义与中、朝、日三国的外交互动",北京市档案馆编:《北京档案史料》,新华出版社2001年版,第219—236页。
② 〔朝〕洪大容:《湛轩燕记》,第269页。

馆，记下了同样的资料。他们都是关注中俄和朝俄关系的，并能在日记中，记录个人的综合印象：

> 入其馆，甚精丽器玩，皆珍宝。有一人迎坐，颇解东语。……床有满汉书册，篇帙颇多，以鄂罗字绎之，细字誊书，字如梵书。桌上有自鸣钟，制甚精妙。又有自鸣琴，大如掌者。其制一转钮，则随柱拨弦，弹成音调。又有一纹匣，长数尺者，雕刻精妙，上有圆孔，贴琉璃悬于壁间，其匣底有一枢机，以手转之，则杜鹃忽从匣中飞上琉璃圆孔，矫首窥外，一声叫，二声叫，声声清婉，俄而还下，此非真禽也。问鄂罗人此去贵国相距几里，曰二万余里。问地方几里，曰三清国为一我国。云盖地尽业海，幅员甚大，清国中原也，为鄂罗三分之一云。①

我们看到，朝鲜使者一方面观看当时俄国的先进工业产品，一方面留心打听中俄两个大国对彼此的看法，并由此思考朝鲜的利益，这是有职业特征的。他们还对俄罗斯使者留心朝鲜语言一事很敏感，表现出了一种民族自尊心。

我们从洪、朴两人的议论中，还能看到，朝鲜使者也懂"其俗"，因而心灵震动，能评估清政府与俄罗斯这个强邻的关系深度，并替朝鲜设计进退分寸。俄罗斯使节对他们不热情，他们也从民俗差异去理解，并不计较，坦然处之。

---

① 〔朝〕朴思浩：《心田稿·燕行杂著一》，第901—902页。

2. 朝鲜使者与西方人士的交往

朝鲜使者更关注清政府对西方人的态度。从他们的日记看，他们认为，清政府给予西方人很高的文化礼遇，被其工业发明和科学知识所吸引，"资其术""尚其学"，格外倚重，非朝、日等东方邻国能比。乾隆皇帝的国家祭祀都让西方人去操办，麾下官职也让西方人做，这让朝鲜使者很嫉妒，也很无奈。洪大容说，他自己就认识两个"大西洋人"，一个姓刘，一个姓鲍，都是西洋传教士，年过花甲，中文也说得不太好，却被乾隆委以钦天监之职，授三品官衔，仅低于蒙古宗亲两品，被提拔重用的程度可想而知。两人还都被允许保留西方人的生活习惯，穿着外貌也与亚洲人迥异，"深目，睛光如射，宛是壁画中人也"，清廷官员却无隔阂之心，不像对穿民族服装的朝鲜使者那么目光异样，这也令他好奇。我们可以分析洪大容的想法，他是感觉到清廷外交有两重性的，一是在军事政治上近交俄罗斯邻邦，二是在科技文化上远交西方列国。我们则通过这条资料可以看出，清中期政府对文化落差大的民俗是取宽容态度的，对文化落差小的民俗是取兼容态度的，政治对民俗的实际介入是分层的。反过来看，清中期政府有区别地利用民俗，而且符合民俗原则，民俗对政治也是有回报的。我们能看到，洪大容也说，西方使者对中国也是很尽力的。他认识的刘、鲍二人都"入中国已二十六年"，始终勤恳服事，有所作为，与其官衔名副其实。洪大容还写了一条资料说，刘钦天监给他看了乾隆皇帝祭祀用的圣像神器，还让他看了西方人制造的观天仪、报时钟和手表，让他大开眼界。刘还跟他谈了对天主教的上帝、中国孔子的礼仪和中国谚语的不同认识，皆苦心钻研所得，让他增广了学问。下面是他跟刘钦

第六讲 清代朝鲜使者的日记

天监看西方祭品与仪器的描写：

> 看毕下楼，刘引余至天主教像前，桌上有一册，覆以黄锦袱，刘披示之，乃为皇帝祈福之辞。观其意，君有藉重，殊为可笑。出门循阶而西，见柱旁悬铁丝，引系于庭中，石柱南北弦直，问之，为测中星也。请见自鸣钟，刘引至庭南，上为楼，楼北铁锤垂下，可数十斤，机轮激转，铮铮有声。悬巨钟，一击，楼中皆震。有胡梯，可二丈，天窗，仅容一人，刘只许余上去。余遂脱笠上楼，见其制甚奇壮，非小钟可比。轮之大者，可数十围有余，旁悬六小钟，皆具锤，所以报刻也。……盖自鸣钟原出于西洋，近已遍天下，而其机轮之制，随以增减，互有意义。……如问时日表之类，大不盈握，重不过铢两，甚者藏于戒指之中，机轮细如毫丝，而能应时击钟，如神。但小者难成而易毁，其不差刻分，永久无伤，实越大越好。此楼钟之善于通变而为自鸣之上制也。①

我们能看到，洪也犯酸。他揶揄一个西方人忠于中国皇帝"殊为可笑"，又说西方人的手表"越大越好"，这些都是成心调皮的话。但我们的讨论重点是两个外国使节的交谈，看他们私下里如何谈论中国。我们可从史料中得知，此前，康熙已延请比利时传教士南怀仁和法国传教士白晋入宫进讲，开风气之先。现在又从洪大容的这条记载看到，乾隆时代，崇尚西学之风未衰。但在中国人不在的场合下，西方人如何与朝鲜人交换对中国的印象？又如何向

---

① 〔朝〕洪大容：《湛轩燕记》，第240—243页。

朝鲜人介绍西方文化？我们就不得而知了。对这种密谈，中国人是外人，过去我们或许能从中国人自己撰写的著作或西方学术著作中间接地了解一些情况，现在看当然不够，我们也需要当事人的说法。如此洪大容介绍他们外国使节之间的交谈细节，就有不可替代的揭秘作用。他在介绍中，还把西方人的宗教信仰、科技成果和中国文化分层去说，我们也就可以随之分层去读，这样我们就能对两国当事人当时的思想活动把握得更细一些。洪大容还说，他曾夸奖西方人有学问，对方"笑曰：'不敢'，终亦无开怀之色"，这让他在情感上很不舒服，越发指出东、西方礼仪文化大有差别。其实我们知道，这是外交人员在接触异文化碰钉子时，习惯于把政治和民俗混为一谈的做法。当然，当时乾隆政府如果对西方先进工业完全漠不关心，完全不给西方人士在京工作创造条件，两个西方人也不可能在朝鲜使者面前发挥得那么好，朝鲜使者也不会对民俗的妙用不吐不快。

3. 朝鲜使者与中东人的来往

朝鲜使者在日记中也写了北京城里的中东人。他们在日记中称"波斯""番""西番"或"胡番"。乾隆朝与中东国家建立了经贸关系，也给中东人在北京传播伊斯兰教信仰提供了自由。朝鲜使者说，在使馆区内，在正阳门外，在街市上，他们都能见到不少中东人。有一次，他们走到北海附近，见有伊斯兰寺庙，便入内观望，但又不肯行伊斯兰礼，结果与对方发生了冲突。原来，寺主据伊斯兰的风俗，要求贸然入寺的朝鲜使者拜祭一个神牌，他们遵朝鲜风俗不肯跪拜，对方大为不悦，上前强迫。后经清朝翻译官从中调停方罢。我们能从这条材料中看到，碰上这类冲突，别国守着别国的民俗，本国守着本国的民俗，便会僵持不下，这时第三方介入，协助划分

民俗界限,就等于使用了外交辞令,能避免冲突升级,让大家都清醒过来,各走各路,各信各俗。事后朝鲜使者写了对此事的感想:

> 余始悔轻入,仓猝无以应。乃权辞谓尹姓曰:"此非皇上龙牌乎?"尹姓曰:"然。"余曰:"我国法,无官者不敢私谒于龙牌,犯者罪当死,我不敢拜。"尹姓点头微笑,若领悟。余意者归,锦衣者见余不肯拜,怒目,益凶猛。其徒掖余双袖、拍余背,连呼曰:"磕头。"余佯笑曰:"不用忙,"目尹姓以示意。尹姓向前劝解之,才松手。余回身趋出,恐诸胡追之。……尹姓挽诸胡与语,量余已出,然后始与诸胡出来,余令世八以一纸扇给锦衣者,有喜色。诸胡竟追索扇,尹姓又挽止之。余谓尹姓曰:"非公几不免危辱,多谢厚意!"①

我们也能看到,清政府对朝鲜使者外紧内松,朝鲜使者是明明知道的。朝鲜使者在北京生活,看到了民俗的国别特点和民族特点,对选择朝鲜的自处方式是有利的。经历这类民俗冲突的结果,是朝鲜使者加强了对清政府的政治认同。

(三)朝鲜使者与清政府官员的交往

回想《仪礼》的《聘礼第八》,介绍古代国君遣使外访其他国

---

① 〔朝〕洪大容:《湛轩燕记》,第269—270页。参见〔朝〕朴思浩:《心田稿·燕行杂著一》,第902页。〔朝〕金正中:《燕行录》,第568页。

家的仪式，以及对外开展外交活动的礼节要求。在清乾嘉盛世，朝鲜使者在日记中写道，他们可以与清政界人士往来，到他们家里做客，参加到中国家庭的聚会中去，这使朝鲜使者增加了与中国文化共享的情感因素，容易得到政治感化。从他们的日记可见，乾隆初年，北京人过节，外国使者是"留馆夜不敢出"的，但到乾隆中期已有所改变。某年正月十五，洪大容一行夜出，三十余人，应朝廷官员徐孟宗之邀，到徐府过年。在这个中国家庭中，他们看到男女老少欢天喜地放爆竹和看花灯的传统文化，表示好感，产生了东亚国家之间特有的亲近倾向。洪大容说："元宵看灯，中国之胜赏，三夜金吾弛禁，鼓乐达朝，以饰太平。"又说："盖诸炮喷爆之时，十数步外威响振人，不敢向迩，亦异观也。且纸炮之制遍天下，公私费用如此，中国硝药之饶可知也。"① 节日民俗是引子，触动了朝鲜使者的文化认同，让他们感到乾隆王朝正在走向强大。

　　三位使者还都提到走访皇家寺院，看到了清政府的政教关系，我们能从中看到，清政府利用民间宗教，是另一种民俗政治。此时乾隆王府已扩建为雍和宫，成为皇室的礼佛之地。朝鲜三使者都是对雍和宫的这种变迁感兴趣的人。他们认为，透过此宫，可见满、蒙本民族信仰与西域佛教文化的融合已大体完成，不能再用单一的民族宗教或官方宗教去评说清政府的宗教政策。以前他们曾拜访过蒙古馆，对其风俗不能接受，现在到了雍和宫，他们的印象大不一样了。他们说，在雍和宫，"凡皇帝勾管者，皆令黄衣喇嘛僧居之，喇嘛者，西域绝国释徒从喇嘛来者，往往有神异幻迹，自康熙时，已尊为国师。其后度蒙古人为僧，从喇嘛学，衣帽皆黄。其在

---

① 〔朝〕洪大容：《湛轩燕记》，第328页。

雍和宫、弘仁寺者已数千人,皆仪貌佟悍,全无山人气味"。①他们对乾隆时期吸纳不同宗教文化的气魄和能力发出了赞叹。

朝鲜使者还提到另一处寺院隆福寺,看到了清朝政、僧、商三方也有勾连。乾隆时期,隆福寺已变成朝廷的香火院,是皇亲国戚、朝廷勋臣、黄衣喇嘛和中外游客的聚集之地。我们能从朝鲜使者的日记中得到一些资料,知道当时驻京使者都是在清朝翻译官的带领下进入隆福寺的,但他们自己会讲汉语,能同北京人直接交谈,因而听到了一些中国书上不写的故事。他们还见过不少"碧眼胡商、漂洋番客"来此光顾,也见到寺内的僧人攀附权势、欺行霸市,对外商并不客气,连朝鲜使者自己也吃过亏,所以印象很深。洪大容说,他看见一张桌上摆着望远镜,数位黄衣僧人讲价未成离去,便上前问价,被僧人回头瞧见,"狠顾而目摄之,貌色狞甚",他明白这是在威胁他,怕他撬行,就赶紧"避去也,未敢问也"。②他了解这些僧人有政府后台,不敢得罪。我们读中国书可知,朝鲜使者所说的现象是存在的,隆福寺当时确有不少僧人手眼通天,为所欲为。③但这些僧人对外国使者也如此嚣张,中国书上没写过。朝鲜使者不写,我们就不知道。他们是藩国客人,按理说被清政府关照,但只要踏上这种地方势力的地盘,就要受某些特殊地方阶层的钳制,政治优惠也不起作用了,这会让他们感到意外,不过他们就事论事,并未臧否政府。朝鲜使者的记述还提醒我们纠正对"胡商"的部分误解。过去中国书上说,胡商到北京,皆"腰缠百万,列

---

① 〔朝〕洪大容:《湛轩燕记》,第338页。
② 同上书,第319页。
③ 参见郭子升:《市井风情——京城庙会与厂甸》,辽海出版社1997年版,第68页。

肆高谈",①个个一副一掷千金、洋洋得意的样子。今天我们能知道,这是从中国人的角度,对外国商人的外部看法,并不了解当时人家自己怎么说和怎么想,其实他们也有别扭的时候。

(四)朝鲜使者与蒙古人的接触

在朴思浩之前,洪大容记载了访问蒙古馆的经过,还说到了清政府蒙文翻译李亿成的中介,文字十分细腻:

> 其馆在玉河馆北,居者常数百人,骑橐驼,遍行于街路中。尝与蒙译李亿成至其馆,入门,见四面围以土墙,无屋宇之制,广场莽荡,惟列十余毡幕。蒙人所寝处,橐驼数十,偃息于墙下而已。蒙人来往者甚众,或持麝香求卖。亿成至幕外招一人与语,问其酋长所居,仍致愿见之意。其人去,有顷来,言酋长请见。余与亿成掀帘而入,蒙酋蹲坐、瞠然无延接之意。……见幕中正圆,可容十余人,周铺羊皮与杂毛裘,当中置铜锅,三足,高尺许,下炽石炭。幕顶撤盖,以受日光,兼通烟气。亿成温辞问数语,蒙酋或对或否,竟落落。亿成乃以清心元两丸与之,蒙酋始微笑,受之,酬酢如响焉。帽顶以红宝石,自云蒙王宗亲官一品。惟事弓马为将,不识汉书汉语,并不识蒙书云。其国距京三千里,为宿卫而来,乘橐驼行一月,始到京云。装烟劝余及

---

① [清]王士禛:《香祖笔记》,商务印书馆1937年版,第110页。参见李家瑞编:《北平风俗类征》(影印本),上海文艺出版社1985年版,第396页。

亿成,吸毕,余又装烟而酬之。辞出,只点头而已。①

我们能发现,洪大容是用民俗敲门的人。以后朴思浩再到蒙古馆,也还是走他的路子,认真地揣摩清政府厚待蒙古人的玄机:

> (蒙古)分为四十八部,疆盛难制,独奉佛惟勤,生死以之。清人因其俗而诱之。……尚皇女,女嫁亲王,宠锡高秩,而无论贵贱,皆衣黄衣。黄者,皇帝之服色。乾隆时黄花谣盛行,皇帝益抚摩蒙古。②

在这段话中,朴思浩一共提到了两点:一是乾隆政府安抚蒙古有满蒙交流的民俗基础;二是乾隆有意识地利用民俗基础,搞满蒙通婚和共袭黄服制,是"因其俗而诱之",将民俗政治化和制度化,表现了一个帝王的政治韬略和军事计划。

(五)文化圈的认同

朝鲜使者除了走访京城官邸,其他出游也有极大的个人活动空间。他们能够遍访北京的山川园林和城池建筑,撰写优秀的游记文字。不少胡同坊巷、地方会馆、城池诸门,以及北京近郊的西山、万寿山、圆明园、畅春园等处,都是三人重复走访之地。他们

---

① 〔朝〕洪大容:《湛轩燕记》,第268—269页。
② 〔朝〕朴思浩:《心田稿·燕行杂著一》,第902页。

所到之处，无不赞叹中国地大物博、国大人多、民俗悠久，欣赏北京城的雄伟壮阔和雍容华贵。洪大容才到正阳门，就说："大地风采，真不可及也。"①到了西郊又说："西至玉泉、万寿诸山，皆四十里；东南豁然，距于海；是以四望平阔，无丘陇之隔也。"②在他心中，是无时无刻不将中朝文化和自然风光做比较的。金正中游览之余，回望紫禁城，充满向往之情。他说："古人云仰望天子宫阙之壮丽，仓廪府库城池苑囿之富且大，而后知天下之巨廉，可谓先获我心也。"③

他们在游走中，还对两国的社会政治、军事制度发表议论，表达了对中华文明进步、强大的羡慕之情。洪大容在一篇《京城制》中说："京城方十里，其直中矩高六七丈，厚二十余步，……炮穴悬眼如我国制，精坚倍也。"④他们是军官，不能不做出这方面的报道。他们的说法，虽限于个人经历和非科学的测评，但我们能从中看出他们向清朝学习的态度。

朝鲜使者接触北京民俗，还会想念朝鲜民俗，产生强烈的对比行为。在北京的公共场合，他们一丝一毫也没有忘记自己的国家。洪大容说，在隆福寺侧路的花草铺，他看见了海棠花，马上想到"酷似我国山丹花"⑤，并产生了回国的感觉。朴思浩说，他在进京途中，路见高丽村，不免忆起故国遗风。⑥金正中说，中国典籍中的一些

---

① 〔朝〕洪大容：《湛轩燕记》，第335页。
② 同上书，第292页。
③ 〔朝〕金正中：《燕行录》，第566页。
④ 〔朝〕洪大容：《湛轩燕记》，第310页。
⑤ 同上书，第320页。
⑥ 参见〔朝〕朴思浩：《燕蓟纪程》，第872页。

传说源出朝鲜。①他们通过多样民俗的中介,多方面地接触了清中期的社会政治、军事和文化。在这一过程中,对民俗的认同,不仅缩小了他们心目中双方民族的差距,还减少了恐惧感。

在同时期的北京民俗书中,很少写驻京外国使节的活动,包括朝鲜使者。《帝京岁时纪胜》的作者潘荣陛是北京人,曾在皇宫供职,乾隆时期退休著书,但我们从他的著作中,看不到外国人在京活动。《宸垣识略》的作者吴长元和《藤阴杂记》的作者戴璐,乾隆年间都客居北京,也对北京民俗做了不少实地察访,却从未说起碰见外国人。《日下旧闻考》的修撰者于敏中,在乾隆朝任大学士户部尚书,与洪大容和朴思浩都是同时代的人,洪大容和朴思浩频繁出入公卿之门,行迹未必不入清廷耳目,他却从未对朝鲜使者写过一笔。另有一事,也可在中国人内部商榷。在明代《帝京景物略》一书中,写了正月灯节禁止外国使者逛街的一条禁令。②后来清康熙时查慎行写《人海记》,将此条照抄不误。③到于敏中领衔编纂《日下旧闻考》,仍将此条照录,当作朝廷律令,并留传至今。④《日下旧闻考》是很有名的笔记史料,做北京史的人不可不读,一向被反复引用,没人轻易怀疑。现在看了朝鲜使者的日记,我们倒要对此禁令的记载起疑心了,因为洪大容记载的消息正好是相反的。他说,外国使者外出看灯是不被禁止的。但这种变化就发生在清朝官员的眼皮子底下,他们却好像对此一无所知。洪大容是外国人,还毫无顾忌地说起禁令废弛的事实:

---

① 〔朝〕金正中:《燕行录》,第569页。
② 〔明〕刘侗、于弈正:《帝京景物略》,北京古籍出版社1981年版,第58页。
③ 〔清〕查慎行:《人海记》,北京古籍出版社1981年版,第75页。
④ 〔清〕于敏中等编纂:《日下旧闻考》,第2349页。

> 贡使入燕，自皇明时已有门禁，不得擅出游观。为使者呈文以请，或许之，终不能无间也。……至康熙末年，天下已安，谓东方不足忧，禁防少懈。然游观犹托汲水行，无敢公然出入也。数十年以来，升平已久，法令渐疏，出入者几无间也。但贡使子弟，每耽于游观，多不择禁地，衙门诸官虑其生事，持其法而操纵之。则为子弟者，倚父兄之势，呵斥诸译以开出入之路，诸译内逼迫子弟之怒，外惧衙门之威，不得已以公用银货行贿于衙门，以此贡使之率子弟行者。①

经洪大容介绍，在乾隆时期，外国使者如何与衙门摩擦、如何与翻译顶撞、如何被清政府认为"东方不足忧"，已渐成事实。他说朝鲜使者几可出入自由，大概有主观成分，但不管怎样，乾隆时期朝鲜使者经过清政府的允许，是能够在北京城内和城郊各处自由活动的，并不像上述那位美国使者写的那样，"在城里走动都要派人跟着"②，也不像中国书上所说的那样，一直有禁令挡着，这正是我们读洪文的收获。这些都证明乾隆中期已内外稳定，比明末清初的情况要好，我们能从朝鲜使者的日记中看到这种变迁的细节。如果不看这些日记，我们对朝鲜使者在北京生活的感受，还不知虚实，对其他种种说法也就没有分辨力。于敏中他们都是老北京，对这类变化掩口不谈。其他中国人写的清代北京民俗书籍也

---

① 〔朝〕洪大容：《湛轩燕记》，第244—245页。
② 〔美〕刘易斯·查尔斯·阿灵顿：《古都旧景——65年前外国人眼中的老北京》，第1—2页。

大都不谈外国使者这一块,是个空缺。①不知这是消息不通,还是有其他更深的考虑,现在是猜也猜不到了。

二、朝鲜使者在北京的日常生活

三位朝鲜作者都是外交界的人,在北京也有自己的特殊生活、朋友圈子。从他们的实录看,他们开辟北京事业的日常策略也是民俗,不过是朝鲜民俗。朝鲜民俗是他们独立性情的表征,是他们长期侨居北京的可操作生活方式,也是他们的日常视角。在一些民族国家间交往难以沟通的时候,别国别人开始不理解他们,他们能靠着朝鲜民俗,自己理解自己,互相宽慰。有时他们在外交场合我行我素,还能把该办的事情向和解的方面推进下去。

(一) 在使馆区的日常活动

清代的北京外国使馆区在东交民巷内,方圆不大,有独立的管理机构。朝鲜使馆的位置,距俄、美、英、法、比等国家的使馆都不远,所以与各国使节日常交往很方便。据朝鲜使者的日记记

---

① 例如,在查慎行的《人海记》中可查到"改朝鲜印"一条,记顺治十年改铸朝鲜国王印,"兼满汉文,以从前止汉篆也",但这段文字是记清初宗主国例行公事的条文,不是写中朝双方民间交往的资料,不过连这种资料也少见。参见[清]查慎行:《人海记》,第7页。

载,他们在外事公务中,在进见别国使节的时候,都要送上朝鲜的风土特产,如折扇、雨伞、高丽纸和清心元之类,打通关系,大都还能奏效。

让他们感到最难相处的是西方人,似乎对东方人的人情世故一窍不通。清政府却和在京西方人士来往甚密,双方客客气气,这让朝鲜使者大为不解。前面说到洪大容认识两个西方传教士,都在钦天监供职,他们还有五个中国同僚,都能友好地相处。①但他认为,西方人对朝鲜人有点瞧不起,当朝鲜使者绕开中国人去单独接触西方人的时候,经常失败。有一次,洪大容带上朝鲜的土特产,要求进见刘、鲍两位,被召见入室。他又提出,"请见其寝室",被"托有故,牢拒之",好像不相信他。第二次,他再度进礼,又吃了闭门羹,刘、鲍将他的礼品退回,根本不讲情面,他很不高兴,反驳道:"彼海外殊俗,当略知礼义",也不起作用。第三次,他又求见,要求也退了一步,说明自己送礼"无他意也","专仰大人才识"而来,又夹带说:"大人待人太薄殊,为汗颜",西方人拗他不过,这次召见了他。他总算心理平衡了,以后他与对方谈天说地,当作什么事都没发生过。②我们看到,对朝鲜使者来说,民俗是他们最后的一件防身武器。他们还观察到,其他诸国使者也都是以进献民俗物产的方式表示对清政府的臣服的。清政府也有存放"十三省贡物和外国方物"的固定地点,就在太和殿两侧廊阁内。③这能说明清政府也是接受别国礼物的。我们看到,这时民俗成为各方表达

---

① 参见[清]陈宗藩编著:《燕都丛考》,北京古籍出版社1981年版,第172—173、178页。
② 〔朝〕洪大容:《湛轩燕记》,第240—245页。
③ 〔朝〕朴思浩:《燕蓟纪程》,第886页。

政府利益的工具。各国使节在日常交往中,相互赠送本国的风俗物产,则是能被普遍接受的个性风格。朝鲜使者也反思过,有时送礼不当也招惹麻烦,如给中国人送高丽扇,中国人"非夏节不把扇,见我人冬扇皆笑",①不能不考虑中朝两国地域民俗的差异。给西方人送礼,不能违反西方的生活习惯,否则不如不送。

(二)在市民区的日常活动

朝鲜使者还有其他北京私交,方法也是通过运作民俗,建立平等往来关系。我们阅读这方面的资料,能了解他们在北京的日常生活中是如何接近北京民俗的?他们身上的朝鲜民俗又是怎样引起北京人的文化惊奇?归纳起来看,双方主要是通过一些似而不同的民俗,如服饰、戏曲、节日、宗教、庙会、书市等,产生表层吸引,再到近距离对话,再到深层靠近的。

1. 服饰

朝鲜使者在书中说,有吴、彭两翰林,起初,看见他们穿的朝鲜民族服饰就笑,后来双方就攀谈起来,还成了朋友。吴、彭问朝鲜社会的章服制度,朝鲜使者问吴、彭两汉族文人在清廷供职是否需要讲满语。吴、彭问朝鲜使者朝鲜的学术源流,朝鲜使者问吴、彭是否可以满汉通婚。双方的交流越来越深,最后连朝鲜人穿什么衣服都不重要了。北京有个琉璃厂的消息,还是吴、彭两人向朝

---

① 〔朝〕洪大容:《湛轩燕记》,第343页。

鲜使者最早介绍的。①

2. 戏曲

朝鲜使者对北京民俗的接触，很多是从北京戏曲进入的。他们经常到城内隆福寺和前门外的戏园里买票看戏，了解中朝历史文化的异同。乾隆时期，这些戏园也都是唱戏最火爆的地方，大有盛世旺戏的气象。当时戏园开场，需要提前订票，外国客人也不能例外。朝鲜使者为此和北京戏园的管理者发生过冲突。他们由此得知，北京戏曲越发达，民俗规矩也就越发达，这正是北京文化底蕴的体现，中外人士都不可违抗。洪大容讲了一次去前门戏园看戏的经历，写得很有挫折感，也很有文学灵感。

> 桌之三面俱置凳子，恰坐七人，以向戏台。后列之凳桌，更高一层，令俯观无碍。凡楼台上下，可坐累百千人。凡欲观戏者，必先得戏主标纸，粘于桌上，乃许其座，一贴之后，虽终日空坐，他人不敢侵。标座既满，虽光棍恶少，不欲强观。俗习之不苟也。始入门，门左有堂，有人锦衣狐裘，设椅大坐，旁积铜钱，前置长桌，上有笔砚及簿书十数卷，红标纸数十局。标纸皆印本，间有空处。余就而致意，其人曰："戏事已张，来何晚乎？无已，则期以明日。"强而后受铜钱五十文，取标纸，填书空处，曰："高丽老爷一位，"又书数钱。余受而入中门，中门内又有椅坐者，亦辞以座满。良久，呼帮子与标纸，帮子由层梯引余登楼，遍察诸桌，无空处。帮子亦以标纸辞余，期

---

① 参见〔朝〕洪大容：《湛轩燕记》，第234—238页。

以他日。余见楼东有粘标而座空者,余请于帮子少坐,以待座主。盖余自初强聒既大,违其俗,乘虚攘座,真东国之恶习,而苟悦目下,不俟明日,又东人之躁性,其戏主及帮子之许之若不欲,拘以礼俗然也同座者皆相顾避身,亦有厌苦色。时过年才数日,一城衣饰既鲜,况观戏者多游闲子弟,是以楼上下千百人袨服红缨,已为戏场之伟观也。盖一场人山人海,寂然无哗声,虽缘耽看,俗实喜静。至戏事浓奇,齐笑如雷。其戏事闻是正德皇帝翡翠园故迹,有男子略施脂粉,扮作艳妓,态色极其美,往往为愁怨状,每唱曲则众乐齐奏,以和之。……但既不识事实,真是痴人前说梦,满座欢笑,只从人襄如而已。①

朝鲜使者凭借对中国典籍《礼记》《史记》《春秋左传》和通俗小说《水浒传》《三国演义》等的了解,猜测北京戏曲的情节大意,看十分复杂的中国历史故事,观赏中国演员的表演艺术。洪大容正是这种在朝鲜培养出来的、欣赏中国文化的、高水平的戏迷。但也有的中国文化他进不去,即北京的戏帖规矩。他才碰了一下规矩,便引起了意想不到的冲突,被北京人"相顾避身",以示讨厌。结果,他只有随缘就分,按规矩行事,北京人才尊重他,让他知道"俗习之不苟也"。我们通过这段文字能知道,本土民俗始终是在提醒异文化者它的存在和它的界限的。

乾隆时期北京戏曲蔚起具有广泛的民间文艺基础,对此朝鲜使者大为叹赏。他们在市民中赏游,看到很多演艺人才出自农家,

---

① 〔朝〕洪大容:《湛轩燕记》,第335—336页。

选入名班,造成了"戏台遍天下"的兴旺景象,无数的好曲妙舞,不掩自生,让他们艳羡不已。洪大容写道,他在一次外出途中,遇到了一个北京郊县的草台班,功夫了得,他很佩服。

> 见街上设箪屋张戏,乃与数两银,拈戏目中《快活林》,以试之。乃《水浒传》武松醉打蒋门神事也。比本传小异,或谓戏场之用,别有演本也。此其器物规模视京场不啻拙丑,而既识其事,言语意想约略解听,则言言解颐,节节有趣,令人大欢笑而忘归,然后知一世之狂惑有以也。①

在这些地方,朝鲜使者的语言能力帮了他们大忙,让他们与北京的上下层人士都能交流。②我们感兴趣的是,洪大容告诉我们,《水浒传》等花部小戏在清代的民间十分活跃,引人驻足欣赏,观众达到了乐而忘归的地步。他还告诉我们,曾见"西直门外有戏具数车",皆藏以红漆柜子。使人问之,答云:"'自圆明园罢戏来',盖皇帝所玩娱也。"在这种交叉发展中,"奇技淫巧、上下狂荡,甚至于流入大内"。③他的这种说法也是从实际事件中悟出来的。我们知道,清代戏曲正是在大量民间好戏的滋养中走向高峰的。我们还能从他的记载中看到,当时北京上下层社会都有戏曲表演,上层戏曲能在民间流动,民间戏曲也能通达上层,北京戏曲已成为北京人精神文化的一面旗帜。

---

① 〔朝〕洪大容:《湛轩燕记》,第336页。引文中的"演本",原文做"寅本",为误笔。
② 同上书,第330页。
③ 同上书,第335页。

其他外国使者认为，北京戏曲是北京文化的入场券，①非看不可。反而中国书写北京的戏曲情绪平淡，没有外国人写北京那种文化冲击力。兹引乾隆时期中国人写北京戏园的一段话，读者可与洪著对看：

> 帝京园馆居楼，演戏最胜。酬人宴客，冠盖如云，车马盈门，欢呼竟日。霜降节后则设夜座。昼间城内游人散后，掌灯则皆城南贸易归人，入园饮酌，俗谓听夜八出。酒阑更尽乃归。散时主人各赠一灯，哄然百队，什伍成群，灿若列星，亦太平景象也。②

与这段说法相呼应的中国书是《旧京琐记》，有补充文字如下：

> 剧园向聚于大栅栏、肉市一带，旧纪所载方壶斋等处，光绪初已无之矣。二簧班如四喜、三庆之类，秦腔如玉成、宝胜和之类，皆于各园轮演，四日一转，盖为均枯菀也。戏价则每座只京钱一千三百。视今日之名角登台，一座辄须一二金者，固非旧日名伶所能梦见也。③

中国人说戏，当然有外国人不可企及的内部知识优势，道行也

---

① 参见〔美〕刘易斯·查尔斯·阿灵顿：《古都旧景——65年前外国人眼中的老北京》，第169页。
② ［清］潘荣陛：《帝京岁时纪胜》，第33页。
③ ［清］夏仁虎：《旧京琐记》，转引自孔祥利校勘整理：《北京市志稿》七《礼俗志》，北京燕山出版社1998年版，第351—352页。

深,但也正因为太熟悉了,也就写得中规中矩,情感活动和戏曲人物也都活不起来。作者好像都远远地藏在民间众人的身后,所言无香色,缀以太平词,这也是局内人写局内人所致。

3. 节日

朝鲜使者还尽量参加北京市民的节庆活动,给寂寞的外交工作增添娱乐。在这种日记中,朝鲜使者写了不少与北京人的友好和摩擦,对无意中的冲突不以为然,谈笑置之。

前面曾说到洪大容曾在北京徐府参加正月十五观看燃灯一事。其实关于北京元宵灯会的盛况,他写得很多,百感交集,还有许多与朝鲜节日对比的精彩文字。

> 小路而北,达于大路,车马游人填咽,不可行。夹道朱窗绮户,千百宝灯,摩夏晃朗,金翠增其色,明月失其光,可谓升平之盛事,天下之胜赏也。凡庙堂佛寺,必悬于旗竿,远看耿耿如星,东国之俗盖出于此云。①

文中的"东国"即朝鲜,他在文中跳出的这些联想文字,让我们知道,朝鲜使者看了北京灯会,很容易动心动容,回忆故国的民间节日。从三位朝鲜使者的日记中,我们得知,当时北京元宵节的几处著名灯会,如前门、东华门的灯会等,他们都看过。同时期的北京民俗书也都提到了这几处灯会,内容也与朝鲜使者写的相似。稍早刻印的《帝京景物略》说,东华门的灯会最盛,绵延二里,开列

---

① 〔朝〕洪大容:《湛轩燕记》,第328页。

四市，为各省之冠。① 乾隆时《帝京岁时纪胜》一书说，前门的灯会最好，除了灯，还有博戏，包括骑竹马、猜蒙儿、打花棍等，游客也可以参与。② 稍后的《日下旧闻考》说，东华门"灯市"还不错，"商贾辏集、技艺比陈"。③ 但到了晚清的《燕京岁时记》就讲，东华门和前门的灯会都衰落了，只有东四和地安门的灯会最热闹。④ 如此看来，乾隆时期中朝双方书籍所共同记载的东华门和前门的灯会资料还是有特殊的历史价值的。另外，不同的是，在记载灯会的民俗活动种类上，中朝双方的观察点不同，所记资料便都很宝贵。例如，中国作者对民间游艺很热心，朝鲜使者对军事性质的民间竞技很喜欢，可能是与朝鲜使者的武官身份有关。这样，双方有不同的着墨处，我们就能获得不同方面的详细文字和观察评价。下面是朝鲜使者写在东华门灯会看北京传统箭艺竞技的一段：

> 正月十七日，与金平仲雇车由玉河桥循宫墙而北至东安门外下车，盖凡城内游观无定，向谁适意，便留。非甚不得已，不可用车马也。入门见墙内张布幕，聚数百人射的，幕中设椅桌，坐数人，盖主试者。幕前七八步，围木栅以栏人，射者七人为一队，东向序立，射者就幕前北向，射发一矢，退立于六人之下。以次进射，循环而毕。其的木马，机涂以纸，长几一丈，广为长五分之一，上下楼三圈，皆朱革织团，距远量不过

---

① 参见[明]刘侗、于弈正：《帝京景物略》，第57—58页。
② 参见[清]潘荣陛：《帝京岁时纪胜》，第10—11页。
③ [清]于敏中等编纂：《日下旧闻考》，第2348页。
④ 参见[清]富察敦崇：《燕京岁时记》，北京古籍出版社1981年版，第48页。

三十步。其射者虚肩实腹,高提后肘,俱有其式。又皆整容审发,极其才力,而终未见一箭中的。不唯不中,其歪横或出十步之外。……幕中一官,身短而貌丰伟,珊瑚帽顶,仪状尊贵,见我辈顾同列,指点良久。适射者并退,其人下椅,缓步至栅内,问余曰:"尔国亦有射乎?"余答:"一样,但弓矢皆小。"又曰:"射能几步?"余曰:"射者必以一百二十步为准,其最远者至五百步。"其人颔之而沉吟,若不信也。又曰:"尔国亦用角弓与木箭乎?"余曰:"亦有黄牛角弓,但有竹箭、无木箭。"又曰:"尔何官?"余曰:"七品下。"又曰:"几等下?"余曰:"没等。"又曰:"尔会满洲话乎?"余曰:"未也。"又曰:"别有能会者?"余曰:"有会者,亦少。"余又问:"老爷汉官也?"满洲答曰:"满洲。"余曰:"几品?"答曰:"一品。"盖其人一品武职,体面不轻,而身到栅下酬酢,无傲色,其简质如此,语音明白,无一句听莹可异也。①

明代准许军人参加灯会竞技,这在《帝京景物略》中已经提及,但只写了"例得与吏士军民等过市"一句,②别无其他,语焉不详。到了清乾隆时期,北京民俗书所写的灯会,便再不提此话,让我们无从知道这种传统箭艺是否还在延续?看了朝鲜使者的描写,才明白它到清乾隆时期还一直在民间流传,而且现场很活跃,军民同乐,中外人士都能参加,且玩且聊,气氛十分友好。还有,清代北京民俗书即便是写灯会,也只写作者本身的观感,不大写市民的反

---

① 〔朝〕洪大容:《湛轩燕记》,第329页。
② 〔明〕刘侗、于奕正:《帝京景物略》,第58页。

应,更不写作者与现场市民的对话,中国文人有点高高在上,有点孤芳自赏。朝鲜使者不同,他们对市民反应和市民对话都写。

4. 宗教

朝鲜使者很关注北京的民间宗教,并拿来与朝鲜的寺庙活动相对比。他们发现,清乾隆时期的关帝庙很多,城市乡村处处迎奉,"甚于奉佛"。上行下效,"家必有关公位,朝夕烧香惟勤"。可以说,他们的观察,是抓住了清朝民间宗教传承的特点。他们还提出,朝鲜的关公信仰与中国有关,说中国关公庙"如我国关庙制";说城内外有很多白塔,"宛是我国大寺古塔"。他们还说,北京戏曲也与民间宗教有关,"凡盖大庙,堂前必有戏台",观察得很细致。又说,对唱戏崇拜神灵的原因"莫晓其故也"①,这又说明他们作为外国人,要进入北京宗教的民间行为又很难。

在三位朝鲜使者的日记中,被重复记载最多的是东岳庙,三人都看到过里面的道教神像和地狱七十二司等神奇的模拟景象,饶有兴致地观赏道教建筑艺术,描绘自己作为外国人"倚栏顾眄",专看"朱碧灿烂,逈绝杂尘"的行为。②东岳庙现存朝阳门外,为中国北方道教的重要宫观,对虔诚膜拜的北京人来说,是腾不出这份精力来的。中国人看的是神灵,不是艺术。朝鲜使者与中国人是有距离的。在这种场合,他们按照朝鲜文化习惯活动,从有形文化的差异中,观察北京民间宗教的特点。清代北京民俗书籍,如《帝京岁时纪胜》《宛署杂记》和《日下旧闻考》等,记载东岳庙,

---

① 〔朝〕洪大容:《湛轩燕记》,第338—339页。
② 〔朝〕洪大容:《湛轩燕记》,第317页。〔朝〕朴思浩:《燕蓟纪程》,第892页。

也与朝鲜使者的着眼点不同。中国作者的优胜处在于，能记录东岳庙的进香事件，反映东岳庙香会与妙峰山香会的联系，①说明会首组织的作用，文字不多，底蕴深厚，能指出有形文化背后的无形文化，这就是朝鲜使者看不透的地方了。

5. 庙会

三位使者经常逛北京庙会，最喜欢去的地方是隆福寺。②清代的北京民俗书籍写隆福寺庙会，有个传统，即在天子脚下，讲究天高地厚。从明末的《帝京景物略》起，到清末的民俗笔记，凡提此庙会，都要讲"皇帝立也"，"皇帝择日临幸"等，③词语华丽，上下增辉。朝鲜使者无需顾虑这些，他们把隆福寺叫作"隆福市"，可见他们表达的自由度。他们到隆福寺庙会的目的，是观察北京的民间商贸，对比中朝特点，还观察清代北京贸易与世界市场的交流程度，可以说与中国人的心思不同。洪大容说，他在隆福寺看见一把军刀，"长可五周，尺广不如拇指大，碧净如黝潭色，照日闪闪如彩虹。微见西洋印记，问其价，刀主颇长者，熟视良久，曰：'你外国人，此刀定价十五两银子。'"他说，刀主是一位北京老人，他和老人开玩笑说："不中用，何索高价马？"④老人却昂扬回答："此西洋来的，天下宝也，有定价，当卖与知者，不知者吾不与卖。"很有天下沧桑感。他感慨老人识货，暗叹"此刀实西洋宝贝"，出价合

---

① ［清］潘荣陛：《帝京岁时纪胜》，第17页。另见《宛署杂记》："三月二十八日，燕京祭东岳庙，民间集众为香会，有为首者掌之。"参见［清］于敏中等编纂：《日下旧闻考》，第2354页。
② 三人都有关于隆福寺的记载，如〔朝〕朴思浩：《燕蓟纪程》，第890页。
③ ［明］刘侗、于弈正：《帝京景物略》，第43—44页。
④ 此句"高价马"中的"马"字是原文，疑为"高价码"之码或"高价嘛"之误。

理，自认虽非真心购买，却从中看到了北京人的丰富阅历。他是学者，不是腰缠万贯的胡商，观察社会文化的兴趣比购物更大，事后他的结论是，北京庙会不乏"西洋良工之利器也"，①北京与西方的贸易交流历史悠久。这些都是与中国人视角不同的地方。

朝鲜使者说，他们是老外，也有挨宰的时候，但他们明白，这是参与市井交易的生活体验，是在人际关系中产生的社会情绪，只要能够面对和经受，就能更多地了解北京人的观念和他们对外国人的看法。

> 至书画市，古今墨迹排比如栉，仓卒不能鉴赏。试就而问其价，必诳之以倍蓰，往往相语曰："他们何知书画？"循阶而南，至大雄殿前，台上列彝鼎古董、文房雅用，无所不有，欲买一花梨笔筒，问其价，为十数两，舍之而去，辄呼请更商，至六、七，返然，后定以一两二钱，始闻中国市卖有定价，不妄贾，意其为外国人而侮之也。细察其自相买卖其虚张胡讨，低仰之悬，绝反，甚于我国，则真汉话所谓"天下老鸦一般黑"者也。②

他们把北京人与朝鲜人对比，说在朝鲜人中，商贩的行为也相似，发财的心理是共通的，让我们想不到的是，他们竟用中国谚语把挨宰的心中不快一挥而去，说了句"天下老鸦一般黑"。

当朝鲜使者发现举止有悖于北京风俗时，也会给自己的行为

---

① 〔朝〕洪大容:《湛轩燕记》，第319页。
② 同上书，第318页。

画像，表示对北京人的愤怒的理解，从不恼怒，相视一笑。

> 亦有市如隆福寺，过此有乘车少妇，掀帘窥望，颇艳丽，平仲直视不回避，领点称奇，其帮子看车者蹲坐帘前，喃喃诟骂，平仲不之觉也。而已有群童数十，就呼"高丽帮子"，吆喝而追之，余促平仲疾驰，仅以免焉。①

他们依然称赞北京民俗比朝鲜"十倍宽厚，虽有盛怒诟骂者，一人发现自明怒者，则破颜开心，不复为疑阻色"。② 这种对中朝文化冲突的画像，把外国人对北京民俗的看法，从多个侧面，多条渠道揭示出来。我们从中能看到他们的内心世界，看到他们在异文化环境中生活的喜怒哀乐，看到他们眼中的北京俚俗百态。中国作者就不这么写，北京民俗书都不写上下冲突、官民冲突和内外冲突，只写文人作者的一面之词。这就将民俗记录的许多客观性给牺牲掉了。在后人看来，这是历史限制，但也可惜。

6. 书市

琉璃厂在清乾隆时已成为著名的书画市肆，此后两百年长盛不衰，一直是北京历史文化古城的窗口。③ 朝鲜使者常来这里，接受书香熏染。洪大容说，他入琉璃厂，"如入波斯宝市"，兴趣盎然。他以一个朝鲜人的中文学力，虽终日"不能鉴赏一物也"，但已饱

---

① 〔朝〕洪大容：《湛轩燕记》，第331页。
② 同上书，第293页。
③ 参见孙殿起辑：《琉璃厂小志》，北京古籍出版社1982年版。

餐古色,"见其焕然烂然",①心下满足,他真正是醉心于此的人。金正中和朴思浩也表达过同样的意思②,认为在藏书方面,朝鲜是可望而不可即的。

他们还在琉璃厂观赏民间艺人的杂技表演。我们需要指出的是,对琉璃厂的杂技,清代北京民俗书籍也写,但往往寥寥数语,不及写上层人士的宝马香车那么起劲。《帝京岁时纪胜》写琉璃厂的杂技,只八个字:"门外隙地,博戏聚焉。"③嫌轻嫌少。近人孙殿起悉心收罗琉璃厂史料,提起杂技,也只说:"厂西隅为杂耍场,内有变戏法者",并无他话。中国作者即便写了一两句,也都没有凑前近看,好像对民间艺人的技艺和市民的现场反应不感兴趣,只在远处端端肩膀罢了。朝鲜使者看琉璃厂的杂技,无身份贵贱之分,是夹在人堆里看的。他们跟着市民拥挤,走到近前看艺人的杂技,耳旁听着市民的狂喜叫喊,再把这些都记下来,这就为后人留了可贵的资料。至今我们阅读他们当年的记述,仍有身临其境之感。

> 尝游琉璃厂,道左千人拥聚,挨排不可入。遥望数丈长竿,尖锐如锥,上置径尺大磁碟,磨转良久,而不倾下。观者齐声喝彩,盖其技巧之极,亦幻术之类也。④

---

① 〔朝〕洪大容:《湛轩燕记》,第319页。引文中的"焕然",原文为"环然",似为误笔。
② 参见〔朝〕朴思浩:《燕蓟纪程》,第849、898—899页;〔朝〕金正中:《燕行录》,第533页。
③ 〔清〕潘荣陛:《帝京岁时纪胜》,第9页。
④ 〔朝〕洪大容:《湛轩燕记》,第334页。

朝鲜使者回到使馆后，竟把民间杂技艺人请到使馆中表演，可见他们看也看不够。在这种室内的小型演出会上，民间艺人又是表演，又要随时满足朝鲜使者的参与心理，双方可进行活泼的交流。通过这种活动，朝鲜使者对北京人的底层生活和民间艺人的高超技艺增加了认识。

> 正月初八日，任译招致幻术三人于馆中，以供使行一观。皆仪状庸迷，衣帽垢弊，优伶贱品也。使试技于中庭，环阶而观者累百人。先设高桌，一人立于其南，铺红毡于桌上，四顾谈笑，咻咻不已。盖称其技术之妙，且言其桌毡光净无他物。良久，取黑布小袱，振拂数下，招鲜人铺于毡上，仍令以两手抚摩之，使袱、毡平贴于桌。此时万目丛视，毫无他物。术者仍却立，又四顾语。良久，手提袱心，乍举乍下者数次，倏尔脱去，忽有一大画碟宛在毡上，满盛胡桃、干栗诸杂果数升许，麻雀四五首其上，决起而飞，或止于屋上，振刷良久而去。此一庭所共见，相顾称奇。而莫晓其术也。又提袱如前，脱去，乃一大碗水，四五红鱼摇泳于水草中。术者张目四顾夸其能，即令人持碟碗去，两手捧之，徐行惟谨。诸译言："术者将施技，必前期装置于外，不假人而术以致之，及还出，必使人云。"盖能现而不能隐，幻其来而不能幻其去，岂术有通塞欤？①

这方面的资料在中国十分稀少，这样朝鲜使者的记载就显得格外珍贵，我们由此能知道许多当年琉璃厂艺人的信息。淳朴善

---

① 〔朝〕洪大容：《湛轩燕记》，第334—335页。

良的艺人还把老外招到"毡上"参与表演,让老外大饱眼福,老外也乐得跟民间艺人互动,放心跟随艺人的表演节奏观察,这种学者对艺人的友好回应和近距离的观察姿态,也令人印象很深。现在这些琉璃厂的民俗人物和民俗场景已不可再生,所以对这些朝鲜使者的现场记录,我们还不嫌其冗长、不嫌其繁缛,而且希望越多越好。

结　语

第一,利用跨文化外交史料可以获得以下认识:(1)清代朝鲜使者以宗藩国的身份与清乾隆政府的政治文化交往量和交往面都在增加,从一个侧面反映了清代乾嘉盛世的开放和包容气象。(2)清代康乾时期中国与西方、中东和东北亚国家交往增加。(3)朝鲜是历史上使用汉字的国家,朝鲜使者表现出汉字文化圈国家之间的共享汉字认同。朝鲜也是受到儒家思想影响的国家,朝鲜使者来华后,通过与中国社会的知识沟通、民俗沟通和历史文化沟通,提升了自身的学问,也增加了对汉文化圈和儒学的认识。(4)他们从北京看中国,看中东国家,看俄罗斯,看西方,看世界,扩大了对清乾嘉政府建设满汉多民族交流文化的感触,增强了以中国为样板,建设朝鲜社会的信念。(5)他们作为外国人观察和分析中国政治文化和国家形象,有外国人的文化定位和思维习惯,能反映外国人谈论中国的心理、认识和距离感,能描绘当时中国人在外国人眼中的整体地位。这些阐释,是清代乾隆时期的中国作者做不到的。

第二,清代朝鲜使者日记个案研究的方法包括以下几点:(1)开展具体研究。个案研究重视具体,以及由具体所体现的社会发展的动态部分。(2)建立多边文化观。中朝思想文化交流的历史源远流长,外部世界的压力增进了两国睦邻共存、共享文化认同的需求。(3)寻找共享点。朝鲜使者在他们的日记中提到了许多两国文化共享点,这在当时有利于他们从事外交活动,今天也可以参考。(4)立足现代立场。现在距清乾隆初年已近三百年,我们更需要以跨文化的视角,理解多元社会,理解建立人类命运共同体的重要性。

第七讲　社会模式与水利社会

跨文化社会史研究必然会涉及的一个基本问题，是中国社会模式研究方法与中国社会的性质，目前热议的人类文化多样性就与此有关。近些年的研究又发现，人类文化多样性在史前社会就有，不过后来大都断层，没有形成文化连续性。中国社会不同，中国拥有文化连续性，中国社会内部还有多民族和多地区文化构成的文化多样性，但中国历史文明没有断层而延续至今，这种社会模式应该如何研究？1950年代国际学界提出过一个论断，认为中国属于"水利社会"，即由国家管理大型水资源所确立的中央集权社会，但提出者对中国社会文化传统缺乏认识，也不了解中国多元一体社会形态，所以这种说法并不符合中国实际。但不管怎样，"水利社会"已成为一个跨文化的问题，本讲就从这个问题切入，具体切入点是华北水利社会。

华北有800年历史的中国首都北京，首都是国家的政治文化中心，也代表着中国的国家形象。华北还有记录18000年前人类活动信息的周口店北京人遗址，是亚洲大陆人类社会独有的文明史证据。[①] 华北有中华民族的母亲河黄河，有世界文化遗产京杭

[①] 参见中华人民共和国联合国教科文组织全国委员会编：《世界遗产与我们》，北京师范大学出版社2004年版。

大运河。它们流淌在华北大平原上,承载着源远流长的中国社会文化。但华北也严重缺水。上面谈到的1950年代国际学界对中国水利社会的讨论,其核心部分就在华北,因而,华北社会模式与水利社会关系的研究,在跨文化社会史研究中具有特殊位置。

在跨文化视野下观察社会史研究的模式,大体有四种:一是婚姻史模式,核心问题是父系与母系;二是人类史模式,核心问题是自我与他者;三是精神史模式,核心问题是长时段与短时段;四是文化史模式,核心问题是多元与共同。本讲回顾学术史,解释其概念界定、基本知识、理论框架与研究方法,主要围绕社会模式理论与水利社会个案研究的主线,从这一个角度,讨论中国社会模式的性质与研究方法。

一、婚姻史模式:父系与母系

史前社会和早期家庭制度的研究,自19世纪至21世纪初,受到直线进化论的影响,肯定父系社会为人类先进社会模式,母系社会被当作神话般的无稽之谈。但近年大量出土的考古资料,以史前至中世纪为主要时段,对母系社会和母权制是否存在这一长期争论的问题,重新提出质疑。考古发现证明,史前时期存在过母系社会,而且有较为广泛的世界分布,还有丰富的文化多样性。这也对以往父系社会是唯一社会进步模式的结论提出了挑战。这就再三提醒学者,不能对人类社会史轻易下结论。还有,跨文化的文本大都是平行文本,对之需要开展考古学与民俗学的交叉探索,这有助于学者对人类多元社会模式做更精细的研究。

社会史概念的研究始于19世纪,在欧洲和北美地区几乎同时进行,先驱学者有巴霍芬(Johann Jakob Bachofen)、摩尔根(Lewis Henry Morgan)和恩格斯(Friedrich Engels)等。

　　巴霍芬是第一个提出"母权"一词的人。按照他的学说,母权制是在杂婚时代之后开始的,当时实行一夫一妻制,妇女掌权,家产继承权在母亲和子女之间进行,母权制度是社会秩序的决定因素。在母权制社会中,妇女拥有普遍的自由,男女两性平等,女性在社会事务中唱主角。在母权制被父权制取代后,母系社会的合作权力向父系权威权力过渡。① 巴霍芬及其追随者,也包括他的一些批评者,在这项研究中,都把母系社会与母权制的概念混同,将两者相提并论,并在这一前提下,承认妇女在母系社会中的支配作用。

　　摩尔根是在易洛魁的塞内卡部族中生活过的人类学者,对母系社会有过深入的调查。他在著作中构建了比巴霍芬更庞大而平衡的家庭形态系统。② 母系社会存在,但不等于母权制。

　　恩格斯将巴霍芬的学说与摩尔根的理论加以综合,再做发展,

---

　　① Johann Jakob Bachofen, *Das Mutterrecht: Eine Untersuchung über die Gynaikokratie der alten Welt nach ihrer religiösen und rechtlichen Natur*, Frankfurt am Main: Suhrkamp Verlag, 1861/1975. Nils Blomkvist, *The Discovery of the Baltic: The Reception of Catholic World-System in the European North (AD 1075-1225)*, Leiden and Boston: Brill, 2005, pp. 61-110. Peter Davies, *Myth, Matriarchy and Modernity: Johann Jakob Bachofen in German Culture, 1860-1945*, De Gruyter, 2010, pp. 11-15.

　　② Lewis H. Morgan, *Ancient Society, or, Researches in the Lines of Human Progress from Savagery, through Barbarism to Civilization*, New York: Henry Holt and Company, 1877. Friedrich Engels, *Perekonna, eraomanduse ja riigi tekkimine: Seoses L. H. Morgani uurimustega*, Tallinn: Eesti Riiklik Kirjastus, 1884/1958, pp. 7-18. Eleanor Leacock, *Myths of Male Dominance: Collected Articles on Women Cross-Culturally*, New York: Monthly Review Press, 1981, pp. 85-105.

提出人类社会进化的三阶段说,即蒙昧时期、野蛮时期和文明社会。母系社会是处于蒙昧时期与野蛮时期之间的社会形态,那里无妇女压迫,存在两性平等。在政治权力侵入亲属制度后,母系社会瓦解。①一些早期研究者也认为,父权制取代母权制是私有财产出现的结果。

19世纪的学者大都按照进化论的观点,认为人类社会是由低级阶段向高级阶段发展的,社会史与家庭史的变化同步。母系社会没有达到欧洲文明的先进水平,处于低级阶段,是被排斥的。②父权制和一夫一妻制是先进的社会组织形态。在父系社会,父权占优,男性势力是主导。

20世纪上半叶,几位著名学者投入了社会史和家庭史的研究,并撰写了他们一生中最有光彩的著作,首先要提到列维-斯特劳斯(Claude Levi-Strauss),他提出的神话结构社会的观点,打破了将人类社会史与精神史混同研究的僵局。他主张将社会结构、神话结构、文化结构与思想结构做共同研究,同时可以使用历时研究、共时研究与多角度研究的各种方法开展研究,这就为多线进化社会研究打开了局面。他还指出,社会现象与文化现象的发展未必同步,并出版了极富创造性的著述,为社会史研究矗立了新的里程碑。

美国女学者玛格丽特·米德(Margaret Mead)的名字在社会史研究的任何领域都要提到。她简直就是一位描述的天才。她的

---

① Friedrich Engels, *Perekonna, eraomanduse ja riigi tekkimine: Seoses L. H. Morgani uurimustega*, pp. 51, 41-50.

② Cynthia Eller, "Matriarchy and the Volk", *Journal of the American Academy of Religion*, Vol. 81, No. 1, 2013, pp. 188-221.

著作《萨摩亚人的成年》(1928)和《三个原始部落的性别与气质》(1935)是少有的成功之作。她以女性学者特有的敏感理解和书写他者的社会史和家庭史,为学术界揭开了文化多样性的另一角。她能做到这一点与她的挚爱情感有关,她的挚爱情感又与维护本土传统有关。米德的研究,涉及了性别、集体性和代际关系等社会史研究至今讨论的问题,而正是挚爱情感的内心流溢,从根本上成就了米德对这些问题的认识,又把那些与其出身的社会文化不同的他者世界的人们,引入自我社会文化和精神空间之中,成为可供研究的对象。在男性学者占支配地位的年代,理性思维和理论分析成为主要方法,这曾带来了学术进步,但过度理性也让各种差异文化面临被同质化的危险。

1970年代末,美国学者埃利诺·李库克(Eleanor Leacock)、苏珊·肯特(Susan Kent)等提出,历史上存有两性平等现象的社会中就有母系制度。① 从前人类学者大都使用南美和北美的个案,那里当时正被殖民者入侵。殖民者来自男性支配的父权制社会,他们用自我文化的眼光自以为是地描写社会史。从一些个案中还可以得知,这种母系社会很快就被殖民主义者给改造了。② 他们不认可父权制是人类社会的常态,并且提出新假设,母系社会中的女性地位非但没被夸大,反而是被早期学者给低估了。

---

① Eleanor Leacock, "Women's Status in Egalitarian Society; Implications for Social Evolution", *Current Anthropology*, Vol. 19, No. 2, 1978, pp. 225-259.

② Eleanor Leacock, *Myths of Male Dominance: Collected Articles on Women Cross-Culturally*, pp. 133-162. Susan Kent, "Egalitarianism, Equality, and Equitablepower", in Tracy L. Sweely, eds., *Manifesting Power: Gender and the Interpretation of Power in Archaeology*, Routledge, 1999, pp. 30-48.

二、人类史模式：自我与他者

马林诺夫斯基的地方社会史研究做得相当出色，他从自我与他者的角度提出的两个观点都很有名：一是外来学者所携带的自我文化与学者眼中当地人的他者文化是两条平行线，自我与他者之间是很难逾越的；二是外来学者通过经济、人口的统计与制度研究的方法，可以恢复他者社会的面貌。他的这些思想给后世带来长期的影响。[1]

费孝通是马林诺夫斯基的中国弟子，但把老师的他者研究范畴，转为自我社会研究的范畴，即研究中国社会本身，同时使用自我与他者结合的观念与方法开展研究，这是一个很重要的转折。费孝通的学术贡献，在西方人看来，有三个突出特点：一是在西方学术界影响最大的中国本土民族志学者，二是介绍中国人与英美人和英美社会的高产作家，三是政治家。他把对中国社会模式的研究与他的社会实践联系在一起，是终生致力于乡村社会建设的理论家与实践者。他在清华大学和北京大学恢复了社会学和人类学的学科，培养师资，开展教材建设，也尽力推动少数民族地区的

---

[1] Bronislaw Malinowski, *Argonauts of the Western Pacific: An Account of Native Enterprise and Adventure in the Archipela goes of Melanesian New Guinea*, New York: E. P. Dutton, 1961; Illinois: Waveland Press, 1984.

战略性研究与地方社会发展。①这些努力都对扩大中国社会史研究人才队伍起到奠基作用。在费孝通生前，欧美学者在研究中国社会史上影响较大的，还有弗里德曼（Milton Friedman）在中国香港开展的宏观社会研究，②以及杜赞奇（Prasenjit Duara）和黄宗智（Philip Huang）使用日本"二战"时期搜集的"满铁"资料所做的中观社会研究。③

上一讲提到，钟敬文研究民俗社会。他强调，重视叙事的力量，注意文化间的差异，激发民俗的自正律和轨范性，共建和谐社会。

三、精神史模式：长时段与短时段

1930年代至1960年代，法国年鉴学派崛起。这一派学者出身历史学，但吸收了马克思主义、地理学、社会学、人类学和精神分析学的思想，提出全新的社会史研究方法，产生了颠覆性效

---

① 参见〔美〕欧达伟："费孝通的学者、作家和政治之旅"，《北京师范大学学报（社会科学版）》2008年第1期。此文的英文题目为"Fei Xiaotong [Hsiao-Tung Fei] (1910-2005)"，2005年发表于《美国人类学者》（American Anthropologist）杂志。2005年10月欧达伟教授到北京师范大学与作者开展合作研究期间，双方合作将此文译成中文。

② 参见〔美〕莫里斯·弗里德曼："论中国宗教的社会学研究"，〔美〕武雅士：《中国社会中的宗教与仪式》，邵铁峰译，郭潇威校，江苏人民出版社2014年版。

③ 参见〔美〕杜赞奇：《文化、权力与国家：1900—1942年的华北农村》，王福明译，江苏人民出版社2003年版。Philip Huang, *The Peasant Economy and Social Change in North China*, Stanford: Stanford Universiy Press, 1985.

应。①年鉴学派的理论要点有三：第一，自下而上地研究人类社会史，以问题史取代以重大历史事件为内容的叙述史；第二，开展长时段的研究，以人类活动的总体史取代孤立的政治史，摆脱短时段研究的片面性；第三，提倡交叉学科研究和综合性研究，吸收地理学、社会学、心理学、经济学、语言学、人类学、民俗学等多学科研究成果，改变传统人文社会科学各学科之间互不搭界的弊病。

本讲开头提到的魏特夫（Karl Wittfogel）的"水利社会"问题也发生在这一时期。魏特夫是德裔美国历史学家，他根据马克思研究印度东方社会提出的"亚细亚生产方式"的观点，加以个人的发挥，提出中国东方社会是东方专制主义的水利社会的观点。他认为，中国由于地理环境的原因，大部分地区在农业需水时缺水，跟地球的其他地区相比，建立大面积控制水利网络对中国来讲异常重要。由于中国地域广阔，这种对水的大规模需求只有依靠中央集权制的组织才得以实现，因此中国产生集权统治，形成农业官僚体系。魏特夫称这种中国特殊社会形态为"水利社会"，并称中国社会管理方式是官僚与小农经济结合的"东方专制主义"。在这种社会体制中，只有统治者的意志，没有法律。② 此观点一经提

---

① Peter Burke, *The French Historical Revolution: The Annales School, 1929-89*, Stanford: Stanford University Press, 1990.

② K. A. Wittfogel, "Chinese Society: An Historical Survey", *Journal of Asian Studies*, Vol. 16, No. 3, 1957, pp. 343-364. 在汪德迈先生到北京师范大学讲学之前10年，我曾邀请法国高等社会科学研究院蓝克利（Christian Lamouroux）教授来北京师范大学授课，蓝克利教授曾详细阐述了魏特夫的观点，并提出他的批评意见。我们自1997年至2003年在山陕地区进行的中法合作项目的理论假设也因魏特夫而起，但从中国古代社会性质研究切入魏特夫的学术问题，并从哲学、儒学和语言文字学角度给予深刻解释的是汪德迈先生。

出,轰动一时,西方人似乎都在讨论中国的"水利社会"问题,是这样吗?

法国汉学家汪德迈不同意魏特夫的看法。汪德迈认为,界定中国社会的性质,要看到文化才是长时段的力量。魏特夫对中国和埃及的比较分析提出,在埃及和中国,要控制的重要的大河(如尼罗河、黄河)的水资源,这种大河都是很难控制的大型水资源,所以政府就不得不使用中央集权统治的办法。中国历代政府要发展农业,就要控制大河水源,就要建立封建集权社会。埃及历代政府要发展农业,也要控制尼罗河的大型水源,所以古代埃及也有集权政府。中国与埃及两国在这个问题上有共性。汪德迈提出,魏特夫在这个问题上搞错了,中国古代是皇权制度,埃及古代是法老制度,两者的制度不同,社会模式也不同。为什么魏特夫会出错?这是因为魏特夫没有注意文化的作用。中国和埃及有不同的文化。文化是社会意识形态的基础。魏特夫要提出历史观与经济观结合的大理论,但历史观不考察文化,就不了解意识形态;只考察生产方式,就无法真正了解一个国家社会的历史。[①]

魏特夫研究中国社会,没有采用父系与母系,或者自我与他者的研究方法,他采用了短时段的政治学方法,只考察中国上层政治,关注官僚系统的治水运行,不研究长时段的中国传统文化和基层社会运行,这是远远不够的。

现在我们对以上三个模式做个小结。

(一)母系社会的存在是观察社会模式的多样性的一个基本

---

① 参见〔法〕汪德迈:"所谓亚细亚生产方式与古代中国社会生产真正的特殊性",《跨文化对话》2020年第42辑,第100—102页。

点。母系社会的权力运行是多元化的。妇女有自主性,舅权和姐妹的儿子的继承权也都能发挥作用。其婚居方式也有多样化的形式,如不落夫家。女性掌权,男性只在某些方面受到重用,但男女合作和双方协商也很常见。母系社会的文化多样性集中体现为其合作权力结构。

（二）血缘家庭共同居住不是父系社会的唯一解释。[①]以往学者似乎都认为,对父系社会或父权制家庭的唯一解释是血缘家庭的共同居住,母系社会的共居制不如父系社会那么普遍,但这不足以否定母系社会的存在。

（三）社会史的不同步进化或社会史与家庭史的不同步进化。1970年代,埃利诺·李库克将两性社会平等与社会分层结构的问题联系起来考察,[②]他指出,人类社会史与家庭史不平衡发展是一部复杂的历史,因此要深入观察社会权力的多元结构模式。经他们研究,好几个曾被认为是社会同步进化的结论被推翻了,一些社会史与家庭史共同进化的类型也被重新分类。

（四）史前社会史与家庭史的形态是多元的。经调查研究,在这方面,存在家庭合作权力结构,也有社会多元分层结构。[③]埃里森·劳曼（Alison Rauman）研究北美南部的史前社会,他认为,这种社会制度和家庭形态可以被定义为平等社会,但与其他结构复

[①] Linda Stone, *Kinship and Gender: An Introduction*, Second edition, Westview Press, 2000, p. 65.

[②] Eleanor Leacock, "Women's Status in Egalitarian Society: Implications for Social Evolution", pp. 225-259.

[③] R. D. Drennan, Ch. E. Peterson & J. R. Fox, "Degrees and Kinds of Inequality", T. D. Price & G. M. Feinman, eds., *Path Way Stopower: New Perspectives on the Emergence of Social Inequality*, 2010, Springer, pp. 45-76.

杂的社会相比，这种社会的家庭合作权力层级性并不简单。①

（五）合作权力、集体财产与母系社会三者应联系起来考察。伊恩·霍德（Ian Hodder）在土耳其的加泰尔霍约克做了考古遗址挖掘，他的结论是，跨文化的宏观社会考察能提供诸多个案，可以提示我们，对史前社会的研究要立足于实际资料而不能先入为主。

（六）跨文化平行民俗的支撑点：（1）女性在民俗生活中占主导地位；②（2）民俗叙事中有掌管各种事物的母亲，如大地之母、水之母、幸福之母和悲伤之母；（3）民俗信仰中有女神崇拜，③神话里有超自然母亲；④（4）社会制度中有女性继承权；⑤（5）服饰中有女性文化符号；（6）婚礼的主持人是女家长，代表娘家的男性不是父亲，而是新娘的兄弟；⑥（7）兄弟姐妹对所有民俗都有决定性的意义。⑦

---

① Alice E. Rautman, "Hierarchy and Heterarchy in the American Southwest: A Comment on Mcguire and Saitta", *American Antiquity*, Vol. 63, pp. 325-333.

② Triinu Mets, "Vaimne elu: mõnda usundilistest kujutelmadest", M. Mägi, ed., *Eesti aastal 1200*, Tallinn: Argo, pp. 69-90.

③ Marisa Rey-Henningsen, *The World of the Plough Woman: Folklore and Reality in Matriarchal Northwest Spain*, Helsinki: Academia Scientiarum Fennica, 1994, pp. 191-197.

④ Linda Stone, *Kinship and Gender: An Introduction*, Second edition, pp. 132-133.

⑤ Marika Mägi & Jana Ratas, "Eestlaste rõivastus", M. Mägi, ed., *Eesti aastal 1200*, Tallinn: Argo.

⑥ Ilmar Talve, "Morsiamestanuorikoksi: häidenrakenneitämerensuomalaisilla", *Sananjalka: Suomen Kielen Seuranvuosikirja*, 29, pp. 127-167. Marika Mägi, "Abielu, kristianiseerimine ja akulturatsioon: Perekondliku korralduse varasemast ajaloost Eestis", *Ariadne lõng IX*, 2009, pp. 76-101.

⑦ Merili Metsvahi, "Venna ja õe abielu tagajärjel tekkinud järve muistend: Perekonnaajaloolisi tõlgendusi", *Keel ja Kirjandus*, 2015, pp. 573-588.

四、文化史模式：多元与共同

自1996年至2009年，在中国深化对外开放的学术背景下，一批国际学者来到中国从事合作研究，包括法国年鉴学派汉学家的来华调查。我应邀参加的中、法、英、美国际项目，都从不同角度涉及了华北水利社会研究。我们的调查组到达陕西、山西、河北、河南和北京的数百个村庄，也对比调查了一些城市社区，编写过300万字以上的田野调查资料集，出版了《不灌而治》等著作。①中国学者与海外汉学家共同研究，对话魏特夫的问题。我们的调查范围如下：

一是国家管理水资源，包括主要河流水域：黄河（流经陕西和山西部分）、汾河（山西境内）、永定河（涉及北京用水的河北部分）；以及人工运河：京杭大运河（北京通州、海淀积水潭和京郊西山）。

二是民间管理水资源，包括华北基层村社管理的民渠、地下水（泉水）、地表水、井水、机井水、池水。

三是民渠工程与分类，包括渠首、上游村、中游村、下游村、斗门、蓄水池、分水池、水利碑、水利簿和水册，以及特殊水利建筑，如龙王庙和玉皇庙。

四是用水概念：水利、水权、水日、水利纠纷、灌溉用水、生活用水。

---

① 董晓萍、〔法〕蓝克利：《不灌而治——山西四社五村水利文献与民俗》，中华书局2003年版。董晓萍等：《北京民间水治》，北京师范大学出版社2009年版。

第七讲　社会模式与水利社会

我们开展华北水利社会研究个案的要点是，重视国家管理水资源制度，但不是采用魏特夫的自上而下的视角，而是采用自下而上的视角，以研究基层社会民渠为重点，深入实地调查，提出不同的问题，例如，中国水利农业对社会形态的影响是统一的还是多元的？水利系统与社会结构和政治体系的关系是什么？

（一）民间管理以社会关系控制生产关系

一般研究社会史有社会形态（亲属制度、婚姻制度、分配制度、权力或权威继承制）和家庭形态（生育、抚育、经济、赡养）的研究，但这些框框都不适合我们的个案。我们的个案点位于山西晋南旱作农业区，当地有村社自治管水组织，内部称作"四社五村"。四社五村不是水利社会，而是村社管理的民渠滋养的小户型社区。四社五村地处山西洪洞、霍州、赵城三县交界，共15个村庄，缺水记载长达八个多世纪。这些村庄共用一条搜集地表水积蓄的古老民渠，自管自养。在极端缺乏水资源的情况下，四社五村对外封闭，在内部执行严格的不灌溉制度，只保障生活用水。农民依靠山区地理气候条件，维持低水平的雨水浇灌农业作物，其余生活来源靠采集山货和跑车运输。家户收入水平不高，但人心均平、社会稳定。

与以上社会史研究模式相比，它的不同点如下：

1. 并非父系或母系模式的社会分类

（1）四社五村的社会形态是一种集体用水社会模式。权力机构是村社水利自治,由男性社首组成,全面掌握当地民渠的水权。社首所在村称"水权村"。共四个水权村,分布在民渠的中游和下游。历史上将这种有水权的村庄也称"社",共"四社"。"五村"指"四社"之外的一个上游村,位于水源地附近,它没有水权,但被赋予管理水源地附近各村的职能,因而在当地也有一定的威望,被排在"四社"之后的第五个村,故称"五村",意思是排行老五。"四社"轮流执政,"五村"协助,实行水权轮流管理,农民称"轮流坐庄"。这种社会形态没有集权,没有专制和垄断。

(2)四社五村的家庭模式完全服从当地用水社会形态。亲属关系服从用水管理制度,没有徇情照顾。水利纠纷村之间没有婚姻关系。违法用水者虽亲属严惩不贷。亲属关系与婚姻关系都不是社会结构的构件。

(3)财产继承制。当地没有财产继承概念。社首组织召开每年一次的"清明会",把账本烧掉。社首将水劳力、水集资与水利益全部处理成公共事务。避免形成私产。

(4)四社五村的分配制度。有限水资源是四社五村最大的财富,公平分配用水是四社五村的最高理念,公平分配用水是当地习惯法,任何情况下不得违抗。首次,是自下而上分配用水。从地理上说,水渠自上而下所流经村庄,都可以顺势取水,这是"合乎水性"的。但四社五村却世世代代恪守自下而上的用水制度,而不是取水制,并称此为"合乎人性"。民渠水以每月28天为一个周期,按水日分配,上游水日少,下游水日多,留出2天或3天处理婚丧、建房等机动用水。这种做法公平合理,农民称服,都把节约用水当做常态生活。农民习惯于团结应对灾害,避免陷入断水绝境。这些个案点与灾害共存几百年,在一定程度上成为华北缺水社会节约用水的缩影。

2. 非水利生产关系社会的非物质文化分类

（1）社会关系居于首位。在四社五村实行不灌溉农业制度，因而不存在水利生产关系。当地社首组织带领农民全力以赴保障生活用水，所以缺水农民的社会关系并不紧张，相反他们非常团结，非常心齐，心照不宣地以社会关系控制生产关系。社首都是村长或村民委员会成员，为了巩固村社水治的领导地位，他们将村社行政管理权、家族权威与祭祀龙神的神权相结合，创造了微型的儒家礼治与水治权力胶合的权力模式，简直就像法国汉学家汪德迈从四社五村拷贝了"礼理"的概念（顺便说一句，汪德迈根本不知道四社五村）。① 社首控制的底线是生活用水的需水量，即以需水量控制输水量，维护民渠工程的常年有效运转。

（2）借助神权命名水源地和生态环境。中国传统文化的一个特色是将寺庙都建在生态环境优良的地点上，四社五村也如此，上游村水源地的龙王庙建了几百年，社首每年祭拜，定期维修。农民在这里通过碑刻叙事和仪式表演传承节水文化。龙王庙附近的水源地村庄长期保持山区秀美的生态环境。

（3）民渠用水系统与用水分类。四社五村的民渠按四个系统输水，一是送水系统，水权村管理，"自下而上"送水。以下为"大"，老大住下游村。下游村的社首也是大社首，中下游村的社首是二社首，中游村的社首是三社首，临近上游村的社首是四社首。水源村无社首。民渠从上游流到下游一路按水日送水，最后要达到保

---

① 参见〔法〕汪德迈：《中国思想文化研究》，中国大百科全书出版社2016年版，第72—78页。

证下游村得到规定的水量以解决生活用水的基本标准。第二个系统是借水系统,指各家各户之间生活用水互通有无,规定借水不还。第三个是用水系统,指家庭内部人畜之间循环用水和节约用水。第四个是特殊用水系统,指信仰用水,水量很少,以意义为主。在这四个用水系统中,只有第一系统由男性社首负责,其余三个系统都以家庭为单位执行,由女性家长负责。水渠入户后,女家长分类用水。

四社五村十分有限的水资源得到了几百年的延续利用。当地农民珍惜用水、智慧用水、团结用水,水成为高尚的非物质文化,帮助农民建成与干旱共处的小户型社会。

(二)政府实行社会关系与生产关系二元管理

我们调查研究的一个对比个案是北京城市用水,其中的一个调查地点位于河北永清县的永定河洪泛区。因与北京用水息息相关,政府高度重视。从清代康熙时期起,政府还加强了对永定河的堤防管理,派驻永定河河兵,同时在河堤沿岸村庄招募村民,实行昼防、夜防、风防和雨防,为北京水粮供应提供安全水道,同时也确保北京城防安全。至清乾隆时期政府官员于敏中主持编修的《日下旧闻考》,还有对永定河永清段的记录:"其南出者,永乐间改西南流,嘉靖初徙固安北、东入永清,经霸州东北,达信安入海。万历中,徙固安西四十里,寻复徙城南,泛滥固安、永清之境,后徙固安北。"[①]晚清周家楣、缪荃孙等编纂《光绪顺天府志》继续记录永

---

① [清]于敏中等编纂:《日下旧闻考》,第2011页。

清县的永定河:"(永定河)又改流,东过永清东,经赵百户屯,东南流其东出者,故道也。经河西屯西,又东经西黄金庄西,南人营出界。"①一旦政府决定泄洪,会对洪水淹没的村庄和土地采取充分让利免税政策。当地村民的灾前迁村和灾后回迁也有地方风俗,既配合政府,也能迅速搞好灾后重建。政府与民间二元管理,把洪泛区的祸水变成了肥水,土壤与人民都得到了休养生息,又缓解了北京城市水灾的压力。这是我国华北地区官民合作治水的一个典型。

(三)华北水利社会研究的特殊性

我们开展自下而上调查和自上而下调查,从两个方向考察和研究都证明,从文化史的角度研究社会模式是必要的,我把与法国历史学者合作撰写的著作《不灌而治》的"总序"中的一段话抄录如下:

> 这些资料所揭示的地方社会史是有特殊性的。它们并不反映功能学派所强调的社会运行的基本要素,如人口的增减、土地所有制和资产结构的变迁等。它们所反映的是村落、家族或个体成员之间在管理水资源上遇到的具体问题,如强调水源地的地点和水源分类、水渠的确切位置、维修渠道的

---

① [清]周家楣、缪荃孙等编纂:《光绪顺天府志》,北京古籍出版社2001年版,第1255—1259页。

技术手段，管理渠水系统的授权、控制、调动和分配水资源的村社组织及其规章制度，还有水的概念、对用水行为的理解、象征性用水的内涵及与之相关的用水习俗等。总的说，它们从自然地理、技术事实、水利制度和民间管理组织诸方面，介绍了丰富的地方知识，让我们能够从中分析基层社会的组织形式和组织能力，民间组织与县级官方政府的关系，和由自下而上的角度所折射的当时社会和国家的形象，我们由此得到了一把分析基层社会的钥匙，这正是我们的研究目标所在。①

总的说，华北水利社会有什么特殊性呢？一是多样性，二是传统文化根基的作用。以下稍作具体分析。

1. 水的非物质文化构成社会意识形态

华北水利社会以大型水资源较少和水资源乏匮为特点，节水水利成为社会结构的支配性制度，乃至成风化俗，被用来构架地方的人际关系。当地的婚姻关系、贸易关系、宗教关系和行政关系都服从不灌溉水利关系，并以此形成华北水利非物质文化遗产。在我们调查的另一个个案点——陕西泾阳县泾惠渠附近的农村，距黄河很近，不缺水，但仍有"自下而上"的用水习惯法和节约用水的观念。在我们深入调查晋南缺水地区多年后发现，原来当地也不止一个四社五村，还有其他的四社五村，那里也有明清水利碑，

---

① 董晓萍、〔法〕蓝克利："总序"，《不灌而治——山西四社五村水利文献与民俗》，第5页。

也有自己的社首和故事。这些个案分布于多点，形成多种多样的小户联盟组织，与近年一些学者从事的多点民族志（Multi-Sited Ethnography）研究相近。这是近年人类学和民俗学转型研究的一种新趋向，指抛弃以往针对单一个案纵横向调查的"元方法"，对那些具有地方转场现象的多点个案做调查，发现地方转场在历史文化和传统社区的差异的"自然"单位中长期存在，描写它们跨越不同地点的运行、社区认同和在生活过程中的各阶段相互交织的交流方式，再解释它们的现代社会形态。[1]一些学者认为，多点民族志才是有效的民族志。其实我看不要这么着急下结论。在我国，近几十年来，人文社会科学学者都比较注意多地区、多民族的研究，但以往的研究到"地方性"就停止了。如何深入？需要讨论。

在华北水利社会研究中，我们认识到，其实每个个案点都有差异，但这些差异不能以"地方性"的解释为满足，因为这里的"地方性"不是结论，而是长期被利用、被运行和被文化化的要素。仅从四社五村的调查研究中就能看到，农民共享某种水资源（地表水、民渠）形成社会系统，但同时由于村庄沿民渠地理分布，又形成渠首村、上游村、中游村、下游村等差异化的次级地方单元。次级地方单元本来是一个个"自然"单元。但是，农民按自下而上的观念分配用水，坚持依靠"文化转场"运行，就出现一个只存在于习惯法中而看不见的观念单元，或者说创造了一条事实上不存在的倒流水渠，而却被集体认同了数百年，这样农民就把次级地方单元的"自然"单位变成了"文化"单元，确切地说是"非物质文化"

---

[1] Simon Coleman and Pauline von Hellermann, eds., *Multi-Sited Ethnography: Problems and Possibilities in the Translocation of Research Methods*, New York: Routledge, 2011, p. 5.

单元。这些"非物质文化"单元多点生存,彼此发生互动和互补,构成共享民渠的统一体。在这种情况下,农民才把这条民渠叫作"母亲河"。所以,多点不是"地方性"的多元,而是文化共同体。当地民渠要存在,文化共同体也要存在,这样才能公平分配水源和互助互利,用农民的话说是:"团结就有水吃,不团结就没水吃。"

在文化共同体内,虽有差异但可以整合为整体。文化共同体依靠的是不断创新的文化传统,包括社首创新利用历史传统,与政府管理吸收民俗传统。没有文化传统,多点之间只是交流,但不能合为一种文化。汪德迈说,中国人重视文化,[①]的确如此。我们不同意魏特夫判断中国是水利社会的说法,不是不考虑水资源的存在类型和管理制度,而是用中国广袤土地上多样化用水管理的情况说明,当用水文化达到全社会最高文化的阶段时,就能够运转社会意识形态、制度机器和生产关系,实行整体管理并稳固传承。

2. 叙事的力量

四社五村民渠管理依靠民间习惯法,习惯法采用故事叙事的方式表达,以水利碑为凭据。这种习惯法在当地很有号召力。下面是我们在四社五村搜集的一则故事。

第十八篇　义旺村嫁女带水

我们村里的一个闺女,嫁到孔涧村啦。过去都是父母包办。她不去,说没有水吃。就这呢,当时我们村就给了她三枪

[①] 参见〔法〕汪德迈:《中国教给我们什么:在语言、社会与存在方面》,〔法〕金丝燕译,第59—70页。

水,说你嫁过去就给你三枪水,这个闺女嘞,就是我们村的一个闺女把水带走了。为了去,带走了,一直把那一个村拉入到这四社五村里头,成了五村。过去我们是四社,后来加了一个村,成了五个村。

> 讲 述 人:杨小平,男,42岁,高中文化程度,山西省霍州市阎家庄乡义旺社原副社首,义旺村村委会委员
> 讲述时间:1999年6月18日
> 讲述地点:杨小平家
> 讲述村社:义旺村
> 流传村社:仇池社、义旺村、孔涧村、南李庄村、杏沟村
> 搜 集 人:蓝克利、董晓萍①

下面是配套水利碑:

清乾隆三十一年孔涧村让刘家庄水利碑记

从来有无相济仁者之心也。故已有余,则不忍坐视人之不足。凡物皆然,何独至于水而疑之?刘家庄吃水,旧在青条峪,累年以来,其水渐微,人、物之用不足。幸有泉子凹水眼数处,可以通用,但其水属孔涧村,于刘家庄无干。乃于三十一年四月二十六日,刘家庄设酒席,央乡亲友,恳乞孔涧村义让。孔涧村念邻邑之情,合社公议,每半月内,本村先使

---

① 董晓萍、〔法〕蓝克利:《不灌而治——山西四社五村水利文献与民俗》,第163页。

水十一日,其余四日情愿让刘家庄人、物吃用,不得浇灌地亩,周而复始,以日出收水为度。刘家庄许每年六月初六日,备盘羊纸酒在泉子凹神前祭祀,请孔涧村香首盘头主香。祭毕,公享祭物。至于修理水道,刘家庄独任其事,其一应条规,合同载明。刘家庄务遵条规,孔涧村亦不得格外滋派。是举也,有无相济,孔涧村不至有余,刘家庄不至不足。庶几仁让之风再见于今矣。但恐人心不古积久生变,故勒之琐珉,以世永远云。

在这个故事中,用描述性的叙事,介绍当地的村社制度和分配水资源原则,讲述人就是故事篇名中"义旺村"(三社)的一位副社首。故事中的中心角色是农民出身的社首("当时我们村就给了她三枪水"),而不是皇权人物。在水利社会中运行的是小户型家庭与社会("我们村的一个闺女把水带走了")。在管理思维上进行"文化转场",把上游村"孔涧村"从"自然"单位,变成了"文化"单位("把那一个村拉入到这四社五村里头,成了五村。过去我们是四社,后来加了一个村,成了五个村。")

当然,对从基层社会搜集来的故事也不能直接拿来就用。故事是民俗叙事文本,在分析文本时,要注意区分故事的想象世界与社会现实。故事的想象世界是故事讲述人通过叙事所描绘的世界,讲述人生活在自己的世界里。①但也要注意到另一点,就是在四社五村,故事与水利碑相配合,共同发挥管理作用。这时讲述人并不是随意虚构。而研究者也可以将讲述人故事中的想象世界与碑刻

---

① 参见〔爱沙尼亚〕于鲁·瓦尔克:《信仰、体裁、社会——从爱沙尼亚民俗学的角度分析》,董晓萍译,中国大百科全书出版社2017年版,第211页。

描述的历史事件区分为两个层面的事物,再观察讲述人对叙事与管理同等重视的态度。华北基层社会的这种表述方式,与魏特夫推测中国水利形态与水利管理制度使用的论断方式和观点是完全不同的。

在这类个案研究中,使用文化转场理论也是合适的。文化转场研究不是两两比较研究,而是三种以上的大空间尺度的社会文化关系研究。在华北水利社会的研究中开展文化转场研究,是在对东方社会的大空间尺度下,进行中国与西方、印度、埃及的跨文化研究,发现中国社会模式的特殊性。

3.回答魏特夫

首先,是中国社会?还是水利社会?在此借用汪德迈的观点,因为他已经讲得很清楚。他认为马克思曾提出,欧洲社会模式不适于分析印度社会史,但马克思并未研究古代中国史。魏特夫对中国社会的结论不是马克思主义的观点,是他个人的观点。按照唯物主义的历史观,生产方式导致社会模式。生产方式不同,社会模式也会随之不同。马克思和恩格斯使用唯物史观分析欧洲社会的资料,提出欧洲模式的社会进化路线,即原始公社、奴隶制度、封建制度、资本主义、共产主义。但这个欧洲模式不适合东方社会分析,中国没有欧洲的古希腊城邦制的奴隶社会。[1]魏特夫的水利社会也可以转为水利农业,但水利农业与中国社会性质的关系是什么?恐怕小农经济只能用汪洋大海形容,不能说成是集权垄断关系。

---

[1] 参见〔法〕汪德迈:"所谓亚细生产方式与古代中国社会真正的特殊性",第101—103页。

其次,是水利?还是用水?魏特夫讨论马克思的观点是在灌溉水利的范围内展开的。按照国际标准,在没有农业灌溉的地方就没有水利了。但四社五村还是提供了一个多样化的反例,当地没有灌溉农业,却仍然存在"水利"的概念,并保留了上百年的"水利簿"和"水利碑",农民思想中的"水利"就是社会管理,是公平用水和节约用水的人文精神,是文化共同体的存在理由。

再次,是政府治水?还是官民共同治水?什么是解释世界史的大理论?魏特夫认为,马克思主义将人类学、经济学与社会学结合解释世界史,被认为是最有效的社会科学理论。他提出将历史学与经济学结合解释世界史,是新的解释世界史的大理论。但魏丕信(Pierre-Etienne Will)和蓝克利(Christian Lamouroux)认为,他的历史学是自上而下的历史学,缺乏自下而上的观点。白馥兰(Francesca Bray)认为,中国在唐宋时期已形成中央和地方共同管理的模式。魏特夫更不了解在华北水利社会中政府与民间共同发挥了作用。[1]

最后,汪德迈中国学的启示。汪德迈对魏特夫的研究提出很多批评,但我们得到的启示还不止于魏特夫本身,而是汪德迈的研究方法。他不是将中国社会只放在"经济社会"的框架下研究,而是也放在"文化社会"的框架下研究;不是只放在"社会意识形态"的框架下研究,而是也放在"整体社会文化"的框架下研究;不是只放在中、西、印的框架中研究,而是也放在中、日、韩、越汉文化圈的环境中研究,这使他的中国学研究与以往的海外汉学研究有十分不相同的特点:一是从中国文化传统与农业社会传统的联系

---

[1] 参见董晓萍等:《北京民间水治》,第26—71页。

阐释中国社会,深入到中国社会形态的内部,指出其自然观与社会观并未剥离,而是以宇宙观为最高形态结合发展的独自轨迹;二是从中国文化传统与政府管理的联系观察中国社会,指出中国社会行政系统是"文"模式,而不是"武"模式或"商"模式,相关的正统文学艺术获得较高的历史地位,其文献也得到较完整的保存。

第八讲　农民农业与农场农业

本讲的主题是跨文化社会研究中的农业文化。在任何社会，农业都提供了精神观念、物质产品和社会关系互相渗透的丰富知识。

中国传统农业文明的主体部分是生活农业，由国家农政系统主管，由地方社会辅助，发展自给自足、粮食自养和多样化的农业体系，通过建立良好的社会关系，协调生产关系，保留和传承慢节奏的多地区、多民族农业民俗，将农民、农业和农村统一治理，长期的社会发展中，形成一套完整的农耕知识、农业灌溉、农具使用和农书流通形态，创造了灿烂的农业文明。中国农业文明对中国社会的政治、经济、文化和外交的繁荣与发展都起到了重大的促进作用。

中西社会的差异，相对而言，在农业模式的相异性上，表现得比较集中。在英国、法国、美国等发达国家，在不同社会阶段中，发展了农场农业、机械农业、市场农业、智能农业和景观农业，逐步形成统一农业。在全球化背景下，特别是地球气候变暖以来，统一化的机械农业出现了脆弱性，多样化农业表现出灵活适应的优势。但也有另外的情况，就是在殖民历史较长的国家中，人民更重视追求文化平等和语言上的话语权，农业已失去了经济支柱地位，如波罗的海国家。当我们把这些个案放到跨文化社会研究的框架

第八讲　农民农业与农场农业

下观察时,会对农业的概念、农业的模式和农业的地位等,做出新的思考。

导　语

从跨文化学的视角看,中西学术界对"农民"和"农业"的定义很多,乃至不可胜数。本讲根据跨文化社会研究的目标,限定于讨论中国的农民概念和农民农业与西方的农民概念和农场农业问题,由一个相对较小的问题,引发关于农业问题的宏观思考。

在我国古代社会中,关于"农民"和"农业",主要有三种概念:第一种是社会分工的概念,此指把农耕视为一种社会分工,把从事农业耕作的人称为"农夫"。例如,《诗经·豳风·七月》:"嗟我农夫,我稼既同。"第二种是把农业管理与国家管理放在一起思考,例如,《左传·隐公六年》:"为国家者,见恶如农夫之务去草焉。"①第三种是社会结构和社会角色的概念,例如,《穀梁传·成公元年》:"古者有四民,有士民,有商民,有农民,有工民。"北齐颜之推《颜氏家训·勉学》:"人生在世,会当有业,农民则计量耕稼,商贾则讨论货贿,……武夫则惯习弓马,文士则讲义经书。"②通过这些概念可见,从我国先秦时期起,对农民和农业的认识,就处在对社会蓝图的规划和对国家根基的本质的界定上。此后,到了汉代,在汉武帝时期,确定以农立国的国策,出现我国历史上第一个农业盛世,

---

① 《辞源》(下册),商务印书馆1997年版,第3044页。
② 同上书,第3045页。

都已顺理成章。在中国农业文明史上，农民和生活农业都是主力部分，未曾更改。

西方世界的历史与中国完全不同，仅从近现代看，关于农民和农业，就有两种比较主要的概念：一是自耕农（peasant），指拥有并依赖小块土地生存的人，他们没有受过教育，没有礼貌。①这种概念主要针对发展中国家使用。二是农场农民（farmer），指在农庄劳作的劳力，也指雇用劳力、拥有农舍和牲畜的农庄主。②在西方发达国家研究自身农业史的著作中，这个概念经常看到。

下面，围绕以上两组概念，简要阐述中国的农民农业和西方的农场农业的特点。

一、中国的农民农业

中国传统农业文明的主体部分是生活农业，钟敬文主编《民俗学概论》的贡献，是首次从民俗学的角度，对中国生活农业的特征进行了描述和资料分析，共设三章，分别是第二章《物质生产民俗》、第三章《物质生产民俗》和第八章《民间科学技术》。③当然，从整体上说，这本书都是阐释中国农业社会民俗的，其他一些章节也都多多少少与生活农业有关联，但从本讲要讨论的问题看，此三

---

① *Longman Dictionary of Contemporary English*, London: Longman Group Ltd. 1978, pp. 799-800.
② *Ibid.*, p. 396.
③ 钟敬文主编，许钰、董晓萍副主编：《民俗学概论》（第二版），高等教育出版社2010年版。

章是有代表性的。我在另一本书《全球化与民俗化》中,换了一个角度,讨论我国的农民、农村和农业,①但不涉及中西农业的跨文化研究。在本讲中,围绕跨文化农业史展开,讨论中国生活农业的特点。

(一)农政体制与农业管理传统

众所周知,中国是一个古老而庞大的农业国家,但中国有"三少",一是土地广袤而可耕地面积少,二是农业发达而农耕灌溉水资源少,三是多地区和多民族差异大而统一支配的可能性少。与西方社会相比,中国农业环境存在种种先天不足,缺乏繁荣发达的优势。但中国却建立了灿烂的农业文明和稳定的农业社会,成为一个奇迹。

中国农业的成功发展与中国很早就建立了国家农政体制有关,同时国家与地方社会二元管理,在以解决温饱为社会治理目标的前提下,坚持生活农业定位,发展因地制宜的多样化农业,促进了农业知识和农业管理系统的完善建构,构建了自给自足、粮食自养的农业体系,对中国社会的政治、经济、文化和外交的繁荣与发展起到了重大促进作用。

在中国的农业管理传统中,有四个要点是十分重要的。它们都自成系统,发展得细致完备,需要掌握,即农耕知识系统、农耕

---

① 董晓萍:《全球化与民俗化》,高等教育出版社2017年版,第201—228页。关于生活农业,重点看第四章《经济民俗与现代广告》。

灌溉系统、农具应用系统、农书流通系统。它们最能体现生活农业的内涵,以下具体介绍。

1. 农耕知识系统

在任何社会,农业都提供了精神观念、物质产品和社会关系互相渗透的丰富知识。中国传统农业生产文化的主体是农耕知识。它是服务于政府管理的国家知识,也是适合于群体与个体操作的经验性知识。

农耕知识是中国历代重视的国家知识。我国,历代政府确立以农为本的原则和制订一套劝勉农事的治国方略,都是与当时政府所具备的农耕知识结构分不开的。子贡问孔子如何治国时,孔子回答说:"足食,足兵,民信之矣。"[①]孔子就是把"足食"放在统治者的国家管理知识中的。以孔子为代表的儒家一直宣传"庶""富""教"的思想,是把人口兴旺和农业发达当做管理国家的政治纲领。唐代经济昌盛、文化开放,呈现出东方农业大国的恢弘气象。这一时期,在宽松博大的气氛中,编写农耕知识成风,唐《开元占经》和《四时纂要》是这一阶段比较重要的文献。宋元明清以后,重视农耕知识的人占有更大的势力。元初,北方遭受战事的破坏,农业凋敝,蒙古族统治者在政府机构中建立了大司农司,委任该司编纂详细介绍农耕知识的实践手册,手册被散发到全国各地,引起上上下下重视农业,改善了元代的农耕状况。

中国的农耕知识有自己的"书库",即宋代以来兴起的历代方

[①] 参见[清]刘宝楠:《论语正义》,高流水点校,中华书局1990年版,第491页。

志，此为世界其他农业文化所不及。仅从民国时期以前的情况看，各地地方志就有令人惊叹的存藏，堪称浩瀚。首都北京的地方志，自辽代（907）至1941年，共1035年；东南福建的地方志，自宋淳熙九年（1182）至1949年，共768年；西南广西壮族自治区的地方志，自宋淳祐十年（1250）至1949年，共700年。这些地方志成为一个连续记载农耕知识的庞大的史料库。它们虽然不是现代学术资料，但仍以接近我们讨论的方式，历时千百年地记录了中国农业生产文化的基本内容，弥足珍贵，从我国地方志中可以看出，一部农耕知识史，是地方社会史，也是国家制度史，它主要有四个特点：一是农耕知识与区域地理和生态资源相适应。二是农耕知识恪守自然岁时历法的节律。三是农耕知识渗透到地方社会生活中，形成了一套口头传统和地方文献。四是农耕知识形成了一批文化符号，成为中国传统文化的知识系统，如农业神的符号、动物纪年的符号、龙与狮的符号等。中国人所认同的文化符号肯定不止农耕文化符号，但农耕文化符号的使用是比较广泛的，对中国现代文化的渗透力也是较为突出的。

中国的农耕知识有对应的农业节日庆典。中国传统节日的名称、节点和节日要素都是有一种农耕知识配套形成的。农耕中的水土利用知识是根本，与之相应的有土地节日、水利节日和气象节日。其中，土地的节日，是庆贺农民获得生产资料的第一节日。在农业生产中，可耕地是基础，然后才是灌溉用水和耕种气候等其他条件。它的观念是古老的，它的整合范畴是宏观的，但中国人从来不曾放弃它。世界各国都有这种仪式，地多地少的国家皆如此。它的节日时间是以动土与封土的时节构成周期，循环往复，如除夕夜的谢土。过节的人们要节制对待土地的野心、行为和态度。水利的节日,满足农业灌溉用水和人们饮用水的物质需求,也要满足一些特殊的非物质文化用水的需求,如祭祖和祭佛。我国是缺水国家,水利节日中的祭龙神活动是极为隆重的仪式,此外在一年中农作物生长各个关键期都要举行庆典,如二月二引龙钱、四月清明放水、四月初八浴佛、七月十五中元节放河灯等。水利节日的要素是引水、观水、禁火、节粮、管水、祭神用水、驱避用水等。节日功能是确认圣水观念,水神是祖先、龙和佛。水利节日都有相关的祭祀水神仪式,通过仪式,稳定神权,保持历史用水规约的有效性,控制日常用水。气象的节日有象征物,主要是花和草。我国地域广大,地理地貌变化多样,物候现象也十分复杂,但春花和秋草是普遍存在的,节日活动将花草和人的活动整合在一起,予以庆典,预示四季生产活动,如二月十五花朝节和九月初九的重阳节等。气象节日传承气象观测知识,通过提醒人们调整农业生活,保证农业生产。中国人至今共享这种节日。

2. 农耕灌溉系统

农耕灌溉是中国农业生产文化的主体内容,我国自古以农立国,很早就认识到水利是农业的命脉,在发展农业经济上,一向以农耕与水利并重。在长期的农业社会中,我国发展起来的一套农耕灌溉思想体系,对古代的政治、经济、文化的繁荣,起到了重大的促进作用。农耕灌溉是大农业文化,包括栽培、驯化农作物和动物的一系列生产活动,是在人类生命圈与自然生物圈相互亲近的日常状态下进行的,人类与大自然结成共同体。周围的天、地、人被看成是一个统一体。一些与农业有关的神祇的神话,如黄帝派后稷教民稼穑、神农尝百草、伏羲制渔网、土地神赐给土地和丰收、龙神布雨等，都在人们的口头世代流传。农耕灌溉水平对各行各业的发展都有重要的关联作用。爱护水利，既是官方观念，也是民众观念。神话传说中的大禹和李冰都是亦官亦民的不朽形象。

农耕灌溉遵循岁时历法文化，它的历史精华是二十四节气。顾炎武说："三代以上，人人皆知天文，'七月流火'，农夫之辞也。'三星在户'，妇人之语也。'月离于毕'，戍卒之作也。'龙尾伏辰'，儿童之谣也。后世文人学士，有问之茫然不知者矣。"①此指二十四节气文化在我国各地各阶层广泛传播的史实。现存我国第一部完整地记录了二十四节气名称的历史文献是成书于公元前137年的《淮南子》。至西汉中期，我国历法定型，二十四节气同时确立下来，成为全国统一的历法定制。二十四节气，即立春、雨水、惊蛰、春分、清明、谷雨、立夏、小满、芒种、夏至、小暑、大暑、立秋、处暑、白露、秋分、寒露、霜降、立冬、小雪、大雪、冬至、小寒、大寒。在历史上，每当重要的节气来临，皇帝都要亲自举行农耕示范仪式，表示启动全国的农耕生产。北京地坛至今还保存着清朝皇帝亲行开耕礼的文物藏品。我国南北各地在春分前后，要举行开耕仪式，俗称"打春牛"。县级开耕仪式由县官主持，乡村的春耕仪式由民间组织主持。此外，从春种到秋收，各地要举行灌溉仪式和禳灾仪式，以保证农业收成。我国各地灌溉的时间和习惯不同，仪式的期限和祭祀的神祇对象也有差别：在华北，人们十分重视"二月二"龙抬头日，届时祭龙引水；在四川都江堰，临清明放"桃花水"，届时官民欢庆，沿江争灌，风俗淳厚，绵延至今。禳灾仪式也有南北差

---

① ［清］顾炎武：《日知录》，商务印书馆1929年版，第1页；参见［清］顾炎武：《日知录校注》，陈垣校注，安徽大学出版社2007年版，第1695页。

别。南方多驱虫、北方多祈雨。大灾之年，从中央到地方，直到村落，都参加这种仪式，进行向天要粮的群体抗争。秋季新谷登场后，各地要举行秋报仪式，迎神赛社、择吉尝新。中秋月饼便是一种秋报食品。入冬后举行冬藏仪式，感谢天地的恩赐，祈祷来年的丰收。两千多年来，我国农民按照二十四节气安排农业生产生活，各种农业文化事象都与岁时节令有关，通过季节性的农耕仪式活动表现出来，被认为是农业生产顺利进行的必要保障，这套历法文化促进了我国农业社会的发展。

农耕灌溉催生水利工程文化。农耕灌溉农业的一大特点是要兴修水利工程，这在我国这个水资源乏匮的国家显得尤为重要。一方面，兴修水利需要大规模的集体协作才能进行，因而历来国家部门都承担了组织这种社会化生产的职能，而这种生产方式又持续不断地强化了国家政权。另一方面，我国地域辽阔、生产分散，从前中央政府组织的大型工程只能解决部分问题，而在更大的范围内合理利用水土资源，还要依靠民间组织。因此，历代中央政府与地方民间组织需要开展一些合作，从而积累了上下合作的农耕管理经验。我国历代政府都在水利控制中心建立经济中心和文化中心。水利工程文化对国家和地区文化的建设和延续往往有决定性的作用。黄河、长江文明的崛起，大运河对南北政治枢纽的联结，都江堰对西南巴蜀文化的提升，泾渭二河的水利工程对西北三秦历史地位的确立，都是这种例子。

农耕灌溉滋养地方文化网络。我国南北各地的自然环境存在着较大差异，水土资源和灌溉条件也不尽一致。人们在长期的生产实践中，还摸索出了适合各自生态条件的生产习惯，创造了南北方农耕生产的不同格局。南方农业是稻作型农耕文化，主要标志是栽培水稻和整修田埂、水渠、使用水车等。由于气候湿润、水系便利,东南沿海一带的桑蚕业也很发达。北方农业是麦黍型农耕文化,主要标志是栽培麦子、黍子、高粱、玉米、谷子、稗子、豆类,以犁耕为主和井渠双灌等。由于山地丘陵较多,东北地区的林业和牧业都很闻名,同时也发展了农林结合、农牧结合的生产。

农耕灌溉促成防灾减灾文化。我国传统农业生产是在多发性自然灾害的威胁下进行的,所以在传统农政国策中,一直包括"备荒""救荒"的部分。中国政府很早就有防灾思想。徐光启在《农政全书》中提出"荒政"思想,认为全社会都要有居安思危的自觉意识,官方还应该吸收民间生物学的抗灾办法,使灾后"亦无害也"。我国的农业防灾减灾传统文化与现代社会强调取之于自然、还之于自然、保护自然生态平衡的社会管理思想是一致的。

3. 农具应用系统

我国传统农业生产文化的重要业绩是发明了一系列农具:草耙、水磨、石碾、水车,无所不有。宋元两代,农具发展到高峰期,元王祯在《农书》中,设《农器图谱》十二卷二十门,大量搜集和描述了农具系统的资料。王祯是北方人,在南方做官。他接近人民,重视农业技术,向当地官员、农民和工匠等做调查。他把当时南北方田间使用的农具,兼及农业运输、贮藏、加工的工具,制作农具的各种零部件信息,还有使用木料和其他配料的要求,都尽量收罗进他的《农器图谱》里面,再插图配文,让管理人员、作坊工匠和农民都能看懂。此著不仅是一部农具史图书,也能反映农具与人和社会的联系,体现地方官员观察农事的系统思想,对研究古代农耕文化有一定价值。

中国历代文人参与撰写农书的活动,已形成传统。政府有时会使用文人的农书著作,向农业不发达地区介绍先进的技术,或向不了解这类农具的地区传送各种节省人力的或有助于农耕的农具的知识和经验。王祯在《农书》开卷中就反复申述了这个渠道。农具的利用,农具因地制宜的改造,将我国南方和北方的知识相互介绍,又因地变通,对传统农业物质文化的形成具有重要意义。

4. 农书流通系统

农耕灌溉造就了定居生活和稳定的生产环境。大量农耕经验被我国历代的农书记载下来了,形成了一个农书文献系统,其中比较主要的有汉崔寔《四民月令》、北魏贾思勰《齐民要术》、唐陆龟蒙《耒耜经》、宋陈旉《农书》、元王祯《农书》、明徐光启《农政全书》、明宋应星《天工开物》、清张履祥《补农书》等。这些农书的内容,包含了官方生产管理和地方生产知识两个方面,并概括了一些基本的理论思想和操作方法,表现出了很高的文化意识。其中,历代农书提出的主要农业经营思想与生产知识,有以下几点:

第一,统筹水土利用规划,重视水土平衡的关系。提出整地、浇水、种植、施肥、收获和准备再耕一盘棋的思想,指出关键在于控制人对自然资源的使用限度,任何农业经营都不能违反自然规律,陈旉在《农书》的《节用之宜篇》和《粪田之宜篇》中说:"养备动时,则天不能使之病。""只要治得其宜,皆可成就。"农书的作者们都成功地记录了本地的地方技艺,对当时的耕作方法也都有所提及。他们记载的最好的实践,都是带有普世性的东西,而不是针对作为地主个人所特有的东西,例如如何加强水稻栽培,如何深翻土地,如何在小块土地上精耕细作。

第二，调整好农业生产关系。张履祥的《补农书》提出，孤立地看待一两种农作物栽种，便不会有很好的结果。要协调好劳力、农具与社会组织之间的关系，注意如何选择雇工、如何接人待物、如何谦和处世和勤俭持家等。他认为，这些都是农业管理者应该具备的知识。

第三，引进优良农作物品种。元代孟祺等撰写的《农桑辑要》，提供的一条重要信息就是"新添栽种木棉法"。棉花原不产于我国，它是西汉以后从非洲和印度传来的，中国农民从前不了解棉花作物本身究竟是什么。通过此书，很多蒙古旅行者熟悉了棉花的好处，如棉花软、轻、耐穿和冬暖夏凉。《农桑辑要》描写了怎样选择合适的土壤，修建高台，培育棉籽发芽、灌溉棉床、摘棉等一套方法，介绍了从种棉到织布的全过程。中国棉花种得好，棉布的质量也好，这显示了中国人的勤劳智慧。民间传说认为这是黄道婆的功劳。黄道婆是宋末元初时期的人，家住江苏松江县。明代的棉纺业特别值得一提。明代以后，松江成为我国棉纺业的中心，其影响遍及长江三角洲、渭水平原、华南、华北和东北地区。到了晚清时期，外国的洋纱布在中国还是销售不动，而中国的棉布却畅销欧洲市场。19世纪的前30年，广州的棉布年出口量可达百万匹以上，这表明当时西方的纺织品在中国的棉纺业面前还没有多少优势可言。

第四，人力胜天说。强调人的知识能力和奋斗精神，这是我国自古以来的优良传统。《吕氏春秋·审时篇》提出了"厚（候）之为宝"的看法，《齐民要术》提出了"顺天时，量地利"的原则，到明代，马一龙在《农说》中提出"力足胜天"的命题，这些都是从我国的农业生产实践中总结出来的经验。他们都认为人的合理作为可以弥补自然资源的不足，通过巧种实干，可以取得人力胜天的成绩，这是具有一定思想水平的概括，值得后人珍视。

在中国农耕文化史上，人们经过艰苦的实践，通过坚韧不拔的群体合作，才赢得了安定地建设农业社会的机会，创造了大量的文化财富。因此人们把安居乐业视为太平盛世，把丰衣足食看作最高的社会理想，把文化昌盛当作民族的骄傲。

（二）农业民俗

生活农业的另一特点是，在我国多地区、多民族中，保留了农业民俗，并世代传承。农民严格按照岁时节律处理农业生产、农耕灌溉和农具使用问题。在钟敬文主编《民俗学概论》的第二章《物质生产民俗》中，介绍了七种民俗事象，包括：（1）农业耕作的时序、节令习俗；（2）占天象，测农事的习俗；（3）卜农事丰歉，祈福、禳灾的习俗；（4）农业禁忌、祭祀习俗；（5）祭田神、先农和社神的习俗；（6）农业生产过程习俗；（7）农业娱乐风习。① 它们都体现出农业民俗重视自然观与社会观协调的精神信仰，看重农事信仰，用以约束农民滥用土地和水资源的行为，把保证农业收成放在第一位，协调国家管理与家庭生活。

生活农业是慢节奏的。在钟敬文主编《民俗学概论》的第三章《物质生活民俗》中，介绍了三类民俗事象，包括：（1）饮食民俗；（2）服饰民俗；（3）居住建筑民俗。② 这些民俗以建设社会关

---

① 钟敬文主编，许钰、董晓萍副主编：《民俗学概论》（第二版），第33—39页。
② 同上书，第58—77页。

系为主，如饮食民俗，有品尝、祭祀和分享农作物的节日食俗，有重视人伦和尊老爱幼的待客食俗，有敬祀祖先、报答恩泽的祭祀饮食习俗等。这些生活民俗不仅是利用农产品的活动，也是利用社会关系管理生产关系、生产力和生产工具，将农民、农业和农村统一治理。这些生活农业民俗渗透在中国人的日常生活和精神世界中，形成了中国人的饮食、服饰和居住的审美观和行为习惯，很难改变。

生活农业是一套传统生态文化，对环境的依赖因素较为复杂。现代社会环境变迁，全球气候变暖，生活农业民俗，如砍伐树木和烧山垦种等脆弱化。这些都在调整和改进，也有的被淘汰。

二、西方的农场农业

与中国相比，西方国家，主要是欧洲，很早进入工业社会，发展农场农业。我在美国、英国、法国和北欧等发达国家和地区高校都有学习和合作研究的经历，看到这些国家在农民与农业形态的概念、含义和性质上，都与中国的农民农业有很大不同。在英国、法国、美国等发达国家，在不同社会阶段，发展了农场农业、机械农业、市场农业、智能农业和景观农业。总体说，有鲜明的统一农业规模和气象，在波罗的海国家，将语言文化的平等权利置于农业权利之上，与中国的国情完全不同。这里借用我熟悉的两个学术朋友，英国社会人类学者白馥兰（Francesca Bray）和爱沙尼亚民俗学者于鲁·瓦尔克（Ülo Valk）的著作，介绍他们梳理的西方国家的农业形态，同时也结合我本人在对方国家的调研经历,进行适当分析。

(一)英国的农场农业 [①]

相对于中国农业,英国农业不存在"三少"问题。相反,人口不多、水系丰富、机器轰鸣和市场发达的社会形态,为农场农业的发展提供了优势条件。白馥兰曾经对中国农业做过实地调查研究,参加过李约瑟主编的《中国科技史》中《农业卷》的写作。[②] 她反观英国的农场农业,指出有以下特点。

1. 工业化农业的政治利益与技术利益

在西方国家中,英国是老牌资本主义国家,是机器革命的祖先,是世界工业化的先驱。在英国,有前现代化农业,即农民农业;也有后现代化农业,即农场农业。据白馥兰的研究,英国农场农业追随政府的统一政策。工业化农业很容易认同政府给予的政治利益或社会利益,在诸利益背后,是对所谓"良性实践"的界定,是工业技术活动的试验田。

"科学"农业生产模式发生于英国。大约在18世纪晚期,英国接受了用"科学"的概念对农业民俗进行重新认知和利用。他们把传统知识与技术要素混合在一起,出现以下要素:(1)地主的行

[①] 以下关于英国和美国农场农业的概括分析,参见〔英〕白馥兰:《跨文化中国农学》,董晓萍译,中国大百科全书出版社2018年版。

[②] Francesca Bray, *Science and Civilization in China*, Volume VI, Part 2: *Agriculture*, Cambridge: Cambridge University Press, 1984.

为;(2)地主占有土地的条件;(3)地主受教育的程度;(4)土地租客现象众多;(5)新建工业排水系统;(6)保持土壤地力的工业化方法;(7)引进喷灌机械;(8)引进精养牲畜的设施;(9)争取政府的农产品购销经费资助。

至19世纪中叶,工业化农业转向科学农业,农业机械取代人力耕作,生产方式发生了改变。小农阶级与地主相比,无法承担上述生产条件,因而不能组织有效的抵抗行动,无力提出其他竞争方案。

2. 工业化农业的社会格局

工业化农业吸收资本主义经济的逻辑,追求农作物的高产化和商业利润。

农产品供需模式世界市场化。19世纪初,英国农作物供需模式已发生了变化。农民在地广人稀的平原上耕作,打下的粮食要满足世界市场的需求。英国在19世纪中叶还出现了剪刀差农业[①],地主、小农在政府统一指挥下行动。

农场农业产生农业共同体。19世纪末叶,英国的工业化农业已形成庞大的国际生产销售链,拥有了世界范围内的市场化铁路、航运、电报电缆、工厂车间、农业机械商、肥料商、商业种子公司、土地认证协会、农学院、农业实验站和农业科学学会等,建构了一

---

① J. R. Kloppenberg, *First the Seed: The Political Economy of Plant Biotechnology, 1492-2000*, New York: Cambridge University Press 1988; F. Bray, "*Genetically Modified Foods: Shared Risk and Global Action*", in B. H. Harthorn and L. Oaks, eds., *Risk, Culture, and Health Inequality: Shifting Perceptions of Danger and Blame*, London: Praeger, 2003, pp.185-207; J. Harwood, *Technology's Dilemma Agricultural Colleges between Science and Practice in Germany, 1860-1934*, Peter Lang, 2005.

个农业共同体。

农场农业成为凌驾于农民生活之上的强势活动,造成农业企业化。英国的现代农业促进现代农业科学系统发展,出现跨学科加盟,这些学科包括有机化学、生物遗传学、土壤科学和近期热门的分子生物学等诸学科。农业知识从实验室和实验田里生产出来,农业产品被研发为系列技术产品(如杂交良种、作物轮作、施用化肥和水利灌溉的方法等)。全世界的人们都已被告知需要使用这些产品。全球贸易网络、国际债券代理中介机构,以及发展中国家的政府部门参与其中。越来越多的科学家被农业企业雇用,为企业提供服务。

3. 工业化农业的特征

通过现代化农业科技手段,将多元农业生产模式变成统一化模式。英国农业生产和地方化的农业活动在频繁地发生变动和进行内部调整,连那些被固化的农业科学文献和被硬化的事实也不乏变化。我们可以发现,在全球气候与土壤环境变化的条件下,统一化农业呈现出了脆弱化趋势,相反多元化农业或地方性农业却表现出灵活的适应性与生命的活力,这种反差是发人深思的。在科学家实验室的窗外,统一化农业面临着重重危机,需要根据具体情况做出具体调整,连所谓科学技术一体化的理论也要改变,增加灵活性。当然,从另一方面看,各国政府多年推广的统一化农业已使农业生态与社会环境发生变化,减少了地方改革的概率,不过同时统一化农业生产的失败个案也被戏剧化地爆出,如某种被大力推广的科技项目(或物质化的实践活动规则)其实适得其反;有些个案证明,某种科学理论和技术应用只在某种条件下才有用,绝非普遍有效。

通过市场途径,将生活农业变成经济农业。发展农业经济的获利对象是经济领域。对于土地和成本关联紧密的农民来说,这种改变,意味着经济农业的生产范围越大,商业获利越多,小农和小农场的生产模式就要越萎缩。在较早实行这种经济农业生产的国家,如英国、美国和加拿大,所产生的后果都是一样的。那里的小农场被弱化,小农被迫在统一化大农业与小农场的旧系统之间做出选择。他们被迫寻求建立适应机制的新途径,探索重建小农场农业的可能性。

部分回归小农场农业。在印度和法国,情况有所不同。印度和法国的小农场主掌握了识别现代科技产品显性内码的方法,能够辨别杂交种子或转基因产品,对统一化农业提出了挑战。小农场主的利益赢得了社会公众的广泛关注和支持,社会各界纷纷呼吁政府保护小农场主的权益,迫使政府承担责任,在引进新技术时减少头脑发热的冲动。

总之,英国工业革命之后,英国农业从前现代化农业转向机械农业,再发展为市场农业,进入世界经济链条,发挥了农业的经济效益。

(二)美国的农场农业

与中国和欧洲漫长的农业传统相比,美国是年轻的国家,美国农业是相对年轻的农业。美国也有广袤的土地,但人口相对较少。美国根据自己的特点,在农业管理和农业生产上,发挥技术优势,在农产品开发和出口盈利上后来居上。白馥兰在美国工作和生活了二十年，积累了很多调查研究资料和研究成果。分析白馥兰的成果，可以了解美国的农场农业的特点。

首先是推行智能农业。全程使用计算机对农业育种、灌溉、锄草和收获进行定量控制、远程控制、加工与分配的集约化控制，利用数学建模的方法计算农业生产效益。

其次是建立中介评估系统。对种植业国家与市场供销国家之间做数据比较，评估温控、环境调整与化肥用量的最佳指标。例如，通过评估环境污染程度或化肥使用量的权重系数，认为美国艾奥瓦州种植玉米的效益，要比墨西哥种植玉米的效益更好。

再次是引入政治和社会的维度规划农业发展的方向，包括农作物的多样化、农场规模、农工雇用数量、农工低保标准、农业补贴、国家出口政策，农民在社会经济发展中的作用等。①

白馥兰在上述研究中，在跨文化的视角下，将美国资料与中国、英国、法国和印度做整体研究，破除"欧洲中心论"，指出国家政策对国家农业取向的作用，肯定中国农业文明的示范作用，展现了宽广而深刻的思考。

（三）爱沙尼亚的农场农业

波罗的海三国，爱沙尼亚、拉脱维亚和立陶宛，从社会基础来

---

① 参见〔英〕白馥兰：《技术作为一种文化：跨文化学研究的一种尝试》，董晓萍译，中国大百科全书出版社，即出。

说,都是农业国家,其中爱沙尼亚在21世纪成为欧盟最小的国家。从爱沙尼亚民俗学者于鲁·瓦尔克的研究看,该国的农民和农业发展道路,与中国和欧美国家都不同,是另一种模式。

1. 殖民时期的农业历史

爱沙尼亚人缺乏历史文献,德国学者使用"民俗"的概念,将"民俗"的概念与德国入侵之前的爱沙尼亚古代社会相联系,号召同时代各阶层人士参加民俗搜集工作,受到爱沙尼亚人的欢迎,这成为对爱沙尼亚农业史和农业民俗形态的最初构建。自19世纪起,很多民俗叙事体裁成为农业民俗的体裁,如古老的民歌、古老的故事、古老的谚语、古老的信仰。它们都被当作值得记录的祖先文化。这些体裁随着农业民俗的确立,本身也得到价值化。①

2. 农场农民的复杂身份

在爱沙尼亚,"农民"的概念,要比现代社会学和民俗学所讲的同质阶级(homogeneous class)的概念复杂得多。它从前不是指被统治阶级,而是有另外三层含义:一是社会变迁与社会分层。此指爱沙尼亚在19世纪下半叶社会分层加剧,农民购买土地和庄园,产生了向上浮动的社会流动,也有向下流动的社会现象。对某些人来说,条件改善意味着经济成功。二是阶级对立现象。此指上层统治阶级对被统治阶级进行剥削,传说扩大了两者的界限,但有时界限也是模糊的。在现实生活中,贫困化给农民带来了更悲

---

① 参见〔爱沙尼亚〕于鲁·瓦尔克:《信仰、体裁、社会——从爱沙尼亚民俗学的角度分析》,第92—99页。

惨的命运，也给有些人带来一夜暴富的机会。三是宗教思想的影响。大多数爱沙尼亚人信仰基督教中的路德新教，路德教在后世的传承中与民俗信仰相结合，增加了农业民俗叙事的内容。一些爱沙尼亚的传说讲，有一种妖精帮手叫"普客"，能帮助主人家暴富。农民只要与魔鬼签一份血书合同，就能得到一个"普客"，也可以在市场上买一个"普客"。这类信仰传说传递了一种基本信息，就是很多暴发户原来没有经济基础，无土地、无劳力、无农具、无女仆，没有任何财富积累的过程，他们的快速致富就是发了不义之财。这种传说也反映了一种紧张的社会关系：社会竞争激烈，人人渴望提高社会地位，于是发生了种种冲突。

在爱沙尼亚，"农场"的概念也很复杂。19世纪中期以后，爱沙尼亚废除了农奴制，出现了独立农民的身份。农民可以购买农场或庄园。"农场"不是农业民俗的运行场所，农民与农场之间的边界是讲波罗的海德语的地主贵族作为强势社会阶层和最有优越感的"他者"与爱沙尼亚农民的隔离感，所谓"农场"的空间，用来表达爱沙尼亚农民对德国贵族的猜疑、恐惧、敌意、嫉妒、不信任和相关抵抗行为的场所。但是，这些贵族也未必是社会分层的支配者或吸血鬼。爱沙尼亚的贵族形象是比较复杂的和多面的。在很多农业叙事体裁中，贵族受到肯定，是正面形象，他们乐善好施、主持公道，在家庭圣诞节的庆祝活动中宴请农民，还给农民送圣诞礼品。有的是负面形象，故事说，有的庄园设有地牢，地主在地牢中动用刑具，鞭打不听话的农民。①有的农场主很迷信，用魔法巫

---

① Mari-Ann Remmel, *Arad veed ja salateed: Järvamaa kohapärimus*, Tartu: Eesti Kirjandusmuuseum, 2004, p. 28.

术控制农工。

　　过去庄园里的农民都是农奴，每当有新来的农奴进入庄园时，地主就要求监工在夜里给新农奴偷偷地剪指甲，而且要在新农奴入园后的第一个星期内完成。监工要剪掉新来的农奴手上的至少两个手指的指甲，再把指甲丢到粮仓的墙缝里，据说这样就能使新农奴对地主忠心，好好干活。要是监工没有在第一个星期中剪掉新农奴的指甲，这个新农奴就会怠工，很快走掉。①

　　现代社会学和民俗学使用的农村社会、农村社区和超自然社会等概念都在爱沙尼亚行不通。在爱沙尼亚，这三条边界不是这样划分的。当然三者之间是有联系的，但也各具独立的意义。

3. 语言文化的权利

　　爱沙尼亚是历史断层较多、长期实行殖民制度和社会分层不统一的国家。爱沙尼亚人把母语权利放在农业权利之上。他们要求国家语言方案实现爱沙尼亚化，而不是德国化。他们维护母语，发展母语文学，记载和利用母语民俗。他们通过母语化构建国家认同，也用以区分殖民与被殖民时期的认同界限。爱沙尼亚人不要德国化，不要瑞典化，不要俄罗斯化，而是希望通过掌握语言文化的权利，构建自己国家民族的历史，包括农业形态。

---

　　① O. Loorits, *Eesti rahvausundi maailmavaade*, Tallinn: Perioodika, 1990, p. 12.

这个北欧国家的例子告诉我们，爱沙尼亚的农业社会在恢复构建的过程中，曾与社会变迁研究相结合，获得自己的社会属性；与宗教信仰研究相结合，解释自己的日常功能；也与争取语言文化权利的斗争结合在一起，展望自己的未来价值。这种情形在中国和欧美国家看来都是很特殊的，在爱沙尼亚却是实实在在的社会进步。

结　论

在跨文化社会研究的框架下开展研究，我们会发现，中国的农民农业拥有特殊的社会价值和独一无二的历史经验。

第一，在社会体制上，中国的农民农业以生活农业为核心，构建了以农立国与农政支配的社会制度。它的社会性质，是中央与地方合作互补的二元管理农业制度，是多地区与多民族协调发展的多元化农业，是追求自然与社会、人文与生产、环境与资源合理利用的整体性农业。正是这种社会体制，滋养了农耕知识、农业灌溉、农具发明和农书交流的农业社会运作形态，克服中国农业环境的劣势，形成了长期稳定的农业文明。相对而言，西方近现代的农场农业在西方的社会理念、人口密度和土地水利资源条件下形成，呈现了不同的发展趋势。其中，英国的农场农业，与机械农业、市场农业和世界经济链条农业相关；法国的农场农业，与机械农业、景观农业和小农作坊农业共存；美国的农场农业，与智能农业、评估农业和标准化农业结合。英法美的农业各具特点，也都表现出统一化农业的趋势。北欧国家爱沙尼亚农业语言文化权利带动农业权利的道路,是另一种多样化的形态。

第二,在社会治理上,中国的农业人口是一个庞大的农业管理系统的具体化程序。中国历代的政府官员、地主、农民和工匠集体参与农业文明的创造。一般认为,地主是获利者,但中国的地主对"利"的认识与金钱利润相关;因为政府扶助地方农民,政府对"利"的认识与提高民生福祉相关。地主无需赶走租户,也无需挪走大量的农场不动产,他们还可以收取需要的租金。经验老到的农民对农田的了解是与地主一样的。虽然政府有时也干预地主的剥削行为,但政府管理与地主农垦秩序之间没有根本性的矛盾。政府鼓励农业科学的目标,地主作者提高农耕技艺的目标,与农民提高生产力的目标,彼此已在很大程度上被协调起来,并在举国农政体系中得到保护与发展。在举国以稻作为主的生态环境和农耕系统中获得了协调统一。

第三,在科学技术上,中国的科学农学和农具的发明可追溯至10世纪,当时中国在农业科学知识合法化和对外传播方面,在技术产品的金融化和物质基础的设施方面,有儒家改革的新思想的配合,得到和谐的整合,这就促进全社会形成农业技术新景观,儒家的重农和民本思想在其中发挥了重要作用。

第四,在意识形态上,很多西方国家的学者认为,中国是成功实现国家干预农业的国家。在中国宋元以后,正是这种国家干预,将国家的农业生产实践变为国家治理的积极工具。全社会都按照这种农业科学知识的框架,重新界定核心概念,分析在国家政策的干预下生产自然知识的各种形式,研究被植入人类观念的物质化产品,再建立起各种观念和物质化的农业生产活动之间的联系。在经济全球化利弊参半的今天,西方国家的统一农业已出现了脆弱化的趋势,中国的多元化农业却对全民脱贫和全国的小康社会建设做出了举世瞩目的贡献。开展这方面的跨文化社会研究,能增进我们对中国农业文明优越性的理解,同时也要看到,它不仅存在于中国,也曾经普遍存在于人类社会的前现代化时期。中西农业,要各美其美,也要重视这种历史遗产。

第九讲　中小商户经济与文化

　　中小商户的经济与文化研究，顾名思义，不是使用经济史的方法，而是使用跨文化社会史的方法，以城市中小商号为主，在20世纪以来的国家政治变迁中，考察商人活动和相关商人文化的研究。这也是中国历史上的一个大问题，即在国家建立的过程中，国家与商人之间的关系具有某种重要性。在某些关键时期，商人的商业活动对国家及其价值观的形成产生了不可忽视的影响。商人和政府官员的目标不同，但他们也有共同利益，这使他们在某些条件下具有合作的可能性。民国时期的中小商户是值得关注的对象，他们的经商活动，除了依靠商业知识和经营能力，还要依靠中国传统文化，有时也依靠外来文化。本文将使用北京成文厚的个案对这些问题略加讨论。

导　语

（一）概　念

　　本讲将使用四个概念：商业民俗、经济民俗、工商民俗和文化人角色。

商业民俗。这是一个针对农业民俗提出的概念。在钟敬文主编的《民俗学概论》中，一般性地讨论了"商业贸易活动"，并在第二章《物质生产民俗》的第四节《商业与交通民俗》中，分析了传统中国社会的城乡商业现象，其基本观点是，商业贸易是"以交换为核心的商业贸易活动"，随着"技术的进步和生产力的发展，促进了人们更细的社会分工和生产的专业化，使许多产品有了剩余，而城镇的扩大和非物质生产者的大量出现，又使整个社会从早先生产者与消费者的合一，逐步演变为生产者与消费者的分离"，带来商业贸易活动"从当初的原始集市向更高层次发展"。作者介绍了"商业贸易活动"的三个类别，包括集市、行商、坐商。作者也指出，传统商贸活动在自然环境中进行，民俗亮点是市声、牌匾和商幌。此节写得生动活泼，文字不多，但内容丰富，值得仔细阅读。[①]但此书没有提出商业民俗的概念，也没有就经商活动进行社会史的研究。

经济民俗。我在《全球化与民俗化》一书中，借鉴法国学者劳格文（John Lagerwey）"经济民俗"的说法，对这个概念做了初步界定："在人类社会中，有一种经济活动，它不仅受到地理、历史、政治、法律和经济效益的制约，而且也受地方和民族民俗的制约，它就是经济民俗。"[②]劳格文讲的是传统商户经销的对象、范围和民俗信仰，而我在概念中增加了商户与顾客互动营销的模式："经济民俗是农业社会商品贸易的产物。它从内部群体认同和内部文化认知切入，发布广告，以达到让顾客接受商品的目的。它运用一个地区或一个民族约定俗成的经商方式和沟通载体，确定营销方式，

---

① 参见钟敬文主编，许钰、董晓萍副主编：《民俗学概论》（第二版），第50—55页。
② 董晓萍：《全球化与民俗化》，第160页。

缩短买卖双方的距离，消除顾客对商品推销的抗拒感，使经济销售带有对人的亲和力，整个经营模式充满了人间温情。它有时还能成为一种社会关系构架的机制。"①

工商民俗。此指对我国历史上，特别是宋代以后兴起的工商联营行业的民俗研究。英国人类学者白馥兰研究过我国宋代的种棉户和纺织户，但都是依据中国历史文献进行的。本讲的侧重点是我国民国时期中小工商户经营的民族资本行业，包括其城市管理、作坊生产和门市经销活动。2006年至2016年，我与法国历史学家蓝克利对北京民国时期的中小商户进行了研究。由于是国际合作，具有跨文化的视角，并根据个案特点，提出了"工商民俗"的概念。这项研究利用城市工商档案和城乡田野调查，围绕三点展开：一是民国时期城市现代化进程中的中外商业思潮撞击背景；二是在民国时期工商业中，出现的第一批以民间身份博弈的，在国家变革与外国工商业之间灵活运作的中小商户群体；三是民国时期中小商户如何从农村移民转型为具备工商业专业知识人才。②

---

① 董晓萍：《全球化与民俗化》，第161页。
② 2010—2018年发表文章如下：董晓萍、〔法〕蓝克利："现代商业的社会史研究：北京成文厚（1942—1952）"，《北京师范大学学报（社会科学版）》2010年第2期。〔法〕蓝克利、董晓萍："北京成文厚个案研究——撰写北京商业史的资料、方法与初步结果"，〔法〕蓝克利主编：《中国近现代行业文化研究：技艺和专业知识的传承与功能》，国家图书馆出版社2010年版，第319—347页。董晓萍、〔法〕蓝克利："北京商人的历史档案与移民人生"，《清华大学学报（哲学社会科学版）》2013年第6期。董晓萍、〔法〕蓝克利："城市化与中小商人的'文化人'角色——以'北京成文厚'个案为例"，《社会学评论》2013年第3期。董晓萍："从民俗研究社会史：民国时期一个家族企业的个案"，包智明主编：《社会学名家讲坛》（第二辑），中国社会科学出版社2014年版，第189—225页。董晓萍："从民俗学的角度研究老字号——地方文献与口述史互补的研究过程与方法"，《民俗典籍文字研究》2018年第1期。董晓萍："城乡流动与冲突：商人文化与商业组织"，《西北民族研究》2018年第1期。

文化人角色。此指在民族资本家的商业理性中,有一种始终不肯放弃的"文化人"角色及其行为之道。他们为了家族利益和商业组织的共同目标,往往怀有极大的责任感、企业的归属感以及非常忠诚的品质。他们生活在北京这座中外商贸和地方商业活跃交流的城市中,熟悉传统又创新求变,在抓住某些商机的情况下,渡过战争、社会变迁和家族危机的难关,获得较大发展的可能性。研究中小商人的"文化人"角色,主要研究他们的精神世界、奋斗历程和企业文化代表性,这在以往的民俗学、社会学和经济学研究中都很少涉及。

(二)问 题

熊彼特(Joseph A. Schumpeter)曾谈到企业家的经济角色,认为把业主和管理者加以区分,才能将企业看成是一个理性组织。他提出:"资本主义秩序正朝着自我毁灭的方向发展,中央集权的社会主义随后出现。"[1]民国时期,在我国北京、天津、上海和重庆等大城市,涌现出一批具有民间身份的民族资本家,进行商业博弈,取得成功,其作为颇接近熊彼特的定义。他们活跃在民国中期至新中国成立初期,有农村移民背景,进入城市开业,在国家变革与外国工商业之间,灵活运作,创建了著名的工商企业。他们不仅是民族资本家,也是懂专业的管理者,有的还有商

---

[1] Joseph A. Schumpeter, "March into Socialism", *The American Economic Review*, Vol. XL, (May 1950), pp. 446-456.

业发明。他们还是具有儒家思想教养的家长,在任何艰难困苦的条件下不改其道。他们带领商号在城市社会的环境中和现代商业竞争中打拼,同时还要承担管理家庭股份、照顾其他家族成员的家庭经济和培养家族子女的责任,成为一种复杂的社会文化角色。

以往的经济史、社会史和民俗学研究都没有对民国时期的中小商户给予足够的重视,而我认为,开展跨文化社会研究,不能不关注这类个案。重视这批中小商户的角色、功能和成功之道,有助于思考今天全球化背景下中国工商业的发展进程。

(三)个 案

成文厚,全称北京成文厚帐簿文具店,1935年在北京开业,1940年代初期站稳脚跟。商号经理继承家族商业传统,经营纸张文具,又能吸收现代商业组织理念,将家族传统与当时外国传入的现代会计知识相结合,创建了北京现代会计账簿企业。自1940年代中期至1950年代公私合营前,大约在十年之中,成文厚迅速发展,占领了国内北方账簿市场,与美国哈佛大学会计专业毕业的潘序伦及其执掌的上海立信会计用品公司,南北鼎立,在商界曾有"南有立信、北有成文厚"的盛誉。

本讲限于篇幅,集中讨论三个问题:一是民国时期第一批中小商户民间身份的确定与档案注册。二是在国家变革与外国工商业之间,中小商户的商业经营能力、管理成效,以及商人理念与基层政府决策的微观比较分析。三是中小商户的"文化人"角色。中小商人的卓越管理能力是与他们的这种文化代表性紧密关联的。重视中小商人"文化人"的角色和功能,有助于较为深入地讨论城市现代化的进程。

一、民国中小商户身份的确定与档案注册

在民国时期出现的民族资本家,他们的身份和商户登记,是在市政府和工商局完成的,其信息保存在他们填写的私营企业档案中。现在这批档案都保存在北京市档案馆中。

(一)档案分类与主要内容

成文厚的城市档案有5类,共33种,分别是工商档案、户口档案、企业档案、铺保档案和教育档案。所有档案都有成文厚经理的签章,表明它们属于同一个档案系统。

工商档案15种。(1)北平市人民政府私营企业设立登记申请书;(2)北平市人民政府工商局营业证;(3)财产重估评审通知书;(4)合伙契约;等等。

户口档案3种。(1)成文厚家族居住地址;(2)户主和产权人姓名;(3)家庭结构、家庭成员姓名、家族关系与家族原籍。另有雇工2人,共19人合住院内。

企业档案3种。(1)成文厚企业档案;(2)分支企业荣华印刷厂;(3)荣华装订印刷厂档案。

铺保档案3种。(1)久大体育用品制造厂;(2)春合体育用品商店;(3)永和寿材厂。成文厚与铺保有商业合作关系、胡同社会关系和教友关系。

教育档案9种。这类档案都出自教育局,是成文厚的合作伙伴贾得泉会计学校的档案,成文厚家族子女和徒弟都在这所会计学校学习。

档案说明成文厚的成功与其家庭企业史有关,它发展了家族书铺业的百年传统,又在1940年代主动转型,发展成普及现代账簿会计知识的企业,开辟了新的市场渠道。我们在研究该个案时,关注这个企业在城市新商业需求形成的过程中,把行业经营传统与现代商业新知识结合起来的过程,分析传统商业现代化对市场的作用,并从这个角度,考察城市商业与城市社会分层、社会结构和城市教育文化资源的关系。

(二)档案注册与家族关系

成文厚个案的特殊性,是它在政府的商业户行政档案中,同时注册为登记业主、户主业主、家族业主和企业业主四种类型。一般商业企业组织都登记为家族业主和企业业主,如北京的丝绸行和茶叶行,未必都像成文厚这样,成为类型丰富而具体的商业户组织。

登记业主。此指在企业档案中填写的业主。他们按照政府的标准登记,但从个人回忆资料看,工商企业也会根据家族企业的文化传统和社会现实决定填写的业主人选,实权商人不一定登记为业主,如成文厚在1952年以前的登记业主是刘显卿,而真正操作的经理是刘显卿的长子刘国梁,刘国梁遵循孝道伦理原则,在父亲生前,从未把自己填写为登记业主。

户主业主。此指档案中填写私人家族企业的家长兼房地产权人。其他工商户的业主大多填写户主,而在家族企业中具有这种身份的人就是家长,如刘显卿生前就是户主业主,在刘显卿身后,刘国梁填写自己的母亲刘李绍棠是户主业主,同时老太太也被登记为家族企业的房地产权人。刘国梁实际负责成文厚企业和家族置办房地产的所有工作,但在父母生前,却从未填写自己是户主业主。在父母过世后,他也没有把企业的户主业主更改为自己,而是登记为幼弟刘秉揽。直到1954年刘秉揽公开声明放弃家族企业股份,刘国梁才在没有任何家族争议的情况下,把自己登记为户主业主。

家族业主。此指家族股份制企业的管理者和财产所有者。家族业主是享有家族企业股份的血缘家族成员,他们共同拥有家族企业的财产,也共同承担企业风险。成文厚的家族企业业主,在1952年之前,等同于户主业主,都归入刘显卿的名下。1952年刘显卿去世之后,家族股份分给刘国梁兄弟四人,并不是刘国梁独占,所以当时成文厚的家族业主有4个,分别是刘国梁和他的三个弟弟。1954年,家族业主改为3个,这时刘国梁的长子和他的幼弟刘秉揽都已宣布放弃股份。

企业业主。此指公私合营前的企业资方代表,政府档案登记为"经理"或"经理人"。在家族企业内部,企业业主也称"掌柜"或"东家"。"经理"实际上相当于负责执行某种具体业务的人。刘国梁在成文厚是全方位的企业管理者,当然他按行政登记中写为"经理",而在家族私营企业和亲属中仍称呼"掌柜"。

(三)档案层级与资产权

根据档案和实地调查,中小商户所掌握的企业资产权,实际上分为不同的层级。根据这些层级信息,他们登记的资产权分为四类:

登记业主产权(registered owner's property)
户主业主产权(head of household's property)
家族业主产权(kinship manager's property)
企业业主产权(business manager's property)

持有不同资产权的中小"业主"与家族股份所有者不是统一的,如成文厚经理刘国梁的母亲刘李绍棠生前拥有以上四种产权,也就是说,成文厚由这位老太太说了算,但老太太并没有任何股份。成文厚的女性家族成员都没有股份。刘国梁在公私合营前,在其他男性成员都没有退股前,也只是持有个人的一部分股份,但他却是以上全部四种产权的运行者。由此可见,在工商户企业内部分布着不同的权力和权益,同时也根据不同的商业身份、文化传统和社会关系角色的需求,实行资产权与股份的内部分配。把四类企业资产权予以分别界定后,我们还能看到,中小商户经理要面对各种业主类型,处理好各种资产权形态,同时要稳妥驾驭企业的发展方向,这是他的压力,也是动力。他的确是个能人。

（四）档案变更与股份结构

成文厚档案中有好几份变更声明，反映了家族股份在国家政治变化后发生的改变。它们也反映了商业组织管理与股份结构的关联性。研究者只有了解商业组织的股份结构，才能真正读懂企业档案。

第一，成文厚档案中没有登记的家族持有股份人员有1人。他是经理刘国梁在吉林成文厚的二弟刘国英，在日军侵略东北时过世。

第二，档案中没有登记的家族关系。成文厚的家族辈分和伦理秩序，需要通过口述史识别。

第三，档案未登记家族股份制变更与商人在变更中谋求发展的矛盾。刘国梁的幼弟刘秉揽，留学英国的军官，1952年公私合营后，他与刘国梁的长子刘基厚共同放弃股份，这时刘国梁吸股，用于扩大企业投资。

（五）企业结构与商业性质

从档案和对当事人的调查中，可以看到，成文厚的企业结构如下：（1）私营企业，即成文厚，其上级主管单位是北京市人民政府和北京市工商局，其行业管理单位是北京市同业公会。（2）铺保。经济担保，成文厚与久大体育用品制造厂、春合体育用品商店和永和寿材厂互为铺保，它们之间的关系以空间关系为主，都是附近的街坊，没有历史交往。（3）门市。成文厚有几个门市，但主要门市在北京传统商业区西单大街上。(4)货仓。成文厚的货仓有两种，一种在西单大街门市附近，是小型仓库；一种在外地，都是账簿用纸的进货地点，包括丹东、大连、四川、内蒙古等。(5)工厂。成文厚的工厂是经理刘国梁的规划项目，他为之奋斗多年，包括印刷厂和装订厂。(6)流动资产。成文厚在西单大酱坊胡同的房产原为固定资产，在家族成员退股后，被刘国梁出租，用作流动资产，扩大经营。(7)教友户。与成文厚关系紧密的铺保也都是教友。刘国梁是通过北京基督教青年会下属西城区缸瓦市基督教堂进入北京账簿市场的。在这个宗教组织中，他结识了教友、北京会计贾得泉，两人合作制作会计账簿；结识了教友、春合体育用品商店经理、北京商人傅怡斋，两人结成铺保和资本运营的伙伴；结识了缸瓦市基督教堂的石云浦牧师，并通过北京基督教的关系扩大了市场客户网络。教友们在教堂内修炼精神和交换社会信息，在生意上互相照应。

经核对，所有城市档案的登记信息都是准确的，但档案信息与研究信息又是存在差异的。通过对上述档案的分类、注册和登记方式以及股份变更等的调查研究，我们可能看到民国时期中小商户的实际生存形态、传统家族企业与家族之间约定俗成的利益切割方式。这些运行方式不是在市场机制下进行，也不是在生产关系中进行，而是在尊重和协调社会关系的前提下进行的，这就使商户经营与家族发展息息相关，让整个商业经营模式充满了人间温情。

二、中小商户的商业运作

以下通过分析刘国梁如何从1940年代初到1950年代初建立

成文厚的成功商业史,分析外省商人怎样为北京城市商业组织带来活力?以及如何搭建获得和运用现代商业知识的新渠道?应该说,成文厚的经营之道与刘氏家族的思想开放有关。他的家庭与西方现代文化技术的距离不是太远。1940年代,刘国梁的弟弟刘秉揽入川和留英,其子入美国基督教公理会(Congregational Church)办的学校读书。这种背景能说明,这个家族已具有求学深造的长远目标。这类素质可能使这个家族对现代经营理念有一个基本的认识,而这种认识又会深扎在这个家族传统行业经营理念的根基之上。

(一)吸收现代会计账簿业的核心知识

从成文厚个案看,吸收现代会计账簿业的核心知识,是外省商人与本地市民结合的一个关键要素,刘国梁留下的账簿表单样本正是这方面的一个例证。[①]这些账簿的格式创新,能证明当时企业已经发展成熟。这固然有刘国梁的深厚家底支撑,但这又是一个颇有现代色彩的创新成果。它将传统纸张文具业与现代会计账簿业结合,其产品符合中央政府和北京市财政管理部门的法规要求,适合城市商业会计和银行会计使用,也能满足广大中小店铺的记账报税需求。直到出现电脑记账前,成文厚账簿的销售量都居高不下,这种成功不是人人都能得到的。

---

① 刘国梁所制《大烈氏账簿表单》已由北京师范大学项目组征得现任成文厚经理的同意,于2007年7月制成电子版。此项目属北京师范大学项目组与成文厚账簿文具店共同保护老字号非物质文化遗产的合作项目。

从山东招远刘国梁的老家所调查到的口头资料和当地文献看,当地"蓬、黄、掖的'买卖人'不仅在东北有很大影响,在京、津、沪等地也多见他们的足迹"。我们可以看到,外出经商是山东招远和莱州一带的家庭传统,其范围可覆盖从烟台到潍坊的鲁东沿海地区,东端与连通北京的大运河相接。成文厚所赖以起家的书铺业,由其先人于清道光年间(1821—1850)创建。①自清代中叶起,该家族从孟格庄发迹。刘国梁的祖父刘作信(1848—1899),与当时的宣纸徽商联手,成立了"二书铺",经营文房四宝和普通纸张文具。据刘氏族谱看,刘国梁的父亲刘显卿属第二代"显"字辈②,到了第二代,该家族的经营网络已由山东扩大到河北省、吉林省和京津地区,并在各地建立了分号,比较出名的有诚文德、诚文厚、诚文新等。③

据赵吉亮说,有一位北京知识分子在成文厚向账簿业的转型和成熟期都起了关键作用,他就是贾得泉。贾得泉是会计兼教师,创办了一所会计学校——得泉簿记学校,本人任校长兼财会课教师。赵吉亮说"成文厚的账簿都是他设计的"。他还提到了另外两位相关人员:刘培森和王文友。刘培森是北京成文厚的会计,以前是贾得泉的学生;王文友是成文厚的老职工,在来北京之前,曾在河北的一家商号做会计兼簿册设计。赵吉亮还回忆起个人在得泉

---

① 山东省地方志编纂委员会编:《山东省民俗志》,山东人民出版社1996年版,第5页。转引自董晓萍、周锦章、吕红峰:《成文厚末科徒弟赵吉亮与业主刘国梁老家的调查报告》,北京师范大学,2007年7月,打印稿。

② 在刘氏家谱中,"显"字通"先"字,为刘氏字辈谱第二代取名的统一用字,第三代字辈谱用"秉"字,如刘卿之子名刘秉揽。

③ 招远文化局编:《招远县文化志》2001年版,第1页。转引自董晓萍、周锦章、吕红峰:《成文厚末科徒弟赵吉亮与业主刘国梁老家的调查报告》。

簿记学校业余进修的经历。他当时按照刘国梁的要求，跟着贾得泉学完了六个月的会计课程。

在成文厚公司内部档案中，还见到贾得泉之妻王氏于2003年12月写给成文厚的一封信，信中说，贾得泉已于1994年去世，并说："从1940年代初起，我丈夫贾得泉设计了复式记账单，后来成文厚的主要账簿都是我丈夫设计的。"这封信通过贾得泉妻子的角度告诉我们，贾得泉与成文厚的关系是特殊的。赵吉亮补充说，贾得泉直到1950年代初都住在大酱坊胡同南面的小酱坊胡同，原来贾得泉与刘国梁也是老街坊。

我们在北京市档案馆查到贾得泉簿记学校的教育档案9种，另在国家图书馆复制贾得泉所撰会计学教材1种。这本教材名为《改良商业簿记与报税》，1940年8月出版，是提供职业教育的通俗教本，附有习题，封面自题："无师自通。"此书自称"改良"会计记账法，所述涉及当时中国会计业讨论的要害问题，如对中国旧式记账法进行改革，再推广使用，以抵制全盘采用西式记账法。从书中看，贾得泉是支持徐永祚（1891—1959）的观点的，他相信对中国旧会计制度进行"改良"是可能的。他是上海立信的学生，但他反对全盘采用西方会计制度，并不赞成附和潘序伦（1893—1985）主张的"改革派"观点。①

在刘国梁的账簿汇单样品册中，还夹有一份广告，宣传成文厚"新设成本会计帐簿表单"，专门介绍"使用新式帐簿种类"，说明是由"得泉贾校长设计著作：北平成文厚文具店出版兼发行"。北

---

① 关于改革派和改良派的争论，参见郭道扬：《中国会计史稿》下册，中国财政经济出版社1988年版，第513—521页。

京《实报》自1942年10月23日起对此也予以报道。这份报纸除了刊发得泉簿记学校11月份的招生计划，还刊载了该校以下三行信息："本校设计新式帐簿，每本5元，预约九扣，十月底负责解答，预约处西单北大街成文厚，电西956。"这种广告将会计学校与成文厚商号的推介混合，一直登到11月13日，共登载23次后停止。此后，自1942年12月1日至1943年10月10日，他们不再做联手做广告，只有得泉学校登载每月各班的招生计划。

我们看刘国梁与贾得泉的联手，在当时的局势下，至少不是孤立的或偶然的事情。首先，要注意到他们二位是通过新信息渠道的广告来表现他们开始合作的。当时广告也是一种商业新知识。登载在《实报》上的广告，象征着两人同意把各自的事业都同时推向市场竞争。通过广告刊发的过程，他们与个别客户进行对话，让客户发现自己的需求有可能被满足，同时其主观要求也被确定下来，逐渐变为成文厚和得泉簿记学校都能认识到的现实。由此也可以推想，刘国梁与贾得泉大概认为，广告能理解和指导供需关系，就像会计学能揭示商业结构一样，它们都是有用的信息系统。换句话说，在1942年，刘国梁与贾得泉都已掌握适应发展中的市场经济的不同方式。我们也不妨推想，此举当初就有双赢的想法：在刘国梁一方，他仰仗贾得泉的会计知识，可以给成文厚带来了会计业的新概念和生产账簿的新市场方向。事实上，这件事也使刘国梁彻底改变了传统书铺的单一经营，转向账簿业、印刷业和销售一体的综合性企业生产。经营账簿业还使刘国梁站到现代商业经营的前沿，拥有了城市社会上、中、下各阶层的客户系统，市场竞争力迅速增强。在贾得泉一方，刘国梁的出资，给他的会计知识提供了一个市场化的新舞台，让他对北京会计市场的专业眼光变为市场现实,同时让他的会计抱负和教学活动能开花结果。

(二)通过基督教会搭建获得和运用现代商业知识的新渠道

在刘国梁的家族传统中不能忽视基督教的影响。成文厚所在西单大街西四段缸瓦市地区,是北京基督教会的发祥地。西方现代宗教思想和科学文化思想有一定影响,在这种环境中,容易结成社会各界参与的商业联盟。

我们在英国伦敦会(London Missionary Society)档案中,看到一份1948年的会议报告,在这份报告中,刘国梁的名字两次被英国传教士W. F. 罗兰兹(W. F. Rowlands)提到。[①]他说,在这次会议之前,北京和天津两个城市的分会都召开了各自的会议,两市的基督教会运作也都很有成效。北京会议的时间是5月20日至22日,"参与者众,十分成功"。他还特别提到,市区教堂推举了"好代表",包括"缸瓦市堂推举的刘国梁先生和另一位米市堂推举的鲍广林先生(Mr Pao Kuang Lin)"。他还评价说,此会"开展了广泛的讨论,突出了主要问题"。报告末附会务要点,里面有一个8人的"新执委会"名单,内含缸瓦市堂的刘国梁。我们最近访问了1949年前后在缸瓦市堂工作的老牧师,他也证实,刘国梁当时是

---

① W. F. Rowlands, "Impressions of the Huapei Synod Meeting" (May 24th-27th 1948), MS, Council for World Mission Archives, 1941-1950, SOAS, London, Microform LDC, Leiden, 1998, LMS H-2140 n° 1369. 在第1、4页提到刘国梁的名字。

教堂的"执事","社会声望很高"。① 这些资料从不同角度给予刘国梁积极的评价,这为证明他在北京工商界基督教商人中的社会影响,增加了说服力。

赵吉亮肯定刘国梁的基督教信仰,他承认,他至今视为公平贸易基础的道德观都是刘国梁教给他的。在他看来,这些观念与刘国梁的基督教信仰有关。他满怀敬意地补充说:"刘国梁什么毛病都没有,经营上也没有乱七八糟的。"② 后面在我们分析得泉簿记学校的时候,还会提到基督教的作用。

(三)个人行业发明和开辟新市场

在对刘国梁个人商业选择活动的认识上,根据对赵吉亮的访谈,我们已经了解到一些刘国梁的企业策略。刘国梁的核心企业思想是建立在当时具有现代行业知识和技术内涵的,同时又有家族传统的会计账簿加工业。在账簿产品的印刷上,刘国梁本人有两个发明:一是五色账,一是满足大、中、小各类客户需求的不同规格的记账表单。五色账是一种功能性的发明,主要是把普通账页的黑、灰线格,改为红、蓝、黄、灰、黑五种色彩的线格,这样会计在记账时,就容易按照不同颜色线格的划分,依次把阿拉伯数字,从高到低的进位,正确填入,这对于当时从汉字记账转为用阿

---

① 被访谈人:邵某,牧师,男,1916年生,曾任北京基督教会副会长,珠市口教堂牧师。
② 董晓萍、周锦章、吕红峰:《成文厚末科徒弟赵吉亮与业主刘国梁老家的调查报告》,第19、25页。

拉伯数字记账的政府、银行、企业会计和中小商户的账房先生来讲，都是一种具体的帮助，成为推动当时北京工商界改革旧式记账法的手段。刘国梁的第二个发明，即为大、中、小各类客户设计生产不同规格的记账表单，受到城市商界的普遍欢迎。这种策略，体现了刘国梁将成文厚的行业规模发展与市场化能力相匹配的稳实思路。他不仅要服务于北京政府机构和银行、厂矿等大客户，还要抓住所有中小业主。在当时北京社会政局动荡和财政制度不稳的情况下，刘国梁此举，让成文厚能伸能缩，既能保护自身行业利益，在客观上，也使行业发展成为城市社会重组的构件。就账簿业本身而言，他的行业革新，也与当时城市社会改革者试图把会计业现代化的想法相呼应，促进了中国记账文字与数字的统一、多元计算方法的统一和现代会计思想的传播，这对赞成改良中国旧记账法的会计来说，也是符合他们期待的社会事件。

（四）商业知识的传承与普及

成文厚经刘国梁之手中兴，展示了刘国梁的革新与北京城市和国家现代化的进程是互有关联的。但是，我们还要强调的是，刘国梁同时要兼顾家族企业传统，这就使他不能不将振兴家业作为他参与现代化进程的一部分。回到行业知识传播上说，我们至少还要有两种假设：一是当时出现了工商业主看重现代商业知识的潮流；二是行业工人有更新行业知识的现代渠道，并出现了掌握现代知识的新群体。我们希望从两个方向上验证这两个假设：一是刘国梁培养学徒学会计行为的普遍性，二是1940年代至1950年代新兴会计阶层的人员构成与规模，我们由此可以分析刘国梁商业管理改革中的现代化影响和结构要素。

刘国梁重视对成文厚职工进行会计业务培训。据赵吉亮的回忆，刘国梁在任时，学会计是学徒的一门功课。他要求所有门市职工和库房进货人员都必须懂账簿会计，才能上岗。学会计，也应该是刘国梁与贾得泉合作伙伴关系的副产品。我们所搜集的口头资料和档案都说明，成文厚与现代会计业的关系并非特例，在当时的北京中小商户中，业主培养新式会计已成趋势。在我们的4个访谈对象中，每个人都强调，在1950年代初，在北京找份工作并不容易，不过业主只要看中了某识字的学徒，认为有进一步培养的潜力，就会送去学会计，并资助学费，作为提升商业管理水平的投资成本。被访谈人高某说，他到成文厚之前，已被另一家书铺业主送到得泉簿记学校补习。在业主看来，对新知识的投资，会从城市现代商业的发展中得到回报。被访谈人孙某，曾在北京郁文会计学校学过成本会计，业主做鞋行，也给他交了学费。他们每个人还都认为，在当时西单传统行业的日渐凋敝中，他们都是在学徒期间打下了当会计的基础。

北京当时的会计学校不止贾得泉办的一家，但比较而言，得泉簿记学校是最有名的会计职业培训基地之一。北京市档案馆所保存的该校档案，附教职员履历名籍表、学生履历名籍表、课程设计及授课时间表、学生结业证书存根、市教育局的批件等。我们由此能大体了解该校的建制、政府管理规定、教师来源、生源分布、教学内容和结业标准等，这是我们了解这类学校与当时北京工商业涌现更新行业知识潮流和渠道关系的个案。或者说它们是成文厚个案中的个案。

据档案记录,得泉簿记学校是私立业余补习学校,地点在西单大街西四北路45号。从对档案所列举的数字统计看,在1943年、1945年和1946年的三年中,该校同等学力生源数量从21人(1943、1945)增加到36人(1946)。每班女生数量,从1943年的4人,到1945年的3人,到1946年的11人,稳中有升。学生年龄参差不齐,1943年为15—38岁,1945年为18—32岁,1946年为16—30岁。从学籍表看,学生的学历普遍不高,除1946年之外,没有大学生。① 中学生居多,1943年和1945年均为13人,1946年为23人,其他学生都只有小学程度。可以想见,当时北京会计职业学校的基本生源是被业主送来进修的青年学徒,或是被家长送来的补习生。这些年轻人构成抗日战争胜利前后新会计行业的新就业群体。在城市社会动荡中,行业文化与就业市场相辅相成,造成了一种动态的稳定发展局面,能让不同社会阶层都通过某种商机存活,悄然无声连接成一个依赖于新知识资源、同时能携带传统文化因素、还能扩大吸收就业人员的活跃城市机体。

(五)商业知识与行业管理

刘国梁的商业组织建设新策略是转向综合性结构行业。所谓成文厚的综合性结构行业,是指刘国梁将账簿业、印刷业与纸张文具业三层行业联合运行,适应城市现代商业潮流又不脱离传统的系统行业经营思想和作为。在这三层运作中,账簿业是市场赢利

---

① 这位大学生1946年时21岁。

经营，印刷业是技术改革经营，纸张文具业是保底经营，刘国梁是从来不单打一的，他有他的整体观。在他的整体观中，现代行业知识和行业技术有其独立价值，但也是行业文化的一部分。而行业文化的底子更深，深处是家庭。行业文化也是时尚的，时尚的表层是社会责任网络。刘国梁通过新旧结合、大小兼作，树立了诚信的商业形象。所以，当我们以行业知识、行业技术和行业文化为研究目标时，要关注他的行业经营思想和行为系统。

刘国梁的祖上已有南北区域合作经营的传统，所以刘国梁的行业合作意识部分是来自其家庭传统的。这种商业管理的传统模式是家庭股份制，即业主并不是股份的代名词，股份是家族股份制成员的财产。赵吉亮就明确地说："成文厚是刘家的，只有刘家的人才有股份，徒弟干得再好，也没有股份。"但谈到成文厚账簿店时，他认为，刘国梁知人善任，能把各行各业有才干的人聚拢到自己周围，在新的市场方向上发展。在1949年前及其后的两三年内，各路民间英雄都为成文厚的崛起起到不容忽视的作用。赵吉亮说："来瑞是会计，周正管现金出纳，①王文友管采购和进货。王文友是河北卢龙人，会设计，心眼多，但刘国梁的心眼更多。"对成文厚的账簿设计，我们分析，王文友与贾得泉的关系有些微妙，王文友是原管理班子中的工头，据赵吉亮说，他负责设计中小客户需要的表单。我们还不知道这是否意味着贾得泉负责设计政府、银行和大企业客户需要的统一账簿，而王文友负责设计其他中小业主需要的庞杂表单，两人各有分工？或者是刘国梁早就做了两手准备？抑或是王文友在"三反""五反"前后取代了刘国梁，也取代了贾

---

① 我们不知道当时的出纳和会计现在是否在世，故对其姓名都已稍作变动。

得泉？这些，只有继续调查，才能分析清楚。

除了以上人员，对刘国梁吸收各路人才，赵吉亮还说，成文厚还有不少半路出家的伙计，"原先都是打小鼓的，跑纸盒的。打小鼓的，就是收旧货的。后来就到成文厚了。跑纸盒的，就是卖纸的，都是山西人。成文厚没有纸源，靠他们进纸"。不过在此要强调的是刘国梁团结人才和实施商业管理新策略的能力，这是所有现代企业家的一个基本素质。当然，在成文厚的个案中，这又与北京城市社会重组的背景和城市现代商业管理的进程有关。刘国梁历经战乱和家业受挫的艰难岁月，他是要花低成本解决上述两个问题的。他把成文厚带出了低谷，并在北京城市现代商业竞争中创造了新账簿业热销产品，这是他超越家族前人的地方。旧商业管理模式可以给他提供同乡劳动力资源，却不能给他提供新的市场方向和投资空间，他可能已察觉到了以往的局限，便不能不抛弃旧模式，采用新的行业结构模式。换个角度说，不是北京城市商业氛围使刘国梁变得更有学问，而是旧商业模式已不能帮助他解决社会和家庭的重重危机，他才不得不带着成文厚投入"现代化"的进程和北京城市社会重组的激流。成文厚需要新的商业组织，才能满足北京不同客户的多种需求。

成文厚是一个综合性结构行业，通过行业整合形成。刘国梁能够创造它，也能够保护它，使其成为他现代化管理目标的一部分。他对这个商业组织的认识和运作，基于他对内部各业所具有的工商知识。这些知识是通过成文厚内部各业管理者对不断在变的业务、永久商业风险的不同理解而酝酿出来的，因此刘国梁的管理能力在于协调不同管理者之间的分歧。要在他们之间达成一致是很难的，但这也正是接近、了解市场现实的唯一途径，商机也正在这中间产生。只要处理好内部关系紧张,他就能明确选定成文厚公司业务方向。

通过分析刘国梁聚拢人才的信息,我们还可以看到,他在行业创新中,有相当的资源利用能力。他发现了人才资源循环利用和整合利用的可操作性。最近一位历史学者将这点视为民国时期北京商业的基本模式。① 不过,我们也不能完全将之套用到刘国梁个案上,因为我们还需要调查分析刘国梁当时是如何发挥自己的不同身份,从业主到户主、从资本家到经理,他怎么具体利用法律和商业法度,股份制和社会网络。而不同身份之间的桥接点,肯定是他的商人文化知识。

比如,赵吉亮认为,吸收其他行业的"半路伙计"进成文厚,是刘国梁出于基督教的博爱信仰,是他为社会基层的流动劳动力提供了福利。在我们看来,这大概也可视为刘国梁在北京社会过渡时期管理新组合行业群体的可能性。在他任用的伙计中,就有"跑纸盒的",原为西四某纸店的进纸伙计,刘国梁没有纸源,但与该伙计相熟,在该伙计失业时,他接纳其进入成文厚,正是对这种人才的循环利用。他在熟人基础上整合资源,还会拿到最低的资源成本,同时又增加了企业的人文形象。从流动商贩方面说,他们十分熟悉城市基层社会的微观需求,也可以给成文厚提供所需求的具体的信息和基层商机。当然,我们也不排除基督教信仰活动带给刘国梁的资方开放意识;对西四基督教堂在西单商业街区中的位

---

① 参见 Madeleine Yue Dong, *Republican Beijing: The City and Its Histories*, Berkeley: University of California Press, 2003, pp. 172-207;也可以参见她的文章,"Juggling Bits: Tianqiao as Republican Beijing's Recycling Center", *Modern China*, Vol. 25, No. 3, 1999, pp. 303-342。

置和作用，我们也还要继续调查。总之，刘国梁通过来者不拒、双方互利的合作关系，将自己的新行业建立在一个普遍价值体系上，这在当时剧烈变动的城市社会环境中，不能不说是一种难能可贵的决策。

（六）公私合营的变迁

我们的研究进展依赖于我们所能考虑到的当时整体社会史背景的能力，在这个意义上说，1951年和1952年仍是值得反复关注的。前面说过，这期间成文厚的发展在外部城市环境变迁中进行。可以肯定地说，到了1952年底，刘国梁面对两种非变不可的大变动：一是政治上的"三反""五反"运动，它打击市场经济和"劳资"关系，批判资本家的商业组织。二是刘显卿去世，成文厚不得不把原来的出资股东与劳动经理的合作结构，改组为资本与资本的合伙结构。这时刘国梁成为成文厚的登记户主、家族业主和所有家族企业资产权的拥有者，政治经济背景十分复杂，他本人的处境已岌岌可危。

然而，刘国梁曾经有本事把成文厚带出低谷，这时却已做不到自主管理。由于社会政治原因，他遭到了历史性的挫败。虽然他的家族成员曾投身于民族解放运动和爱国主义运动，他本人也曾在1950年代初就把成文厚的全部账簿表单样册上交给国家，还用工整的毛笔字题写了"绝对为大众服务"的捐献赠言，表示了与人民政府合作的愿望，也表达了他对在新社会条件下发展企业还抱有希望，但他还是彻底失去了成文厚的领导权。他以中小企业集体化为核心的经营策略,与人民政府的计划经济大战略目标相比,终成对立物。这时已没有空间让他的能力继续发挥作用,他只能退出历史舞台。

三、中小商户的文化人角色

现在我们需要讨论中小商户的文化人角色。

(一)"民族资本家"的形成

刘国梁的经商选择与其家族传统有关,自1942年至1952年,成文厚都是家族股份制商号。与任何家族企业一样,成文厚商号模式的形成,一是由家族创立商号,依靠家族资源和人力求得发展;二是商号的经营管理应该在家族成员的掌控下进行。

起初刘国梁在经营上还维持上一代的传统,主营纸张印刷品。1937年他正式成为成文厚的经理时,销售的"图书仍然是黄历、课本、三字经、百家姓、农村读物等,新书很少"。[①]不久日军摧毁了吉林的成文厚分号,这时刘国梁可能明白,社会动荡变化,他遭遇了家族企业受到重创和损失的现实,也面临与北京其他纸张文具行业的激烈竞争,他需要扩大行业规模,增强专业知识技能,这是刘国梁试图寻找新的发展出路的动力和社会环境。

---

① 北京成文厚帐簿卡片有限公司:《成文厚大事记》,内部资料,1985年,第1页。

为此，我们尝试重构他的主要策略。现在我们回到刘国梁领导商号在二十世纪四五十年代设计生产的千余种账簿表单。①这些样品展示了账簿业从白手起家到设计成熟的过程，证明刘国梁在这项革新上极富创新精神，并付出了长期的探索。成文厚是集账簿设计、纸张文具和印制装订为一体的综合性行业，经营者除了生产账簿，还要掌握新的会计概念、各种法律法规知识、商业或银行会计知识和财政知识，熟悉各个生产环节，了解各方面政策的变化。我们由此也能看出刘国梁的才能。在现代会计知识方面，刘国梁与北京人贾得泉合作，使自己成为新兴财会行业的内行。

我们还查阅了贾得泉和他的会计学校的档案，里面有课程表、会计专业文凭存底、学生和教员的名册。②在1946年的4位教员中，有3位毕业于辅仁大学（现北京师范大学）。这很难得出什么结论，不过这3位教员都相当年轻：分别是26、28和28岁，可能工作经验有限，他们在北京战后重建时被招聘，可能既表明年轻人有了工作机会，以及城市社会对行业教育师资的需求；而会计学校也必须满足社会需求才能生存。此外，得泉簿记学校在当时已经是颇有名气的职业培训学校，成文厚与它捆绑宣传，一方面，无疑扩大了自己的社会影响。另一方面，刘国梁也帮了贾得泉。成文厚使北京会计贾得泉的财会理念市场化，发展了一些社会实践项目，推进了他的知识分子关怀和培训人才的理想。赵吉亮详细讲述了他在得

---

① 为保存和研究工作的方便，由北京成文厚帐簿卡片有限公司与北京师范大学数字民俗学实验室合作，由北京师范大学数字民俗学实验室承担制作，将这些帐表汇存簿于2007年7月制成《成文厚老账簿电子书》。
② 北京市档案馆藏得泉簿记学校档案9种，时间自1938至1955年，全宗号：J182-2-20428、J181-23-4482、J4-2-1193、J4-4-1403、J4-4-172、J4-2-1834、J4-4-335、J4-1-933（教育局档案）和J22-8-399-6（工商档案）。

泉簿记学校进修的经过，他按照成文厚的严格要求完成了为期6个月的培训。他说，刘国梁提出，"卖账簿的必须会会计，从成文厚出来的人都会会计"。他补充说，这是一个规定，因此成文厚的每位职工都要坚实地掌握会计学知识。

刘国梁已建立了一种城市商人管理模式。他把不同行业人员、学校和教师都视为城市社会的新资源，纳入了行业的社会网络，推动了行业的发展，这种策略也使他的自主管理权日益增强，并在这种条件下，把新行业知识开发、生产和市场销售整合在一起。这个改革过程把他推到一个舞台上，迫使他把行业合作现实与家族同乡关系区分开来，但仍恪守道德伦理原则；他作为资本家的利益则来自于他作为企业管理者的实际利润，这正是一种业主与企业相区别的理性商业组织管理模式。

（二）中小商人的忠诚品质

刘国梁是一个既接受现代商业管理知识、又维护家族经营传统的管理者。在本讲中多次指出，他的成功基于他不仅是一个资本家和懂技术的业主，又是一个笃信基督教和具有儒家教养的家长。他不仅要承担管理家庭股份的责任，还要承担照顾各位兄弟和培养子女的责任。他不仅是地方商业的出色管理者，也是严于律己的人。他很少回家，几乎住在与家仅一条马路之隔的店铺里。他为所有兄弟及其妻子儿女提供全费供养，给所有工人提供免费理发、洗澡、进修和治病的机会，让所有下一代上有名的中学和大学，接受最好的现代教育。他自己的生活极为简朴，不抽烟、不喝酒，家里没有任何奢侈品，家人和徒弟的衣服鞋袜全靠他的妻子缝制。父亲当年把四百大洋交给这位长子，要求他今后无论贫富都要把这个家和这份买卖照顾好。他一诺千金，终生不曾辜负。中小商人的勤俭奋斗在成文厚有三层含义：一是忠诚的家族归属感；二是商人全身心地投入到商业活动中去，做到人商合一；三是节省生活开支，投入商号运营。

刘国梁长期代替父亲的角色，忠实地带领成文厚在北京城市社会的环境中和现代商业竞争中拼搏。他也常年维护和巩固建立在忠诚基础上的商业保护关系，这在动荡年代是一种可贵的关系。但随后可见，这种忠诚模式在1952年后都变得不可靠了。忠诚的回报是中小商号不依赖国家社会福利解决家族谋生和企业发展的成就感，但这在转为现代新型大工业时，又有先天的脆弱性。

（三）利用商业空间的能力

刘国梁的杰出能力还表现在他对商业空间意义的理解和运用上。这种空间不一定是实体机构，但却是体现均衡利益的现实社会关系。在政府与商人、商人与铺保、公司与家族、总店与分号以及资产与房产等几对关系上，在每对关系在特定时间内，都可能发生相关相斥的或对立统一的关系波动的时候，他都会借助这种商业空间，把握空间的政策理性、空间的社会意义，以及空间的新知识价值。这样商业企业对外部变迁和内部改革的适应，就可以和而不同，也可以相互包容。他建立的铺保系统，他办理的总号、分号等各种机构，以及他通过西单基督教堂系统建立的城市客户系统，都属于这种情况。在人民政府的新规定下，这种空间本身就酝酿着商机，其商机的目标不是直接发展资本和企业，而是借助商机整合资源。

成文厚的个案让我们了解"文化人"的角色含义及其代表性。在民国时期民族资本家的商业理性中，有一种始终不肯放弃的"文化人"角色及其行为之道。他们为了家族利益和商业组织的共同目标，往往怀有极大的责任感、企业归属感和忠诚品质。他们生活在北京这座中外商贸和地方商业活跃交流的城市中，熟悉传统又创新求变，在抓住某些商机的情况下，同样可以渡过战争、社会变迁和家族危机的难关，获得较大发展的可能性。今天我们讨论现代工商企业发展时，也不能不思考这种"文化人"的知识传承。

结　论

我国民国时期中小商户研究，以成文厚为例，似乎符合研究"中国资本主义的精神遗产"的现代潮流，尤其符合在中国已展开讨论的中国商业管理的现代化问题。如果我们考虑蒂姆·赖特（Tim Wright）提出的五要素：市场意识、发展技术、选用能人、社会义务责任和管理学说[1]，成文厚正是符合这些要素的现代管理企业。

---

[1] 参见Tim Wright, "'The Spiritual Heritage of Chinese Capitalism': Recent Trends in the Historiography of Chinese Enterprise Management", *The Australian Journal of Chinese Affairs*, No. 19/20, 1988, pp. 185-214。有关本讨论参见第198—210页。

我们还要指出的是，该个案也有另外的意义，成文厚在1979年后再度复兴和对刘国梁的纪念，都证明了这种意义：民国时期中小商户史揭示了中国社会的商业现代化进程与传统文化的深刻联系。西方经济学界从前将家族行业传统视为负面因素，但在中国社会和中国文化传统中，这是不可同一而论的。成文厚等中小商户的成功经营之道，不在于他们把现代商业经验与传统文化对立，而在于他们将两者有机结合。这种家族商业传统与现代城市社会的新关系结合得好，还能创造出一个新的商业空间。在这个空间中，中小商户开发和推销新产品，既能适应现代社会的商业需求，也能保持在淡季和旺季都可持续生产，还能在不完全依赖政府的状态下，始终与人性和人文建立稳定的联系，防止企业大起大落。

第十讲　主体节日与共同节日

无论怎样跨文化，没有传统节日就没有主体文化，而没有主体文化，也就失去了跨文化的意义。无论怎样重视传统节日，没有跨文化，就不能激活节日的对外交流，而没有对外交流的传统节日，也很难保持旺盛的活力。本讲从跨文化社会研究的角度，对传统节日做学术上的重新分类，划分为主体节日与共同节日两类。主体节日，指国别化的传统节日；共同节日，指超越国界的共享节日，以往不大讨论这个话题，但它的趋势在全球化背景下显示出来，可以尝试探索。

导　语

人类总是需要节日的，中西节日的最大区别是，中国节日保存了农业文明的信息，西方节日保留了宗教色彩。中国经典民俗学侧重研究主体节日，本讲提取这方面研究的要点，同时也适当向共同节日拓展。

一、主体节日

在现代化和全球化的时代,传统节日仍是自我文化的堡垒。20世纪以来,国别的定义被普遍使用,在各民族和各地区间的差异之上,在政治、军事、经济和文化等诸领域,在民间和政府的不同层面上,在传统与现代的转型中,成为可认同和可操作的概念,但这时传统节日的位置稳定不变,在国别文化中,传统节日还是一种代表作。全球化以来,多元文化均以国别的名义交流和渗透,传统节日再次成为举世亮点。不论节日氛围怎样变化,节日种类怎样翻新,节日成分怎样组合,传统节日的主体性总是被维持着。

中国境内最盛大的主体节日是春节。中国56个民族,其中有38个民族过春节,占民族总数的60%以上。其他一些中国年节,如端午节和中秋节,仅次于春节,也由我国传统文化的主体性要素组成。这在我国历史文献记载中是十分丰富的,从正统典籍,到诗词歌赋,到笔记杂纂,应有尽有。此外,主体节日之间也有差异,这源自我国多民族多地区之间的差异。历史文献记录的差异正是出自地方性和民族性的差异,而差异是文化生态分类的本质,不能随意将之合并在一起。例如,记录北京节日的明清方志笔记13种,彼此都有差异,有的描述民族差异,如《帝京岁时纪胜》《京都风俗志》和《燕京岁时记》;有的描述地区差异,如《长安客话》《宸垣识略》《京师坊巷志稿》和《燕都丛考》;有的描述行政建制差异,如《日下旧闻考》《光绪顺天府志》和《北京市志稿》;有的描述作者个人经历和主观感受的差异,如《帝京景物略》中的"春场"、《酌中志》中的"饮食好尚纪略"和《人海记》中的"灯节"。它们各有价值，需要一一考察。①

主体性节日携带悠久的历史传统，节日持续时间长、活动多，不是一天可以完成的，要分成几个阶段进行，对此我们称之为"节点"。春节就有多个节点，包括小年、除夕、初一、初二、初三、初五、初七和正月十五等。节点越多的，对本民族来说，这个节日就越隆重。按照祖先传承的节点秩序，从准备到结束，有秩序地完成一个个节点，能在连续多个节点中欢庆的节日，也称"盛大节日"。

到了现代社会，生活节奏加快了，有些节点被省略了，但节点的秩序不变，像过春节，还是要从除夕到人日，按照秩序庆祝，不可能倒过来。我国历代地方志和风土笔记记载年节，也都是按照节点的顺序次第描述的，这就形成了有节点结构的编年史。不同样式的节点结构，反映了传统节日中的主体性模式的多样性。节点既是时间，也是文化规矩。中国人在漫长的社会历史中，把时间和规矩捆绑在一起，就成为群体约束，也称社会凝聚力。这是最高的主体性，没有任何个人可以修改它。

---

① ［明］刘侗、于弈正：《帝京景物略》，北京古籍出版社1981年版。［明］蒋一葵：《长安客话》，北京古籍出版社1994年版。［明］刘若愚：《酌中志》，北京古籍出版社1994年版。［清］吴长元辑：《宸垣识略》，北京古籍出版社1983年版。［清］潘荣陛：《帝京岁时纪胜》，北京古籍出版社1981年版。［清］于敏中等编纂：《日下旧闻考》，北京古籍出版社1983年版。［清］查慎行：《人海记》，北京古籍出版社1981年版。［清］富察敦崇：《燕京岁时记》，北京古籍出版社1981年版。［清］让廉：《京都风俗志》，北京古籍出版社1981年版。［清］周家楣、缪荃孙等编纂：《光绪顺天府志》，北京古籍出版社1987年版。［清］朱一新：《京师坊巷志稿》，北京古籍出版社1982年版。陈宗藩编著《燕都丛考》北京古籍出版社1981年版。吴廷燮等纂：《北京市志稿》，北京燕山出版社1998年版。

二、共同节日

西方国家的节日受基督教或天主教影响很深，很多信奉这些宗教的国家都有一些共同节日，复活节是其中的一种。

2020年新冠肺炎疫情全球大流行未能在复活节前结束，意大利著名男高音歌唱家安德烈·波切利（Andrea Bocelli）在复活节当天，来到米兰大教堂前的广场，为鼓励全民抗疫演唱了《奇异恩典》。要了解这场演唱的意义，就要对复活节有更深入的了解。

复活节是西方基督教和天主教国家的盛大节日，其重要性甚至超过圣诞节。欧洲国家经历了"一战"和"二战"的战争创伤，又经历了现代化和全球化对传统信仰的销蚀，与宗教相关的共同节日已经发生了很多变化，但复活节不老不死，一次又一次地"春风吹又生"。现在它已不仅仅是历史遗产节日，而且是依靠历史文明、国家记忆和集体民俗累积而生的恢复性节日。福柯（Michel Foucault）和鲍曼（Richard Bauman）称之为"大众宗教"现象。一个人到西方国家，观察西方文化，就要观察复活节和圣诞节。相比之下，复活节更重要，学校一律放假，师生回家做传统活动。

自1990年代起至2018年，我因为学习和工作的原因，多次在西方国家过复活节。传说耶稣为了救世而死，第三天复活，因而设立此节。西方史学家根据《圣经》和犹太人逾越节的日期，推算出在春分月圆后第一个星期日，是《圣经》讲的耶稣复活的日子，就确定此日为复活节。每年复活节的具体日期是不确定的，但一般都是在3月22日至4月25日之间。下面是我在北欧国家搜集的复活节传说。

上帝的儿子耶稣降生在马槽里。他30岁的时候,挑选了12个学生,出去传道。传道3年半,他医病、传道、驱魔,为各种各样的人提供帮助,给他们讲天国的道理。一直到上帝安排的时间到了,耶稣基督被门徒犹大出卖。耶稣被捉拿、审问,被罗马士兵钉死在十字架上。他临死前预言,三日后必复活。果然在第三日,耶稣复活了!按《圣经》的解释,耶稣基督是道成肉身的圣子,虽然他也像犯人一样被钉死在十字架上,但是他的死并不是因为他有罪,而是要按上帝的计划替世人赎罪。他的复活,预示他完成了上帝安排的"任务",为世人成功地赎罪,并战胜了死亡。后世的基督教徒们相信,只要向他诚心忏悔,就可以得到上帝的宽恕。复活节是人类重生和希望的象征。

我所看到的复活节主要活动有唱圣歌、吃圣餐与品圣酒、濯足、彩蛋、彩兔和巡游。

圣歌、圣餐与圣酒。波切利演唱的圣歌是很多欧美国家复活节重要的活动。法国复活节的当天,按传统方式,信徒们去教堂做礼拜,听圣歌、领圣餐。圣餐是一小块面包,上面蘸着几滴红葡萄酒,象征耶稣的身体和鲜血。人们以这种宗教活动表示对耶稣的纪念和始终不渝的信仰。波切利演唱《奇异恩典》是他的信仰与他对人类的爱、希望和治愈疾病的信心。美国复活节中午吃圣餐。美国朋友海伦告诉我,她去另一个美国人家里吃早午餐(brunch)。女主人是中学教师塞茜尔(Cécile),男主人是大学教授胡迪

（Rudde），我们很熟。我知道他们这种早午餐不是随便吃的，只有重大节日才吃。她还说："明天是我的生日，我和乌尔皮亚娜与另一位4月2日出生的朋友共进午餐。凯蒂和吕嘉行请我和几位朋友一起吃晚餐。这几年的春天很冷，这些庆祝活动温暖我们的灵魂！十天前，我和乌尔皮亚娜一起去乡下，在那里给大卫过生日，我会录一段视频给你看。"① 这是两年前的事，大卫现已过世，这段复活节的视频是我在他生前最后一次见到他。

濯足。《圣经》说，耶稣和他的门徒在复活节的前一天共进"最后的晚餐"，这一天就被称作"濯足节"（Maundy Thursday）。英王室曾经每年举办"王室濯足节"（Royal Maundy）还向当地百姓和穷人们散发象征濯足节礼物的"救济金"（Maundy Money）。塞尔维亚也一直保留濯足的习俗。离复活节还有40天的时候，塞尔维亚已有人开始斋戒，一直持续到复活节当天。周四打扫卫生，当晚有濯足仪式，周五正式斋戒。塞尔维亚复活节也是家庭节日，圣餐有鱼、土豆、焗豆、蔬菜和甜食。塞尔维亚南部和东部地区保留着饮圣酒的传统仪式。午饭前，主人在碗中倒上葡萄酒，加入荨麻叶、天竺葵、山茱萸和复活节蛋糕碎末，叫"komka"，饮毕，人们轮流跳过家门口台阶上的斧头，每人会尽力跳远，把恶魔和坏运气从自己家中赶走，然后站在门口说出自己的愿望。德国复活节家人团聚，品尝各种传统食品。

彩蛋。各国都有。我搜集了几个复活节彩蛋的故事：

> 据说，耶稣的女追随者抹大拉的玛利亚（Mary Magdalene）

---

① 2018年4月2日海伦的电子邮件。

出席的晚宴上，她捧着一只鸡蛋说："耶稣复活了。"席上的人不相信她，人们说："如果耶稣真的复活了，你手上的鸡蛋就会变成红色。"说完，玛利亚张开手掌，鸡蛋变成了红色，所以复活节的传统习俗是把鸡蛋染成红色。

在基督教出现之前，有一些国家，如埃及，把鸡蛋染色，用来祭奠神明，或者来庆祝春分。在美索不达米亚地区，早期基督教徒就把鸡蛋染成红色，纪念耶稣基督的鲜血。天主教徒在复活节的时候也会把鸡蛋涂成红色，当作礼物送给朋友。

法国的复活节也称"主复活节"。节日前夕，糖果商店的橱窗里摆满了各式用巧克力制作的糖蛋、糖鱼和系着丝带的五颜六色的彩钟，应有尽有。相传，在复活节前的圣日（即星期四至星期六），所有教堂里的钟都将飞往罗马接受祝福。当它们返回时便把带回来的各种礼物撒向人间，孩子们吃的糖果便是由它们带回来的。法国朋友告诉我："法国人把巧克力装在铃铛里。"法国人在节日里以彩蛋作为礼物互相赠送，无论大人还是孩子都以能够得到一枚精美的彩蛋而感到幸运和欢喜。彩蛋不仅是耶稣复活的象征，也是"开化""诞生""春天"等众多美好事物的象征。在法国，制作彩蛋还成为一种艺术。人们有的是在真蛋壳上涂色作画，有的是在用金属、陶瓷、塑料、玻璃、木头等为原料的蛋坯上绘色饰彩、精雕细刻，甚至还要嵌金饰玉。在农村，复活节前，神父的侍童会唱着耶稣受难曲挨家挨户地募集鸡蛋，用以制作复活节彩蛋。法国朋友说："老一代法国人有藏巧克力的传统，当做彩蛋礼物。""今年家里就买了很多巧克力，二姨和三姨都来了。""现在彩蛋还是有的，在鸡蛋上画彩纹或花，不一定是特别的红鸡蛋。"[1]

美国也有彩蛋习俗。我在美国还赶上玩彩蛋的游戏。海伦在家里的花园里藏了很多彩蛋和巧克力，让邻居家的小孩子来找，找到就归他们，算是颁赏。小孩们找到彩蛋大呼小叫，高兴极了。近年问她是否还做彩蛋，她回信说塞茜尔家做了彩蛋，还寄来了照片，照片上鸡蛋都是红色的，外面包了红的、蓝的、黄的、绿的彩纸，上面都写了祝福亲友复活节快乐的话，其中一个写了"海伦复活节快乐！"（Happy Easter to Helen）。我查资料看到，美国政府以往在复活节后的某周一，在白宫总统府举行"滚蛋"的比赛，美国的儿童们可以到白宫的南草坪上玩这个游戏，这个活动已有一百多年的历史。据说最早"滚蛋"比赛在国会山的草坪举行，后来转移到白宫，成为亲民活动，未知疫情防控以来是否取消。

英国的复活节彩蛋是用真鸡蛋做成的。在煮熟的鸡蛋上，描绘色彩鲜艳的各种各样的图案。随着社会的发展，巧克力彩蛋出炉，也大受欢迎。英国的复活节也有一个古老而传统的"滚蛋"游戏，据说参加者每个人选一枚彩蛋，把彩蛋从山头滚下，以滚到山底没有摔裂为胜。

波罗的海国家的复活节彩蛋有特殊的条纹，我去过塔尔图大学的"客座教授之家"，在那里听印度学者玛格丽特的讲座，桌上就摆了一碗条纹彩蛋，我问皮特和"塞浦路斯"两位教授这是什么？他们一个来自美国，一个来自塞浦路斯。皮特说是巧克力，塞浦路斯摇摇头，可惜他们离当地民俗太远。

---

[1] 本文中有关彩蛋和兔子的信息由法国张蜜蜜于2018年4月1日至4月11日提供。

兔子。在复活节到来之前,在很多西方国家的百货商店和超市里,都能看到可爱的毛绒兔子邦妮(Easter Bunny),它们制作精良、价格不菲。复活节前,政府为了满足国民的需求,将兔子降价抛售,成为亲民之举。兔子是复活节的另一个象征。英国传说,复活节的彩蛋与兔子有关。我在当地搜集到《复活节与兔子》的故事:

> 相传哥哥巴力得知妹妹亚斯塔路生于一枚天鹅蛋中,就去灌木中寻找,找到了,抱在怀里,孵化出了一只兔子。兔子长大后,变成一个美女。在巴力危难之际,兔子救了巴力一命。英语单词Easter的词源就是亚斯塔路。

法国也有邦妮兔子的故事,兔子是背巧克力的。德国也有兔子的故事,兔子是新生命的象征。在日耳曼人的语言中,"复活节"一词,来自古代的春季女神Ēostre。救活被冻伤的小鸟,小鸟变成一只兔子,后来就成了复活节兔。

巡游。复活节的街区巡游就是狂欢大游行,我去过的欧美国家几乎都有。英国的复活节用白色的百合花装扮教堂,伦敦的街头还有花车游行。牛津等地举办复活节的游园会,出售各种器皿,举行各种游戏比赛,跟庙会一样热闹。我写过一篇散文《牛津的洋庙会》就提到这件事。我在美国也赶上过复活节的花车游行,还跟着一路奔跑照了不少相片。

我在美国的老邻居塞茜尔和胡迪夫妇一早就去了教堂。胡迪教授是瑞士人,家里还保留着"二战"时用过的军用自行车,60多斤,很重,真有敌兵追来不知是否甩得掉。夫妇俩从欧洲来到美国,基本上还保持了欧洲人过复活节的习惯。海伦说,她才不去教堂。① 她在法国时就把复活节当一般假日对待。爱传统的法国人还是去教堂,也有不少人携亲带友去郊外踏青,享受春光。德国巴伐利亚地区在复活节期间举行火炬赛跑,庆祝耶稣再生。北莱茵上威斯特法伦州的复活节有滚火轮的习俗,六个巨型木轮被火点燃后滚下山谷,象征六个火球自天而降,照亮山谷,给人类带来新生。

我在爱沙尼亚塔尔图大学工作时,参加了复活节的全程巡游活动。巡游的过程比较简朴,以参观教堂为主,就是把市内和城郊的所有基督教堂都走一遍,在每个教堂都重温耶稣基督的故事,主教诵经,信徒唱和诵文,参观教堂建筑和文物遗址,信徒联络感情,弥补因全球化而失去的信仰和忠诚。爱沙尼亚人信奉路德新教,由于外来侵略的原因,教堂损坏严重,与当地人虔诚的精神面貌反差很大。我去过法国、英国、俄罗斯、德国和比利时的教堂,相比之下,塔尔图的教堂是最穷的。即使个别教堂外观华丽,里面也空空如也。有的教堂就是社区公房,与民居无异。几乎所有教堂都没有壁画,没有石雕,没有主教留下的文物,没有悬置的管风琴,这样的教堂就会失去很多功能。在法国,教堂的壁画和圣像林立,全是价值连城的文化遗产,法国本地人还能讲出教堂壁画的故事,看得出教堂是让他们长大的历史学校和艺术博物馆。莫斯科的克里姆林宫教堂,安放着大公灵柩,铺金镶银,已经留传了几个世纪,这种教堂既是财富,也是史诗。当然,塔尔图的教堂虽无装饰,但人们的态度是严肃的,沿途的歌声是有力的,这说明信仰与穷富没

---

① 2018年4月3日海伦电子邮件。

有关系。

  安德烈·波切利。这几年的疫情把所有西方国家挡在复活节之外,但我们听见了波切利的独唱。为什么要歌唱?为了抗疫,为了信仰,为了复活节。波切利一共唱了五首,包括《圣母颂》《圣母玛利亚》《天使面包》《庄严弥撒》和《奇异恩典》,这等于把复活节的活动都唱了一遍。在复活节的圣歌中,还有一首"天鹅处女型"的歌曲,未知是否与小鸟变成兔子的复活节故事有关。歌词里唱道:"我来到你面前,永远活在你的爱中。"我们也许可以想象,西方人虽然禁足在家,但他们可以借助高科技的电波,来到波切利的身边,与波切利一起歌唱。亿万人把圣歌汇成宏大的史诗,伴随圣钟一起飞翔,飞出米兰,飞离疫情,飞向复元后的新生活。

  我们从东方来,说到复活节,没有西方人那种洋溢身心的共同快乐。不过我们的学习态度是认真的。唯一的遗憾是疫情仍在阻隔,让我们只能在国内收听波切利的远方演唱了。然而尊重他者文化,以及对跨文化的兴趣,让我们对了解所有共同节日不知疲倦。

后　记

人类有被差异吸引的天性，也有久居差异想要独霸的个别历史。当意大利航海家哥伦布获西班牙王室的资助于1492年出海时，他大概做梦都没有想到，在驶往印度的航行中，会引出地理大发现。此后的社会变迁，是中世纪的落幕、工业革命的开始、欧洲的文艺复兴和思想启蒙运动的接踵而来。再后来，"欧洲中心论"兴起，把欧洲以外的多样文化都放到文明之外，殖民、冲突和战争加剧，长枪短炮一时成为处理差异的手段。20世纪中期之后，人类社会经历了战后恢复、现代化、全球化，近期又进入世界气候治理一体化的阶段，虽然还有种种矛盾，但各国也开始互相牵挂。差异固然存在，但人类社会的终极目标不是消灭差异，而是善待差异、包容多元、搞好地球村。这也终将成为必选项，因为地球村只有一个，人类命运共同体则是唯一。

三年前，我们在北京师范大学创设了"跨文化社会研究方法"这门研究生课程，目标就是要在跨文化的视野下继承和发扬中国的思想遗产。宋人陆九渊讲："人同此心，心同此理。往古来今，概莫能外。"（陆九渊《年谱》）现代学者钱锺书曾说："东海西海，心理攸同；南学北学，道术未裂。"（《谈艺录·序》）其中都有当时国家和个人的开放背景，也有《论语》和《孟子》以来的长期思想基础。中国人这种有容乃大的精神传统，源自初心和对社会发展的认知，可以为"跨文化社会研究方法"提供深厚的历史基础。在21世纪的世界环境中，也要让外部社会理解这笔遗产，因为能跨文化则深，不能跨文化则浅。北京师范大学近年推进西部支教，我也参加了这项工作。西部地区的多民族人民创造了跨文化社会建设的历史经验，为中华民族共同体建设做出了重要贡献，本书也吸收了这方面的内容。这门课由本院同事李正荣教授、史玲玲讲师与我三人联讲，本书所写是我本人分工讲授的部分。三年来，选课的博士、硕士研究生人数逐年增加，这对我们是一种鼓励。我和我的同事都有同样的想法，就是把这门课坚持下去，通过集体努力，让它不断靠近国家社会文化建设和西部高校人文学科建设的需要，也靠近我们自己的初心。

感谢北京师范大学教务部的支持！

临末，要向商务印书馆诚恳致谢！对西部支教事业，他们从一开始就与我们志同道合。感谢责任编辑孙中华博士为编辑拙著付出的大量辛劳！

董晓萍

2019年3月初稿

2021年11月改定